Jegor Ligatschow

WER VERRIET
DIE SOWJETUNION?

Aus dem Russischen
von Rolf Junghanns

ISBN 978-3-360-02153-3

© 2012 Verlag Das Neue Berlin, Berlin
Titel der russischen Originalausgabe: Кто предал СССР?
алгоритм, Moskau 2010
Redaktionell leicht gekürzte Ausgabe
Umschlaggestaltung: Buchgut, Berlin, unter Verwendung
eines Motivs von von plainpicture / J. Cawelius
Printed in EU

Ein Verlagsverzeichnis schicken wir Ihnen gern:
Das Neue Berlin Verlagsgesellschaft mbH
Neue Grünstraße 18, 10179 Berlin
Tel. 01805/309999 (0,14 €/Min., Mobil max. 0,42 €/Min.)

Die Bücher des Verlags Das Neue Berlin
erscheinen in der Eulenspiegel Verlagsgruppe.

www.eulenspiegel-verlagsgruppe.de

Inhalt

Kaderwechsel im Kreml 7

Das Jahr Andropows 22

Die dreizehn Monate Tschernenkos 38

Gorbatschow. Radikalismus und Reformismus 87

Die graue Eminenz Jakowlew 100

Das Chruschtschow-Syndrom 136

»Hexenjagd« 154

Die Machenschaften Gdljans und Iwanows 180

Die Ereignisse von Tbilissi 207

Die Anti-Alkohol-Kampagne 261

Das Scheitern der Perestroika 271

Epilog. Die Pseudodemokraten an der Macht 294

Biografische Daten 309
Kurzchronik der Ereignisse der Perestroika 311
Personenregister 317

Kaderwechsel im Kreml

Im April 1983 wurde ich nach siebzehn Jahren Arbeit im sibirischen Tomsk nach Moskau versetzt und zum Leiter der Organisationsabteilung des ZK der KPdSU ernannt. Diese Abteilung war zuständig für die Kaderfragen und die Parteikomitees. Angesichts des damaligen Systems der Partei- und Staatsführung ging es hier um die Kader im breitesten Sinne – auch die Staats- und Wirtschaftsfunktionäre gehörten dazu.

In jenen Apriltagen entwickelten sich die Ereignisse unvermittelt und rasant. Ich war in die Hauptstadt zu einer Beratung zu Agrarfragen gekommen, die von Juri Andropow, dem Generalsekretär, geleitet wurde. Im Swerdlow-Saal des Kreml hatten sich alle Mitglieder des Politbüros, Sekretäre des ZK und der Gebietskomitees* der Partei sowie viele Verantwortliche aus der Landwirtschaft versammelt – das waren Funktionäre, die mit der Realisierung des Lebensmittelprogramms zu tun hatten, das ein Jahr zuvor beschlossen worden war.

Den Bericht auf der Beratung hielt Gorbatschow, der sich zu dieser Zeit mit den Agrarproblemen beschäftigte. Seine Rede war heftig und scharf, er kriti-

---

* Parteikomitee (oft auch nur Komitee): Leitung der KPdSU auf zentraler oder lokaler Ebene (Union, Republik, Gebiet, Region, Stadt, Rayon, Betrieb u. a.).

sierte sowohl lokale Verantwortliche als auch zentrale Stellen.

Ich hatte eine Bitte um Wortmeldung ans Präsidium der Beratung gerichtet, ohne besondere Hoffnungen zu hegen. Die ganze Breshnew-Ära über, all die siebzehn Jahre lang, die ich Erster Sekretär der Gebietsleitung von Tomsk war, gelang es mir kein einziges Mal, auf einem ZK-Plenum das Wort zu erhalten. In den ersten Jahren reichte ich unermüdlich Redeanträge ein, mit den Jahren aber begriff ich, dass man immer wieder nur ein und dieselben Redner ans Pult ließ – diejenigen, die genau wussten, was und wie man reden muss. Ich sah darin keine Intrigen gegen mich persönlich, viele Gebietssekretäre, die ihre nicht leichte Bürde schon lange gewissenhaft trugen, befanden sich in der gleichen Lage.

Als Andropow das Amt des Generalsekretärs angetreten hatte, spürten die Gebietssekretäre, dass im ZK Veränderungen in Gang gekommen waren, neue Hoffnungen keimten auf. Das ermutigte auch mich, auf der Landwirtschaftsberatung einen Redeantrag ins Präsidium zu schicken. Es war noch keine Stunde vergangen – und mir wurde das Wort erteilt. Wie immer hatte ich zuvor einen Redetext vorbereitet – für den Fall der Fälle, schaute aber kaum auf das Papier, denn ich sprach von dem, was mir auf der Seele lag – davon, wie das Gebiet Tomsk innerhalb von sieben, acht Jahren vom Lebensmittelkonsumenten in den Rang eines Lebensmittelproduzenten aufgerückt war. Ich berichtete davon, dass die Bevölkerung Westsibiriens durch die Entwicklung des Erdöl- und Erdgassektors wuchs und dass sie versorgt werden musste, und dies vor allem durch die Entwicklung der regionalen Landwirtschaft.

Die Beratung im Kreml ging am Abend gegen sechs Uhr zu Ende. Ich eilte danach ins ZK, um mit den Sekretären einige konkrete Fragen für Tomsk zu klären. In die Wohnung meines Sohnes, der in Moskau wohnte und den ich vor dem Heimflug nach Tomsk noch besuchen wollte, kam ich erst spätabends. Der Abflug sollte am Morgen sein. Das Ticket hatte ich in der Tasche, ich wollte recht bald ins Bett – in Tomsk war es jetzt schon tiefe Nacht, denn dort haben die Uhren vier Stunden Vorsprung vor Moskau.

Abends um zehn läutete das Telefon. Ich nahm den Hörer ab, ohne freilich zu ahnen, dass dieser späte Anruf mein Leben von Grund auf ändern würde. Und ahnte auch nicht, dass solche spätabendlichen Anrufe auch im Februar 1984 – am Tag, nachdem Andropow starb – und im März 1985 – als Tschernenko gestorben war – schicksalhaft in mein Leben eingreifen sollten. Ich nahm also den Hörer und vernahm: »Jegor, hier ist Michail … Du müsstest morgen früh zu mir kommen.«

Gorbatschow hatte ich Anfang der siebziger Jahre kennengelernt, der Zufall hatte mich und ihn in eine Delegation gebracht, die die Tschechoslowakei besuchte. Anschließend hatten wir auf den Plenarsitzungen des ZK der KPdSU und während der Parteitage, zu denen in Moskau alle Sekretäre der Parteikomitees der Gebiete und Regionen* zusammenkamen, immer wieder freundschaftlichen Umgang und tauschten uns zu allgemeinen und speziellen Sachfragen aus. Als Gorbatschow Sekretär des ZK und anschließend Mitglied des Politbüros und zudem verantwortlich für Agrarfragen wurde, war ich oft bei ihm. Außerdem war Gorbatschow in jenen Jahren das einzige Politbüromitglied, das man bis zum späten Abend am Arbeitsplatz erreichen

---

* Gebiet (russ. Oblast) und Region (russ. Kraj): größere territoriale Verwaltungseinheiten der Unionsrepubliken der UdSSR und in der heutigen Russischen Föderation.

konnte. Diese Tatsache hatte keine geringe Bedeutung für einen Gebietssekretär aus Sibirien, der bei seinen Aufenthalten in Moskau von früh bis spät immer wieder die Institutionen der Hauptstadt »abklapperte«, um die Fragen der Petrolchemie und der Lebensmittelindustrie zu besprechen, Kontingente für die Bauindustrie und die Entwicklung von Tomsk als Zentrum der Wissenschaft und Kultur »loszueisen« und um überhaupt eine Unzahl von Problemen zu klären, die das Leben der Menschen von Tomsk betrafen.

Ich konnte mir ohne Mühe zusammenreimen, dass ich auf der Agrarberatung im Kreml das Wort dank Gorbatschow erhalten hatte. Und so war bei diesem nächtlichen Anruf auch mein erster Gedanke, dass er mit mir über meinen Diskussionsbeitrag sprechen wollte. Nach Meinung der Teilnehmer, die mich nach der Beratung angesprochen hatten, hatte ich jedenfalls genau das Richtige gesagt.

»Michail Sergejewitsch, ich habe mein Flugticket schon in der Tasche, ich fliege am frühen Morgen«, erwiderte ich.

Zwischen uns war es schon seit langem Usus, dass Gorbatschow mich mit »Jegor« ansprach, ich ihn mit Vor- und Vatersnamen*.

»Jegor, du musst doch noch etwas bleiben«, entgegnete Gorbatschow ruhig, und an seinem Tonfall merkte ich, dass sein Anruf nichts mit der heutigen Beratung zu tun hatte. »Das Ticket musst du zurückgeben.«

»Alles klar, ich komme dann am Morgen zu Ihnen«, stimmte ich ohne weitere Diskussion zu, obwohl im Grunde überhaupt nichts klar war.

---

* Die Anrede mit Vor- und Vatersnamen gilt in Russland als die höfliche Anrede, die Anrede mit Vornamen als die vertrauliche Anrede unter Bekannten und Freunden.

Für einen Gebietssekretär, der in der Hauptstadt seine Aufgabenlisten abarbeitete, war die Verschiebung des Rückflugs und die Ticketrückgabe kein ungewöhnliches Ereignis. Mal musste ein Treffen mit einem Minister oder einem Leiter des Staatlichen Plankomitees verschoben werden, mal tat sich die Möglichkeit für eine ungeplante Zusammenkunft auf. Und wenn man einen Rückweg von 3000 Kilometern hat, bleibt man besser einen Tag länger, als dass man die Reise noch einmal antreten muss.

Am nächsten Morgen trat ich Punkt zehn bei Gorbatschow an – Haupteingang, 2. Obergeschoss rechts. Es war ein Donnerstag, für elf Uhr war die Sitzung des Politbüros anberaumt. Das hatte ich selbstverständlich berücksichtigt, denn ich wusste, dass die Zeitplanung für die Politbürositzungen unantastbar war: Immer am Donnerstag und immer um elf – diese Ordnung war schon zu Lenins Zeiten eingeführt worden und blieb im Großen und Ganzen bis zum XXVIII. Parteitag der KPdSU, also bis 1990 bestehen.

Gorbatschow empfing mich augenblicklich und brachte mich gleich nach der Begrüßung in Verblüffung: »Jegor, es bildet sich die Ansicht heraus, dass du zur Arbeit ins ZK versetzt und zum Leiter der Organisationsabteilung ernannt werden solltest. Das ist das, was ich dir fürs Erste sagen kann. Mehr nicht. Alles hängt davon ab, wie sich die Ereignisse entwickeln. Juri Wladimirowitsch bittet dich zum Gespräch. Er hat mich gebeten, vorab mit dir zu sprechen, was ich hiermit tue. Das ist ein Auftrag von Andropow.«

Ich war erst einmal etwas verwirrt. Die Dinge lagen nicht so einfach, wie es auf den ersten Blick erscheinen mochte. Denn die Organisationsabteilung, kurz »Orgabteilung«, wurde zu jener Zeit von Iwan Kapitonow geleitet. Das Politbüro hatte natürlich das Recht, seine

Ablösung zu beschließen, Kapitonow war aber Sekretär des ZK, und da lag die Entscheidungsbefugnis allein beim Plenum des ZK. Außerdem war zu dieser Zeit der Zweite Sekretär des ZK der KPdSU, Tschernenko, im Urlaub. In seiner Gegenwart hätte sich Gorbatschow wohl kaum so entschieden in Kaderfragen einmischen können. Unter den Mitgliedern des Politbüros herrschte eine stillschweigende, aber unerschütterliche Subordination: In Kaderfragen mischt sich keiner ein, der nicht zuständig ist. An diese Ordnung hielt ich mich übrigens im Weiteren auch selbst ganz eisern. Die Regelung verhinderte weitgehend, dass einzelne ZK-Mitglieder Einfluss auf die Kaderauswahl nehmen konnten. Dieses Recht blieb dem Generalsekretär vorbehalten und selbstverständlich auch dem Politbüro insgesamt, denn die endgültige Entscheidung wurde kollektiv getroffen. Da die Ereignisse ganz offenbar nicht standardgemäß abliefen, wurde mir klar, dass Gorbatschow das Vertrauen Andropows genoss.

Zum ersten Mal wurde ich zur Arbeit ins ZK 1961 gerufen – das war schon eine Zeit, in der die alten Trotzkismus-Anschuldigungen, die zu Stalins Zeiten bedrohlich über mich hereingebrochen waren, dem Vorankommen nicht mehr schadeten und kein Hindernis für eine Arbeit im zentralen Apparat mehr darstellten. Ohne auf Einzelheiten einzugehen, möchte ich erwähnen, dass ich in den fünfziger Jahren Sekretär des Rayonkomitees* der Partei in jenem Bezirk von Nowosibirsk war, wo Akademgorodok, das berühmte

---

* Rayon (russ.): hier Bezirk einer Stadt, ansonsten auch Kreis eines Gebiets.

Akademiestädtchen, aufgebaut wurde. Während der gesamten Startphase von Akademgorodok und der Sibirischen Abteilung der Akademie der Wissenschaften der UdSSR – ein Zentrum internationalen Ranges – arbeitete ich Seite an Seite mit den Akademiemitgliedern Lawrentjew, Christianowitsch, Martschuk, Budker und vielen anderen herausragenden sowjetischen Wissenschaftlern, von denen ich vieles, sehr vieles lernte. Da ich auch zum Sekretär für Ideologie der Gebietsleitung Nowosibirsk gewählt worden war, kam ich aus dieser Funktion heraus ins ZK, wo ich stellvertretender Abteilungsleiter für Agitation und Propaganda für die RSFSR wurde. Und nach der darauffolgenden Reorganisation, die in jenen Jahren den Parteiapparat aufwühlte, wurde ich stellvertretender Leiter der Orgabteilung des Büros.

Die ersten zwei, drei Jahre über war es für mich interessant, im ZK zu arbeiten. Mein Horizont erweiterte sich, bekam ich einen tieferen Einblick in die gesellschaftlichen Entwicklungen. Solche Lernprozesse sind immer sehr spannend. Allmählich aber begann ich mich mehr und mehr nach der lebendigen Arbeit mit den Menschen zu sehnen. Mein Interesse an der Arbeit schwand, ich war niedergedrückt, quälte mich und kam abends in unleidlicher Stimmung heim. Nachdem ich mich mit meiner Frau Sinaida Iwanowna beraten hatte, schrieb ich 1965 ein Gesuch an Breshnew, mich zur Parteiarbeit irgendwohin weit weg von Moskau zu schicken, am besten nach Sibirien. Vorab hatte ich das Ganze mit meinem direkten Vorgesetzten, dem Leiter der Organisationsabteilung Kapitonow, besprochen – er sagte mir seine Unterstützung zu.

In der Zeit nach Stalin hatte die Rotation der führenden Parteikader – ihre Versetzung aus der Zentrale an die Peripherie und zurück – einen ganz bestimmten

Charakter, war ganz und gar nicht zufällig, sondern zielgerichtet. Nachdem Chruschtschow seine Opponenten Molotow, Malenkow, Bulganin und Kaganowitsch ins politische Nichts verbannt und sich endgültig an der Macht etabliert hatte, leitete er 1959 einen neuen Zyklus des Kaderaustauschs in Moskau ein. Viele Parteifunktionäre wurden damals unter unterschiedlichen Vorwänden aus Moskau abberufen. So hatte der Erste Sekretär des Gebietskomitees Moskau Kapitonow nun in Iwanowo zu arbeiten, der Zweite Sekretär des Stadtkomitees Moskau Martschenko wurde nach Tomsk beordert und so weiter.

Bei Breshnew setzte sogleich ein gegenläufiger Prozess ein. Kapitonow wurde umgehend, noch 1964, nach Moskau zurückgeholt und als Leiter der Orgabteilung eingesetzt. Martschenko bekam den Rückruf von Tomsk nach Moskau … Breshnew sammelte also die, die Chruschtschow geschasst hatte, um sich und brachte die aus Moskau weg, die Chruschtschow um sich geschart hatte.

Zurück zum Jahr 1965. Ich hatte damals keine Zweifel, dass mein Gesuch an Breshnew schnell behandelt werden würde. Zu jener Zeit drängte sich kaum jemand danach, Moskau in Richtung Provinz zu verlassen, und noch weniger nach Sibirien. Für mich sollte es übrigens der dritte Wechsel von Moskau nach Sibirien sein. Es verging aber eine Woche, eine zweite und dritte, ohne dass von »oben« etwas zu hören war. Erst nach etwa einem Monat wurde ich zum Generalsekretär* gerufen. In dessen Arbeitsraum saß auch Kapitonow. Mir war freilich klar, dass meine Frage positiv entschieden

---

* Fußnote von Ligatschow: Streng genommen war Breshnew zu jener Zeit Erster Sekretär des ZK der KPdSU. Der Einfachheit halber bezeichne ich seine Funktion aber so, wie es dann später üblich war.

worden war – der Generalsekretär lädt niemanden wegen einer Absage zu sich. Aber welche Stadt man mir anbieten würde, das wusste ich nicht.

Breshnew, damals noch ein energischer und tatkräftiger Mann, sagte: »Setz dich … du warst sicher beunruhigt, weil wir dich so lange nicht gerufen haben? Das lag nicht an dir, mit dir ist alles klar, dich kennen wir … Dass es so lange gedauert hat, lag an Martschenko, wir haben lange nach einem Platz für ihn gesucht. Also, dich zieht es nach Sibirien? Ja, wir haben uns das durch den Kopf gehen lassen und wollen dich nach Tomsk schicken. Was hältst du davon?«

Dass ich nach Sibirien geschickt werden sollte – das war einfach Glück! Tomsk aber löste bei mir keine besondere Freude aus. Ich wusste, dass das Gebiet Tomsk zurückgeblieben war und »weitab vom Schuss« lag. Der damalige Sekretär des Gebietsparteikomitees hatte keinen sehnlicheren Wunsch, als nach Moskau zurückbeordert zu werden. Dementsprechend war auch der Gang der Dinge im Gebiet. All diese Gedanken behielt ich aber für mich und gab sofort mein Einverständnis.

Kaum dass ich Breshnews Kabinett verlassen hatte, erschien mir diese Entscheidung gar nicht so schlecht, jedenfalls konnte man in diesem sibirischen Gebiet nach Herzenslust arbeiten und beweisen, was in einem steckte.

Heute kann ich mit dem Abstand der Jahre sagen, dass die Zeit in Tomsk die interessanteste und beste meines Lebens war. Schwere Tage gab es viele, doch zur Last fiel mir keiner.

Das war keine Zeit der »Stagnation«, wie es oft demagogisch behauptet wird, sondern eine Epoche des schöpferischen sozialistischen Aufbaus. In dieser Zeit wurde der westsibirische petrochemische Komplex mit einer Fördermenge von über 300 Millionen Jahrestonnen Erdöl geschaffen, auf den sich heute das bourgeoise Russland stützt. Ich bin stolz, dass ich an der Errichtung dieses Komplexes fast zwanzig Jahre lang unmittelbar beteiligt war. Hier wurden über zwanzig Städte errichtet – und ich spreche nur von Westsibirien. Heute hingegen gibt es keine einzige neue Ortschaft, während zehntausende Dörfer und Städte heruntergekommen sind.

Das Leben hat mich in diesen Jahren mit wunderbaren Mensch zusammengebracht! Das war wohl das Wichtigste, denn ohne einen echten Zusammenhalt bleibt das Dasein des Menschen leer. Als ich 1983 nach Moskau flog und mich auf dem Tomsker Flughafen von den Mitgliedern des Büros des Gebietsparteikomitees verabschiedete, sagte ich zu ihnen: »Ja, siebzehn Jahre – das waren nicht nur siebzehn Augenblicke des Frühlings* …«

An jenem Morgen, als ich aus dem Munde von Gorbatschow die unerwartete Nachricht hörte, erinnerte ich mich sogleich an die Ereignisse von 1964/1965, als Iwan Kapitonow ins ZK kam. Definitiv wurde mir jetzt klar: In der Partei beginnt tatsächlich eine neue Etappe – die Auswechselung des Leiters der Organisationsabteilung bewies das ohne jeden Zweifel. Und dann dachte ich noch: Die Fügungen des Schicksals sind eigenartig – als ich vor siebzehn Jahren aus dem Verantwortungsbereich Kapitonows nach Sibirien

---

* Wortspiel mit dem Titel des populären mehrteiligen Fernsehfilms »Siebzehn Augenblicke des Frühlings« (1973), nach dem gleichnamigen Roman von Julian Semjonow.

ging, konnte ich damals ahnen, dass man mich als seinen Nachfolger ausersehen würde? Kapitonow war, das sei angemerkt, ein Mensch von anständigem und ehrlichem Charakter, die Frage stand aber objektiv so: Unabhängig von seinen persönlichen Qualitäten musste ein Mann, der bei Breshnew die Kaderfragen in der Hand hatte, bei Andropow seinen Posten abgeben. Das verstand sich von selbst.

Mittlerweile hatte Gorbatschow den Hörer des Kreml-Telefons abgenommen, durch das die Politbüromitglieder mit dem Generalsekretär verbunden waren.

»Juri Wladimirowitsch, bei mir ist Ligatschow. Wann könnten Sie ihn empfangen? … Gut, ich sage es ihm.« Als er den Hörer aufgelegt hatte, sagte er ermunternd:

»Er empfängt dich gleich jetzt. Du kannst gehen. Nun, Jegor, Erfolg!«

Ich stieg in die vierte Etage hinauf und ging ins Zimmer 6, wo nach alter Tradition die Generalsekretäre arbeiteten. Zu diesem Zeitpunkt war ich bereits zweiundsechzig Jahre alt. Ich hatte einen Lebensweg hinter mir, in dem es genügend dramatische Momente gegeben hatte. Und über die Jahrzehnte hatte ich auch einiges an politischer Erfahrung gesammelt. Das Gebiet Tomsk hatte sich »gemausert«, war zu eigenständiger Größe herangewachsen. Alles in allem wusste ich, was ich wert war. Aber ich hatte nicht die geringsten Karriereabsichten – das war meine Stärke. Ja, an was für eine Karriere war mit zweiundsechzig auch zu denken? Der mögliche neue Ruf nach Moskau versetzte mich also nicht in besondere Verzückung. Physisch fühlte ich mich jedoch dank meiner gesunden Lebensweise bestens und war bereit, auch weiterhin Probleme aller Art bei den Hörnern zu packen.

Mir sind Lew Tolstois Gedanken sehr nahe, der geschrieben hatte, dass der Mensch auf dem Gipfel der Jahre seine persönlichen Ambitionen hinter sich lässt und die Möglichkeit erlangt, sich voll auf seine staatsbürgerlichen Empfindungen, auf den Dienst für sein Vaterland zu konzentrieren. Tolstoi brachte diesen innerlichen Umschwung zwar mit dem Alter von fünfzig in Verbindung, seit damals ist aber viel Zeit verflossen und die Altersgrenzen haben sich mittlerweile verschoben. Dennoch gilt, dass auf der Machtebene Führungspersönlichkeiten unterschiedlichen Alters zusammengebracht werden müssen. Gesunden Ehrgeizes, wie er jüngeren Leute eigen ist, bedarf es in einer Führungsgruppe genau so wie Erfahrung und Umsicht, die man mit dem Alter erlangt.

Als man die Breshnew-Zeit später als Jahre der Stagnation betitelte, war ich mit dieser Definition nur teilweise einverstanden. Ja, im Führungskern der Partei hatte sich ganz offensichtlich ein Übergewicht an Politikern fortgeschrittenen Alters herausgebildet, die keine Perspektive mehr hatten und nur darum besorgt waren, die Macht in ihren Händen zu behalten. Betrachtet man aber unser Land mit seinen unermesslichen Weiten insgesamt, so war das Bild nicht generell so.

In diesen Jahren wurden im Osten des Landes mächtige volkswirtschaftliche Komplexe geschaffen, unter ihnen der westsibirische Erdöl-Erdgas-Petrochemie-Komplex von internationalem Rang. Im europäischen Teil des Landes wurden das »AvtoVAZ«-Automobilwerk*, das »KamAZ«-Lkw-Werk und andere Bauobjekte errichtet. In den sechziger und siebziger Jahren wuchs das Nationaleinkommen um das Vierfache, der neuge-

---

* Hersteller der Pkw vom Typ »Lada« und »Niwa«.

schaffene Wohnraum um mehr als das Dreifache. Zudem konnte die militärstrategische Parität der UdSSR mit den USA hergestellt werden. Dank der Anstrengungen vieler Menschen bewegte sich das Land weiter voran, wobei in den letzten Jahren der Breshnew-Führung das Tempo des Wirtschaftswachstums merklich abfiel, Machtmissbrauch um sich griff, die Disziplin zurückging und ganze Bereich im Land außerhalb von Kritik standen. In bestimmten Regionen und Sphären stand die Stagnation tatsächlich in Blüte (wenn sich diese Begriffe so überhaupt paaren lassen), anderswo ging die Entwicklung aber voran. Ich bin ein Gegner dieser generellen, verallgemeinernden politischen Etikettierungen, die auch heute noch fest in den Köpfen sitzen. Alle Erscheinungen des Lebens von früher mit einem einzigen Schlagwort charakterisieren zu wollen – das ist nichts als eine Masche. So etwas hatten wir doch schon einmal durchlebt – »Kosmopolitismus«, »Voluntarismus« … »Stagnation« ist ein Terminus aus dem gleichen staatsanwaltlichen Vokabular.

Ich schreibe das vor dem Hintergrund, dass 1983, als Andropow Generalsekretär wurde, ich und viele andere Sekretäre der Gebietsparteikomitees ungeduldig Veränderungen erwarteten, denn wir sahen, dass das Land in eine sozialökonomische Sackgasse geraten war. Nun galt es, sich für das Neue einzubringen und unser Land mit aller Kraft zurück auf die Magistrale zu bringen. Darin, dass unter Andropow, einem klugen Mann von leider schwacher Gesundheit, das politische Gewicht des jungen und energischen Gorbatschow schnell zu steigen begann, sah ich ein gutes Vorzeichen. Und als mir in Andropows und Gorbatschows Plänen eine bestimmte Rolle zugedacht wurde – eine sichtbare, aber gleichwohl nur eine Hilfsfunktion, eine Arbeitsaufgabe und keineswegs eine

Führungsrolle –, da war ich ohne Schwanken bereit, diese zu übernehmen. Der Kaderwechsel entsprach insgesamt durchaus meinen Auffassungen. Mich wollten sie in jenem Bereich einsetzen, in dem es um die praktische Umsetzung dieser Aufgabe ging – es muss sein, also packen wir es an! Andere Erwägungen hatte ich damals keine. Angesichts meines Alters ging ich davon aus, dass die mir angebotene Aufgabe die letzte in meinem Leben sein würde, und stellte mich darauf ein, das Rad dabei ordentlich in Schwung zu bringen, wie es bei uns heißt: »den guten Menschen zum Wohle, den Teufeln eingeheizt«.

So eingestimmt, betrat ich das Kabinett Andropows, der mich ebenfalls ohne Aufschub zu sich hereinkommen ließ. Er fragte sofort: »Gorbatschow hat mit Ihnen gesprochen?«

»Ja.«

»Ich werde dem Politbüro den Vorschlag unterbreiten, dass Sie zum Leiter der Organisationsabteilung ernannt werden. Was sagen Sie dazu? Wir haben Sie gründlich geprüft …«

Überflüssige Fragen zu stellen war nicht angebracht. Ich antwortete kurz: »Ich bin einverstanden. Danke für das Vertrauen.«

»Dann werden wir heute auf der Politbürositzung um elf über Ihre Ernennung abstimmen.«

»Gleich heute?«, entfuhr es mir ganz ungewollt. Ein solches Tempo hatte ich nun doch nicht erwartet.

»Worauf sollen wir noch warten? Wir müssen die Dinge anpacken.« Das ganze Gespräch dauerte etwa zehn Minuten. Als ich Andropows Kabinett verließ, schaute ich auf die Uhr. Da die Sitzungen üblicherweise mit Kaderfragen anfingen, durfte ich mich nicht verspäten. Um zu Gorbatschow zu gehen und ihm vom Gespräch mit Andropow zu berichten, blieb keine Zeit, zumal er sicher schon losgefahren war. Die Mitglieder des Politbüros versammelten sich immer vor dem Eintreffen des Generalsekretärs im »Nussbaum-Kabinett«.

Ich stieg die Treppe hinab, ging hinaus auf den Alten Platz* und lief schnellen Schrittes durch die Kuibyschew-Straße in Richtung Kreml.

---

* Der Platz, an dem sich die ZK-Gebäude befanden. Russ.: Старая площадь.

Das Jahr Andropows

Die Sitzungen des Politbüros fanden in der zweiten Etage eines historischen Gebäudes im Kreml statt, einem Raum mit hohen Decken und hohen Fenstern, durch die man auf die Kremlmauer blicken konnte, gleich nebenan lagen der Rote Platz und das Lenin-Mausoleum. Im Innern hatte dieser Teil des Regierungsgebäudes erhebliche Umgestaltungen durchgemacht, die Räume waren modern ausgestattet und alle erforderlichen Kommunikationskanäle vorhanden. Hier befand sich aber nicht nur der Sitzungssaal des Politbüros, sondern auch das Kreml-Kabinett des Generalsekretärs und dessen Büro. Und außerdem gab es das sogenannte »Nussbaum-Kabinett« mit einem großen runden Tisch, an dem sich die Mitglieder der obersten politischen Führung vor Sitzungsbeginn austauschten. Bisweilen wurden an diesem runden Tisch vorab, quasi inoffiziell – ohne Stenogramm und Protokoll –, wichtige und komplizierte Fragen der Tagesordnung diskutiert. Es versteht sich, dass an den Sitzungen auch die Kandidaten des Politbüros und die Sekretäre des ZK teilnahmen. Sie kamen aber direkt in den langgestreckten Saal und setzten sich gleich an den langen Tisch, wo jeder seinen ständigen Platz hatte (wenn dies auch nicht offiziell ausgewiesen war). Gäste wurden an den kleinen Tischen platziert, die längs der Wände standen.

Außer dem Sitzungssaal im Kreml gab es (genauso wie in vielen anderen Ländern) auch ein sogenanntes Lagezentrum, wo sich die Mitglieder der obersten Führung in besonderen Situationen versammeln konnten.

In den letzten Jahren unter Breshnew wurden die Politbüro-Sitzungen schnell abgewickelt – in gerade mal einer Stunde, bisweilen auch nur in vierzig Minuten nahm man vorbereitete Beschlüsse an, wonach alle wieder davonfuhren. Unter Andropow aber begann die oberste politische Führung mit voller Kraft zu arbeiten, die Diskussionen gingen über Stunden. Pausen gab es keine, üblicherweise kam man mit belegten Broten und Tee über die Runden. Unter Gorbatschow wurde eine Mittagspause eingeführt: Man ging in die erste Etage hinunter, nahm das Mittagessen gemeinsam an einem langen Tisch ein, diskutierte dabei weiter, tauschte sich aber auch über Presseveröffentlichungen, neue Theaterinszenierungen, Fernsehsendungen oder über Reisen durchs Land aus.

Als Erster Sekretär des Gebietskomitees hatte ich hin und wieder an Politbüro-Sitzungen teilgenommen.

Während ich durch die Kuibyschew-Straße in Richtung Kreml eilte, versuchte ich mir auszumalen, wie sich das bevorstehende Gespräch entwickeln dürfte und welche Fragen mir gestellt werden könnten. Ich zweifelte nicht daran, dass der Generalsekretär seine Linie durchzusetzen vermochte. Mich beschäftigte natürlich, wie über Kapitonow entschieden werden würde.

Als die Behandlung der Kaderfragen begann, sagte Andropow: »Es gibt folgenden Vorschlag: Jegor Kusmitsch Ligatschow ist zum Leiter der Organisationsabteilung zu ernennen; Genosse Kapitonow ist zu beauftragen, sich mit dem Bereich Konsumgüterherstellung und -absatz zu befassen. Ihnen ist bekannt, welche Bedeutung wir diesem Bereich beimessen – das ist ein höchst wichtiges Arbeitsgebiet. Genosse Ligatschow hat Erfahrungen aus der Arbeit in der Produktion, im Komsomol*, in den Sowjets. Und er hat auch im ZK gearbeitet«, diesen Punkt akzentuierte Andropow besonders, »er ist also mit der Arbeit des ZK-Apparats vertraut. Was haben Sie für Vorschläge, Genossen?«

Jemand fragte:

»Wie viele Jahre hat er in Tomsk gearbeitet?«

»Siebzehn.«

Hier korrigierte ich schalkhaft: »Siebzehneinhalb ...«

Andropow lächelte. Danach bestätigte mich das Politbüro in dieser Funktion und wünschte mir Erfolg.

Plötzlich wandte sich Nikolai Tichonow** mit gespieltem Ernst an mich: »Und was soll ich nun tun?« Da ich den Sinn der Frage nicht verstand, setzte er hinzu: »Haben Sie mir Aufträge erteilt? Ja, das haben Sie. Und was mache ich nun?«

Dann wandte er sich an Andropow und erklärte: »Ligatschow war vor zwei Tagen bei mir und hat mit mir für Tomsk zwei Fragen geklärt – den Bau eines Konzertsaales und die Schaffung des vierten Akademieinstituts – für Werkstoffkunde. Ich habe ihm versprochen, dabei zu helfen. Ja, und nun geht er aus Tomsk weg ...«

Andropow hatte den Scherz gut verstanden und erwiderte in der gleichen Art: »Tja, da bleibt dem Vorsitzenden des Ministerrates nichts anderes, als dass er die Aufträge erfüllt, und die Kontrolle überlassen wir dem neuen Abteilungsleiter, Genossen Ligatschow.«

---

* Komsomol: Kommunistischer Jugendverband der UdSSR.
** Tichonow war 1980–1985 Vorsitzender des Ministerrates der UdSSR.

Als ich den Sitzungssaal des Politbüros verließ, war es etwa halb zwölf. Seit dem Gespräch mit Gorbatschow waren gerade anderthalb Stunde vergangen, aber mein Lebensweg hatte seine Richtung jäh geändert.

Als sich Gorbatschow am nächsten Morgen zu einer kurzen Besprechung mit mir traf, bemerkte er beiläufig: »Weißt du, dich hat Gromyko* sehr unterstützt. Ja, es war sogar so: Andropow, Gromyko und ich erörterten die Kandidaturen für den Posten des Leiters der Orgabteilung. Ich sagte dabei, dass wir so einen Mann haben müssten wie Ligatschow. Und ich war angenehm überrascht, als mich Gromyko sofort unterstützte. ›Ich kenne ihn‹, sagte er, ›er ist ein würdiger Kandidat.‹ Das war so etwa vor zwei Monaten. Na, du verstehst selbst, es brauchte Zeit zur Klärung und so weiter. Juri Wladimirowitsch schaut sich ja die Kader genau an.«

Die Unterstützung von Gromykos Seite kam für mich unerwartet, sie war sogar erstaunlich. Ich kannte ihn nicht persönlich und nahm nicht an, dass Andrej Gromyko mehr als meinen Namen kannte. Nun unterstützte mich das dienstälteste Politbüromitglied. Wieso? Woher wusste er von mir?

Nachdem ich mir das eine Weile durch den Kopf hatte gehen lassen, fiel mir ein, dass man mich ganz zu Beginn der achtziger Jahre als Botschafter für ein europäisches Land auserkoren hatte. Suslow** und Russakow*** hatten dazu dem Politbüro einen Vorschlag vorgelegt. Das hatte mir damals Michail Simjanin**** erzählt und auch noch mit Schmeicheleien kommentiert: »Da

---

* Gromyko war 1957–1985 Außenminister der UdSSR.
** Sekretär des ZK der KPdSU 1947–1982 und Politbüromitglied 1955–1982.
*** Sekretär des ZK der KPdSU 1977–1986.
**** Sekretär des ZK der KPdSU 1976–1987.

schau mal, sie haben dich als Botschafter für ein tolles Land vorgesehen, ohne dich erst zu fragen. Das heißt, sie kennen und schätzen dich ...«

Ich war aber in diesen spaßigen Tonfall nicht eingestiegen: »Das ist völlig zwecklos. Sie hätten erst mal nachfragen sollen, ich jedenfalls habe nicht vor, aus Sibirien wegzugehen.«

»Und was willst du jetzt tun? Der Beschluss ist im Prinzip angenommen.«

»Na, das werden Sie schon sehen. Weiter weg als nach Sibirien kann man mich nicht schicken, und tiefer als zum Sekretär einer Parteigrundorganisation kann man mich nicht herabstufen. Und auch damit wäre ich zufrieden.«

Bald nach diesem Gespräch wurde ich zu Suslow gerufen. Kapitonow war bei ihm, und beide sprachen von meiner Ernennung zum Botschafter wie über eine beschlossene Sache, schließlich sei das Ausdruck eines hohen Vertrauens. Trotzdem lehnte ich kategorisch ab, womit ich Suslow in Erregung brachte.

Am nächsten Tag flog ich nach Tomsk und beschloss, unverzüglich eine persönliche Bitte an Breshnew zu richten. Darin schrieb ich, dass ich keinen Auslandseinsatz möchte, sondern in Sibirien arbeiten will, weil ich das Land liebe und mich gerade hier am richtigen Platz sehe. Als wir auf dem Flughafen von Tomsk landeten, hatte ich den Brief fertig und schickte ihn noch am selben Tag per Kurier nach Moskau.

Am übernächsten Tag rief mich Tschernenko an: »Leonid Iljitsch hat den Brief gelesen. Die Frage ist zu deinen Gunsten entschieden.«

Damit war das Problem ausgestanden. Auch wenn ich mit niemanden im Außenministerium wegen der möglichen Ernennung gesprochen hatte, erinnerte sich Gromyko offensichtlich gut an diese Geschichte. Gromyko bevorzugte es, als Botschafter professionelle Diplomaten zu entsenden, die die gründliche Schule seines Amtes durchlaufen hatten. Aber der ZK-Apparat drängte ihm bisweilen andere Kandidaten auf. Meine kategorische Absage an den Einsatz im Ausland – und noch dazu in einem angesehenen europäischen Land! – war wohl die einzige ihrer Art gewesen. Und so hatte sie sich fest in Gromykos Gedächtnis eingeprägt. Später, als ich engeren Kontakt mit ihm hatte, bestätigte er, dass meine Mutmaßungen richtig waren.

Wie zu vermuten, begann ab dem Frühjahr 1983 eine schnelle Erneuerung des Kaderbestands in Partei und Wirtschaft. Leider hatten Breshnew und seine engsten Vertrauten in der Schlussperiode ihrer Tätigkeit ihr Hauptaugenmerk der sogenannten »Stabilität der Kader« gewidmet. In der Realität sah das so aus, dass die Personen, an denen sie interessiert waren, »unversenkbar« gemacht wurden.

Viele leitende Parteifunktionäre hatten zwei Jahrzehnte oder länger in ihren Funktionen gearbeitet. Nicht wenige von ihnen hatten infolge der Arbeitsanspannung ihre Gesundheit eingebüßt. Aber es gab auch solche, die sich unwürdig aufführten. Ich bin überzeugt, dass bei einer rechtzeitigen Kaderauswechselung die Entwicklung in der Partei und im Land anders hätte verlaufen können.

Wenn die Sekretäre der Gebietsparteikomitees auf Plenartagungen, Parteitagen und Beratungen in Moskau zusammenkamen, tauschten sie sich natürlich untereinander aus – jeder von uns entwickelte seine eigenen Sympathien und hatte seine freundschaftlichen Verbindungen. Dabei wusste einer vom anderen um dessen Wert, und es kam wie von selbst dazu, dass sich die »Arbeiter« aus diesem Kreis, diejenigen, die sich tatkräftig ihrer Aufgaben annahmen, immer wieder zusammenfanden. Aber auch jene, die vermittels persönlicher Beziehungen, Liebedienerei und Lobhudelei gegenüber Vorgesetzten danach strebten, Posten und Ehrerbietungen an sich zu ziehen, hielten sich beieinander. In unserem Parteimilieu waren zudem die persönlichen Neigungen eines jeden bekannt. Wir wussten, wer einen Hang zum Alkohol hatte, wer sich besonders in Speichelleckerei hervortat und so weiter. Diese Kenntnis der Menschen kam mir zugute, als ich Kaderfragen zu entscheiden hatte. Und eben mit der Erneuerung des Parteikaders begann nun Andropow. Ich hatte den Betroffenen zu verkünden, dass sie zurücktreten sollten. In vielen Fällen, da es um an und für sich gute Leiter ging, die aber aufgrund ihres Alters oder ihres Gesundheitszustandes ihre Energie aufgebraucht hatten, nahm mich das sehr mit. Lange bereitete ich mich auf diese unerquicklichen Gespräche vor und sprach dann auch alle positiven Seiten an, die den Menschen auszeichneten, um die unvermeidliche Bitternis der Situation etwas zu mildern.

Die Rollen waren klar verteilt. Ging es darum, jemandem den Rücktritt nahezulegen, war ich es, der mit dem Betroffenen zu sprechen und die moralische Last seiner ersten Reaktion auf sich zu nehmen hatte. War die Rede von Ernennungen oder Beförderungen, so wurden die Kandidaten von Gorbatschow empfangen – er war es, der ihnen die angenehme Nachricht überbrachte. In dieser Rollenverteilung sah ich nichts Abträgliches für mich und empfand sie im Grunde als notwendig. Gorbatschow war zehn Jahre jünger als ich und gehörte bereits dem Politbüro an, und es war für mich selbstverständlich, dass ich ihm im Interesse der Partei und des Landes zu helfen und zur Seite zu stehen hatte. Schon 1983 begann sich Gorbatschow als möglicher Nachfolger von Andropow abzuzeichnen, und in dieser Situation fiel mir der unangenehme Part an der Kadererneuerung zu. Aber nach meiner Überzeugung war das ein wichtiges Element einer gemeinsam, einverständlich zu leistenden Arbeit – und wer konnte damals ahnen, dass sich diese Arbeit später stark verkomplizieren, zum Erliegen kommen würde und wir konträre Positionen einnehmen oder, anders gesagt, verschiedene Seiten einer Barrikade beziehen würden?

Ich will hier nicht im Einzelnen die komplizierten Wechselfälle der Kaderangelegenheiten jener Zeit aufführen, sondern möchte den Leser mit einem Zitat aus dem Buch des finnischen Politologen J. Iivonen »Portraits der neuen sowjetischen Führung« bekannt machen. Er schrieb unter anderem: »Die erstrangige Aufgabe Ligatschows war die Durchführung der ›Revolution Andropows‹ im Bereich der Führung der Parteiorganisationen der Gebiete und Regionen. Zum Ende des Jahres 1983 waren etwa 20 % der Ersten Sekretäre der Gebietsparteikomitees, 22 % der Mitglieder des Ministerrats sowie eine beträchtliche Anzahl von leitenden Funktionären aus dem Apparat des ZK (Leiter und stellvertretende Leiter von Abteilungen) ausgetauscht worden. Durch diese Umbesetzungen wurden die Möglichkeiten, die Neuerungen Andropows durchzusetzen, wesentlich konsolidiert. Im Dezember 1983 wurde Ligatschow vollrangiges Mitglied des Sekretariats des ZK. Es erweiterte sich zudem die Sphäre seiner Tätigkeit – er hatte jetzt öfter Position zu beziehen auch bei der Vorbereitung und der Erörterung ideologischer Fragen. Durch die Wahl Jegor Ligatschows zum Mitglied des Politbüros und zum Chefideologen der Partei wurde die traditionelle Diskussion darüber wiederbelebt, ob er ein ›Liberaler‹ oder ein ›Konservativer‹ ist. In verschiedenen westlichen Einschätzungen wurde im Frühjahr 1985 hervorgehoben, dass sich in der sowjetischen Kultur wieder freiere Meinungsäußerungen zu zeigen beginnen und dass der gut gebildete und belesene Ligatschow die Aktivitäten der Vertreter der Kultur und überhaupt der Intelligenz wohlwollend aufnimmt. In etwa die gleichen Einschätzungen wurden 1982 zu Andropow vorgebracht ...«

Die angeführten Prozentzahlen kommen der Realität nahe. Wenn er davon spricht, dass ich schon im Dezember 1983 zum Sekretär des ZK der KPdSU gewählt wurde, so muss ich dazu einiges erklären.

Alles begann mit Gorbatschow.

Das Dezember-Plenum des ZK der KPdSU rückte heran, und Gorbatschow sagte zu mir:»Jegor, ich bestehe darauf, dass du zum Sekretär des ZK gewählt wirst. Das Plenum steht vor der Tür, und ich arbeite verstärkt an dieser Frage.«

In dem vorangegangenen halben Jahr hatten Gorbatschow und ich einander in der praktischen Arbeit geprüft und uns noch weiter angenähert. Wir verstanden einander jetzt auf Anhieb und unterhielten uns immer direkt und offen. So wunderte es mich auch nicht, als mich einige Tage darauf Pawel Laptew anrief, der persönliche Mitarbeiter Andropows:»Jegor Kusmitsch, Sie müssen zu Juri Wladimirowitsch kommen. Er erwartet Sie heute Abend um sechs Uhr.«

Andropow war bereits schwer krank und führte keine Politbüro-Sitzungen durch. Da er im Krankenhaus lag, konnte ich mir nur schwer vorstellen, wie und wo ein Treffen stattfinden könnte, was ich dem persönlichen Mitarbeiter auch ohne Umschweife sagte.

»Sie werden mit dem Auto abgeholt und hingefahren«, bekam ich zur Antwort.

Wir hatten ja mittlerweile Dezember. Als wir durch Moskau fuhren, brannte schon die Straßenbeleuchtung. Ich ließ im Geiste die Ereignisse der letzten Monate noch einmal an mir vorüberziehen. Der politische Kurs Andropows war definiert: Es ging um die Vervollkommnung des Sozialismus und die Fortführung der Politik auf der Basis dessen, was durch die Anstrengungen des Volkes erreicht worden war, zugleich aber auch darum, die negativen Verkrustungen entschieden zu beseitigen.

Ich weiß, dass Andropow nach seiner Wahl zum Generalsekretär zehntausende Telegramme und Briefe mit Bitten und Forderungen erhalten hatte, Disziplin und Ordnung im Lande zu stärken und die Verantwortlichkeit der Leiter zu erhöhen. Und Andropow nahm diesen »Ruf des Volkes« auf. Das »Jahr Andropows« hat sich im Gedächtnis des Volkes als eine Zeit niedergeschlagen, in der im Interesse der arbeitenden Menschen Ordnung geschaffen wurde. Vor allem ging es um die effektive Nutzung des gigantischen Potenzials unseres Landes. Ich muss hier sagen, dass Juri Wladimirowitsch die seltene Gabe einer echten Führungspersönlichkeit besaß, allgemeine Aufgaben in konkrete Taten umzusetzen. Schlüsselfragen wie die Ausgewogenheit zwischen dem Wachstumstempo der Arbeitsproduktivität und dem Tempo des Lohnzuwachses und auch die Balance zwischen der Warenmasse und den Einkünften der Bevölkerung behielt er in seiner Hand. Für ihn waren das Fragen der hohen Politik.

Als Abteilungsleiter oblag es mir, Andropow zum Stand der Dinge in diesen überaus wichtigen Sphären des staatlichen Lebens Bericht zu erstatten.

Mit Sätzen wie »Schätzen Sie ein, wo wir stehen« oder »Geben Sie eine Einschätzung zur aktuellen Lage« fing Andropow häufig Arbeitsberatungen an. Wonach er hinzusetzte: »Knöpfen wir uns dieses Problem mal vor.«

Wir »knöpften« uns also die Probleme gründlich vor, was wir mit Tee begossen, dazu gab es Gebäckkringel.

Durch dieses ständige Augenmerk der Partei auf der zentralen sowie lokalen Ebene konnten wir die Relation des Zuwachses der Arbeitsproduktivität zur Lohnsteigerung auf dem Niveau von $1 : 0,5$ halten, was zur Gesundung der wirtschaftlichen Situation führte. Wie breit man die Anforderungen des »Ordnungschaffens« auch fassen mag, das »Jahr Andropows« darauf zu reduzieren, wäre einseitig. Er hatte eine klare Vorstellung von den Perspektiven des Landes. Dabei mochte er keine Improvisationen und keine Sprünge von einem Extrem zum anderen, sondern plante auf der Basis des bisher Erreichten und der schöpferischen Weiterentwicklung der marxistisch-leninistischen Theorie eine Erneuerung des Sozialismus, denn er hatte verstanden, dass der Sozialismus tiefgreifender und qualitativer Veränderungen bedurfte. Er sah diesen Prozess als objektive Notwendigkeit an und hielt auch Veränderungen in unserem politischen System für erforderlich. Er hatte die Praxis eingeführt, wichtige Beschlüsse von Partei und Regierung vorab direkt in den Arbeitskollektiven, in den Werken diskutieren zu lassen.

Mit Andropows Ideen hatte unser großes Land auf einen neuen Kurs einzuschwenken begonnen. Das Volk hatte seinen Aufruf angenommen – er war eine Einstimmung nicht zu lautem Wortgetöne, sondern zu Taten!

Der Wagen, der mich zu Andropow bringen sollte, bog in die Rubljowskoje Chaussee ein. Mein Begleiter, ein Offizier aus der Verwaltung 9 des KGB, die für den Schutz der Mitglieder des Politbüros und der Sekretäre des ZK verantwortlich war, sagte mir, dass wir in das Krankenhaus Kunzewo fuhren.

Das Krankenzimmer von Juri Wladimirowitsch machte einen sehr bescheidenen Eindruck: ein Bett, daneben einige medizinische Geräte, ein Tropf an einem Ständer. An der Wand stand ein kleines Tischchen, an dem ein Mann saß.

Im ersten Moment wollte ich nicht begreifen, dass das Andropow war. Sein Anblick erschütterte mich. Seine Gesichtszüge waren durch die Krankheit bis zur Unkenntlichkeit entstellt. Mit leiser, aber vertrauter Stimme lud er mich ein: »Jegor Kusmitsch, komm her und nimm Platz.«

Ich setzte mich auf den für mich bereitgestellten Stuhl, konnte aber einige Minuten lang einfach nicht zu mir finden – so fassungslos war ich darüber, wie stark sich Andropows Äußeres verändert hatte. Er war nicht wie ein Krankenhauspatient angezogen, sondern eher ungezwungen, häuslich, er trug ein Trikothemd und gestreifte Pyjamahosen. Seinem Äußeren nach erschien er wie ein ganz anderer Mensch, nicht mehr als der, den ich von der Arbeit kannte, und mein Herz krampfte sich vor Mitgefühl zusammen. Ich sah: Seine Kräfte waren aufgebraucht. Juri Wladimirowitsch hatte offenbar meine Verwirrung wahrgenommen, ich hoffte aber, dass er sie sich anders erklärte, zum Beispiel einfach mit Aufgeregtheit. Und das Verwunderliche war, dass er mich zu beruhigen suchte: »Erzähl doch mal ganz in Ruhe von deiner Arbeit, was hast du jetzt auf dem Tisch?«

Ich hatte ja gewusst, dass mir ein Treffen mit einem

kranken Mann bevorstand, für den Überanstrengung von Schaden ist, und so hatte ich mich darauf vorbereitet, nicht länger als zehn Minuten zu sprechen. Aber Andropow unterbrach mich schon nach kurzer Zeit: »Nun klar, das reicht … Ich habe dich kommen lassen, um dir mitzuteilen: Das Politbüro wird auf der bevorstehenden Plenartagung die Frage deiner Wahl zum Sekretär des ZK behandeln.« Danach wechselte er wieder zum »Sie«, als wollte er eine halboffizielle Mitteilung machen: »Sie haben sich für uns als glücklicher Fund erwiesen.«

Dann wurde Tee aufgetragen, und wir unterhielten uns noch etwa eine Viertelstunde ohne Hast über die aktuelle Lage im Lande.

Wir verabschiedeten uns ganz ruhig, so wie es unter Männern üblich ist. Ich habe Juri Wladimirowitsch danach nicht mehr lebend gesehen. Dieser Dezemberabend im Krankenzimmer wird mir immer im Gedächtnis bleiben.

Einige Tage danach fand das Dezember-Plenum statt, auf dem ich zum Sekretär des ZK gewählt wurde. Den Vorschlag brachte Tschernenko ein, der das Plenum leitete, wobei er sich auf die Meinung Andropows stützte. Tschernenko hatte zuvor nicht mit mir gesprochen.

Als ich nach dem Plenum in mein Arbeitszimmer kam, saß in meinem Vorzimmer bereits jener Offizier aus der Verwaltung 9 des KGB, der mich ins Krankenhaus zu Juri Wladimirowitsch gefahren hatte. Er war mir nun fest zugeordnet. Am Abend desselben Tages meldeten westliche Rundfunkstationen meine Wahl und charakterisierten mich so: »Der neue ZK-Sekretär Ligatschow ist ein Asket, im Privatleben ist er bescheiden, vor einem halben Jahr ist er nach Moskau mit nur einem Koffer umgezogen.«

Das entsprach tatsächlich der Wahrheit, auch wenn ich mich fragte, woher sie die Sache mit dem einem Koffer erfahren hatten, außer dem ich nur noch ein dickes Bündel handgeschriebener Reden und Referate aus meinen siebzehn Jahren in Tomsk mit mir trug.

Bald begann die Vorbereitung auf die Wahlen des Obersten Sowjets der UdSSR, und ich flog nach Tomsk, um vor den Wählern zu sprechen. Ich kam dort an einem vertrauten Ort unter, in der Datsche an der »Blauen Klippe«. Dort erreichte mich am späten Abend des 9. Februar 1984 wieder ein Anruf von Gorbatschow: »Jegor, uns hat ein Schlag ereilt – Andropow ist gestorben. Flieg zurück, morgen früh wirst du hier in Moskau gebraucht …«

Das offizielle Chiffrefernschreiben über den Tod Andropows ging im Gebietsparteikomitee Tomsk erst am Morgen ein. Zu dieser Zeit war ich schon im Anflug auf Moskau – wenn man von Ost nach West fliegt, gewinnt man Zeit. Der Zeitunterschied zwischen Moskau und Tomsk beträgt, wie schon gesagt, vier Stunden, und die Flugzeit sind auch vier Stunden.

Am selben Morgen verfassten wir im Arbeitszimmer von Simjanin den Nachruf. Wir waren zu fünft oder zu sechst, darunter der persönliche Mitarbeiter Andropows, Pawel Laptew. Als wir zu Papier gebracht hatten, dass Andropow ein »hervorragender Partei- und Staatsführer« war, zweifelte einer der Anwesenden: »Überhöhen wir die Rolle Andropows nicht zu sehr? Als Generalsekretär hat er nicht so lange gearbeitet, gerade mal etwas über ein Jahr.«

Ich entgegnete: »Es geht doch nicht um die Zeitdauer, um Amtsperioden, sondern um Entwicklungstendenzen, um Resultate!«, und wusste mich dabei eins mit Lenin, der eine geschichtliche Persönlichkeit nicht daran maß, was sie aus der Sicht der nachfolgenden Generationen nicht geleistet, sondern was sie gegenüber ihren Vorgängern an Neuem gebracht hatte.

Tschernenko wurde zum Generalsekretär gewählt. Seine Nominierung durch den Vorsitzenden des Ministerrates Tichonow auf dem Plenum fand Zustimmung, und alles verlief glatt. Eine Irritation trat allerdings ein, als auf der konstituierenden Sitzung des Politbüros Tschernenko den Vorschlag unterbreitete, mit der Durchführung der Sitzungen des Sekretariats des ZK Gorbatschow zu beauftragen. Tschernenko hatte offensichtlich verstanden, dass ein junger, energischer und körperlich starker Mann gebraucht wurde.

Nicht alle Politbüro-Mitglieder teilten diesen durchaus vernünftigen Standpunkt. Auf den Vorschlag des Generalsekretärs kam sofort eine Reaktion von Tichonow: »Ich denke, Gorbatschow wird die Sitzung des Sekretariats in eine Kollegiumsberatung des Landwirtschaftsministeriums verwandeln und das Sekretariat mit Agrarproblemen zuschütten ...«

Es war klar, dass das nichts als ein formaler Vorwand war, um die Kandidatur Gorbatschows abzubiegen, aber jemand griff das auf, und es kam zu weiteren zweifelnden Meinungsäußerungen. Für den Vorschlag des Generalsekretärs sprach sich hingegen Ustinow aus.

Daraufhin meldete sich Gromyko zu Wort. Um die eingetretene Spannung abzubauen, machte er als erfahrener Diplomat einen salomonischen Vorschlag: »Wir sollten erst einmal nachdenken und nichts übereilen und später auf diese Frage zurückkommen.«

Der leicht phlegmatische und gesundheitlich schwache Tschernenko zeigte aber plötzlich Charakterstärke und sagte entschieden: »Ich bestehe trotz allem darauf, dass Sie meinen Vorschlag, Genossen Gorbatschow mit der Leitung des Sekretariats zu betrauen, unterstützen.«

Ja, genau so war es gelaufen, da beißt die Maus keinen Faden ab. Wenn Tschernenko und Gorbatschow einander auch nie nahe waren, so hat Tschernenko doch selbst entschieden, Gorbatschow für den inoffiziell zweithöchsten Posten in der obersten Parteihierarchie zu nominieren, hat diese Linie fest verteidigt und auf seinem Standpunkt beharrt. Überhaupt war Tschernenko keine so simple und einfach strukturierte Person, als die ihn einige Journalisten dann in der Perestroika-Zeit kurzerhand hinstellten.

Die dreizehn Monate Tschernenkos

Nach dem »Andropow-Jahr« begannen neue Zeiten. Genauer gesagt: neue alte Zeiten. Breshnews Politbüro-Mannschaft bestand nahezu komplett weiter, und in vielem kehrte man aufs alte Gleis zurück.

Ich möchte jene Politikergeneration nicht schwarz in schwarz malen, unter ihnen gab es begabte und wirklich tatkräftige Männer. Aber auch aus dem Kreis derjenigen, die man nach damaligen Maßstäben als progressiv ansehen konnte, hatte sich Andropow sichtbar herausgehoben. Er schaute nach vorn, über die Grenzen des eigenen Lebens hinaus, was nach einem bekannten Ausspruch einen echten Staatsmann von einem Politiker unterscheidet, der nur über den Ausgang der nächsten Wahlen besorgt ist.

Als Tschernenko seinen Platz einnahm, war unschwer vorauszusehen, dass es zu Intrigen gegen die unter Andropow Aufgestiegenen kommen würde, insbesondere gegen das jüngste Politbüro-Mitglied Gorbatschow, der zu jener Zeit als derjenige galt, der die Reformpläne Andropows fortführen würde.

So kam es dann auch. Und blieb so die ganzen dreizehn Monate von Tschernenkos Amtszeit. Und als Tschernenko gestorben war, verlief die Wahl Gorbatschows zum Generalsekretär in schwierigem Fahrwasser.

Boris Jelzin schrieb darüber in seinem Buch »Beichte

zu einem vorgegebenen Thema«:* »Einer der Mythen besagt, dass vier Mitglieder des Politbüros mit der Nominierung Gorbatschows das Schicksal des Landes entschieden hätten. Das war Ligatschows direkte Aussage auf der XIX. Parteikonferenz, womit er meiner Meinung nach Gorbatschow und alle an der Wahl des Generalsekretärs Beteiligten beleidigt hat. Es hat definitiv eine Auseinandersetzung gegeben. So wurde eine Liste von Politbüro-Mitgliedern gefunden, vorbereitet von Grischin, der die Absicht hatte, Führer der Partei zu werden. In die hatte er seine Mannschaft eingetragen, Gorbatschow wie auch viele andere waren nicht in dieser Liste zu finden. Trotz allem entschied dieses Mal das Plenum des ZK über das Schicksal des Generalsekretärs.

Praktisch alle Teilnehmer des Plenums, unter ihnen auch gestandene, erfahrene Erste Sekretäre von Gebietsparteikomitees, waren der Ansicht, dass die Variante Grischin unmöglich sei – das wäre das Ende für die Partei und für das Land gewesen. Binnen Kurzem hätte er die gesamte Parteiorganisation des Landes ausgetrocknet, wie er das schon mit der Moskauer Parteiorganisation gemacht hatte. Das durfte in keinem Fall zugelassen werden. Zudem durfte man auch nicht seine Charakterzüge außer Acht lassen: Selbstzufriedenheit, Selbstgefälligkeit, Gefühl der Unfehlbarkeit, Machtstreben. Eine große Gruppe von Ersten Sekretären war sich darin einig, dass aus den Reihen des Politbüros für den Posten des Generalsekretärs Gorbatschow zu nominieren war – der energischste Mann mit dem weitesten Horizont, der auch vom Alter her

---

* Auf Deutsch erschienen unter dem Titel »Aufzeichnungen eines Unbequemen«. München: Droemer Knaur 1990. Die hier angeführte Zitat-Übersetzung stammt vom Übersetzer des vorliegenden Buches.

durchaus passend war. Wir entschieden uns, auf ihn zu setzen. Wir suchten einige Politbüromitglieder auf, so auch Ligatschow.* Unsere Position fiel auch mit seiner Meinung zusammen.«

So hat es Jelzin in seinem Buch beschrieben. Ich persönlich habe nie davon gehört, dass »eine Liste von Politbüro-Mitgliedern gefunden« wurde. Auch Gorbatschow hat weder öffentlich noch im engen Kreis je von so etwas gesprochen. Wo will man denn die Liste gefunden haben? Wurde Grischins Arbeitszimmer durchsucht? Grischin war doch nach den Wahlen 1985 weiter Mitglied des Politbüros und dann vor Jelzin Erster Sekretär des Stadtparteikomitees Moskau der KPdSU. Jelzins Behauptung lag doch sehr auf dem Niveau übler Gerüchtemacherei.

Um die »dreizehn Monate Tschernenkos« besser zu verstehen, ist es wohl angebracht, von diesem Mann zu erzählen. Im Grunde ist sowohl in unserem Land wie auch sonst in der Welt sehr wenig über ihn bekannt.

Konstantin Ustinowitsch war ein klassischer Apparatschik – vom Scheitel bis zur Sohle und bis ins Mark. Über Jahrzehnte hinweg hatte er in Bürofunktionen gearbeitet, war zusammen mit Breshnew in Moldawien, dann im ZK, danach im Obersten Sowjet der UdSSR und daraufhin wieder im ZK. Auf diesem Weg durch den Apparat hatte Tschernenko zweifelsohne Erfolge errungen, ich würde sagen, er war ein virtuoser Apparatschik – mit allem, was diese Karriere einem

---

* Autorenfußnote von Ligatschow: Der Autor der »Beichte« rechnet mich irrtümlich zu den Politbüro-Mitgliedern. Damals war ich aber ZK-Sekretär.

Politiker an Minuspotenzial erbringen kann, aber auch mit Plus-Seiten. Vielleicht sollte man es so charakterisieren: Solange Tschernenko im Schatten Breshnews blieb, war das kunstvolle Spiel mit dem Apparat seine starke Seite. Als er dann aber ansetzte, sich als Politiker selbständig zu machen, erwies ihm seine Abgehobenheit vom realen Leben einen schlechten Dienst.

Die Sekretäre der Gebietsparteikomitees schätzten den Leiter der Allgemeinen Abteilung des ZK Tschernenko für die Aufmerksamkeit, mit der er den Bitten begegnete, die sie zu den lebenswichtigen Erfordernissen ihrer Gebiete an ihn herantrugen. Wer zu ihm kam und von diesem oder jenem Problem berichtete und noch dazu einen gründlich ausgearbeiteten Bericht übergab, der brauchte nicht daran zu zweifeln, dass Tschernenko die Sache voranbringen und die Unterschrift des Generalsekretärs beschaffen würde. In seiner Funktion als Leiter der Allgemeinen Abteilung war Tschernenko an der richtigen Stelle. Neben seinen fachlichen Qualitäten muss man auch sein entgegenkommendes Wesen sehen und seinen aufrichtigen Wunsch, seinem Gegenüber zu helfen. Tschernenko, der Breshnew außergewöhnlich nahestand und zu jener Zeit über einen enormen Einfluss verfügte, hat seinen Namen aber nie mit Korruption beschmutzt. Im Umfeld von Breshnew gab es nicht wenige Missbrauchsfälle, und Tschernenko hätten unvorstellbar viele Möglichkeiten offengestanden. Es hätte nur einer Andeutung von ihm bedurft, und man hätte ihn überreichlich mit »Aufmerksamkeiten« überhäuft. Ganz fraglos kämpfte er entschieden dagegen an, in diesen Missbrauchsstrudel hineingezogen zu werden. Im Privatleben und in den Alltagsdingen war er überaus bescheiden.

Die Lebensbahn dieses Mannes hatte eine – so kann man schon sagen – tragische Wendung genommen:

Weder von seinem Gesundheitszustand noch von seinen politischen und Lebenserfahrungen her war er in der Lage, den Posten des Generalsekretärs anzutreten. Es war ein Unglück für ihn, dass er unter dem Druck seines Umfeldes das Einverständnis zur Wahl zum Generalsekretär gegeben hatte, und dies auch noch an seinem Lebensabend, da seine Kräfte schon schwanden.

Ich denke, dass hier nicht zuletzt ein anderer Wesenszug Tschernenkos zum Tragen kam, der eine eigenartige, schwer erklärliche Verbindung mit seiner Bescheidenheit im Alltag einging: Er liebte Auszeichnungen und Lobreden. Kaum dass man ihn zum Generalsekretär gewählt hatte, gingen einige Funktionäre, die schon von der Verfertigung der Memoiren Breshnews her eingeübt waren, sogleich geschäftig daran, analoge Werke für Tschernenko vorzubereiten. Er selbst legte dagegen keinen Einspruch ein. Das war seine Schwäche. Vielleicht kann man es so sagen: die Schwäche eines Schreibtischpolitikers, der den Großteil seines Lebens im Schatten der Unbekanntheit verbracht hatte.

Wohl wegen seines Hangs zur Arbeit im Apparat und auch seiner geringen Kenntnis des realen Lebens stand Tschernenko nie in einem breiten Austausch mit Arbeitern, Bauern und der wissenschaftlich-technischen Intelligenz.

Im Zusammenhang mit den Ereignissen in der Tschernenko-Zeit muss ich an die Memoiren des früheren französischen Präsident Valéry Giscard d'Estaing denken, die unter dem Titel »Macht und Leben«* er-

---

* Giscard d'Estaing, Valéry: Macht und Leben: Erinnerungen. Frankfurt/Main, Berlin: Ullstein 1988. Titel der französischen Originalausgabe »Le Pouvoir et la Vie«, Titel der russischen Ausgabe: »Власть и жизнь«.

schienen sind. Sie beginnen mit dem Kapitel »Über die Gesundheit von Staatsmännern«. Er äußert darin, dass die Staatsaufgaben eine kolossale Anspannung nicht nur der geistigen, sondern auch der körperlichen Kräfte verlangen. Von der physischen Gesundheit eines Staats- oder Regierungsoberhaupts, eines Ministers, aber auch eines untergeordneten Funktionärs hängt, so Giscard d'Estaing, die Aktivität oder auch die Passivität der Politik ab, wie ausgewogen oder aber impulsiv die Politik ist. Daher sei die Gesundheit eines Staatsfunktionärs nicht nur die Angelegenheit seiner Familie, sondern Gegenstand des Interesses und der Sorge der gesamten Gesellschaft – es gehe um einen Faktor von direktem Einfluss auf das Schicksal des Landes und des Volkes. Giscard d'Estaing besinnt sich in diesem Zusammenhang auf ein Treffen mit Breshnew Ende der siebziger Jahre und stellt die Frage: Kann ein kranker Mensch ein großes Land führen?

Es war in der Tat so, dass bei uns seit langen Zeiten der Gesundheitszustand des Generalsekretärs ein Tabuthema war. Weder die Partei insgesamt noch die Mitglieder des ZK wurden informiert. Ich hielt das für eine ernsthafte Verletzung der innerparteilichen Demokratie. Angesichts des in jenen Jahren bestehenden Systems der Partei- und Staatsführung kann man aber von einer Verletzung der demokratischen Prozeduren insgesamt sprechen. In allen entwickelten Ländern wird der Gesundheitszustand des Staatsführers als Gegenstand des besonderen Interesses der Öffentlichkeit angesehen, auch hat sich schon seit langem die Praxis der medizinischen Überprüfung der Kandidaten für höchste Staatsämter eingebürgert. In den USA wurde jeder noch so unbedeutende ambulante Eingriff, dem sich Ronald Reagan unterzog, in der Presse breit beleuchtet. Bei uns hingegen wurden Bulletins über den Gesundheitszustand der führenden Persönlichkeiten erst dann veröffentlicht, wenn dieser schon überaus schlecht, wenn nicht sogar hoffnungslos geworden war.

Natürlich ahnten wir, dass der Generalsekretär während des Arbeitstages direkt im Gebäude des ZK immer wieder bestimmte Behandlungen erhielt. Anschließend sah er rosig und energiegeladener aus. Diese Energie reichte aber gerade mal für eine bis anderthalb Stunden.

Es war dann auch die schwere Krankheit Tschernenkos, die keinen Raum für Zweifel an einem schnellen und traurigen Ausgang ließ und auf der Ebene der obersten Parteiführung unmissverständlich klarmachte, dass eine neue Runde des Kampfes um die Macht im ZK der KPdSU anstand.

Die in der Andropow-Ära eingeleitete Kaderauswechselung hatte unter Tschernenko an Tempo verloren, lief aber weiter. Es war eine der erklärten Aufgaben, aus der Führungsebene der Partei, jene Personen zu entfernen, die ihre Dienststellung missbrauchten – diese Logik brachte uns den damaligen Leiter der Allgemeinen Abteilung des ZK, Klawdi Michailowitsch Bogoljubow, ins Blickfeld.

Bogoljubow stand Tschernenko besonders nahe und genoss dessen volles Vertrauen, und es war dieses eigenartige Wohlwollen des Generalsekretärs, das für mich ein Beleg für Tschernenkos zwiespältiges Wesen war – er selbst war ein Mann von Bescheidenheit, während Klawdi Michailowitsch seine hohe Stellung ganz offensichtlich missbrauchte. Und dennoch vertraute Tschernenko ihm! Dass versuche einer zu verstehen …

Bogoljubow war eine der mächtigen alten Säulen des Apparats, mit ihm waren auch einige hochrangige Parteikader liiert, eine Seilschaft, die die alte Ordnung in der Parteizentrale verkörperte. Diese Meinung teilte auch Gorbatschow. Unter Andropow verharrte Bogoljubow in Habachtstellung, nach dessen Tod versuchte er wieder, möglichst viel aus seinen »Pfründen« herauszuschlagen.

Im Gedächtnis ist mir geblieben, dass 1984 zu seinem siebzigsten Geburtstag die Frage einer Auszeichnung aufkam. Gorbatschow und ich gaben dem Druck Tschernenkos nach und erklärten widerstrebend unser Einverständnis, Bogoljubow mit einem Orden auszuzeichnen. Aber Bogoljubow war selbst der höchste Orden nicht hoch genug, und er erbettelte sich buchstäblich bei Tschernenko den Titel »Held der sozialistischen Arbeit«, was ich erst aus der Zeitung erfuhr.

Bogoljubows Geschichte zog sich ziemlich lange hin und fand erst nach dem April 1985 einen Abschluss. Er war die Verkörperung eines befehlshaberischen Parteiapparatschiks, Beamter war er nicht von seiner Dienststellung her, sondern seinem Wesen nach. Und solange er an der Spitze einer der wichtigsten Abteilungen des ZK stand, symbolisierte das die Ungebrochenheit des bürokratischen Stils. Wir hatten es also nicht mit einer persönlichen Frage zu tun, sondern im allgemeinen Sinne mit einem objektiven Problem.

Was den befehlshaberischen Stil des Apparats in der Parteizentrale am Alten Platz ausmachte, mag folgendes Beispiel belegen. Gleich am Tag nach meiner Ernennung zum Leiter der Orgabteilung »stellte« man mir, wie es damals hieß, eine große Tschaika-Limousine. Ich hatte aber eine starke Abneigung gegen dieses riesige, anmaßende Gefährt. In der Garage des Gebietsparteikomitees Tomsk stand so ein Tschaika, den wir nur für den Fall bereithielten, dass hohe Gäste aus Moskau zu empfangen waren. Ich selbst habe den Tschaika nicht ein einziges Mal benutzt, fuhr im Wolga und nicht selten im UAZ, einem Jeep, in dem einem kein Nickerchen vergönnt ist, wenn ich von einem Mann absehe, der das Talent hatte, selbst bei der unglaublichen Rüttelei im UAZ einzunicken. Das war Alexej Kirillowitsch Kortunow, vormals Minister für die Gasindustrie, mit dem zusammen ich im Jeep hunderte Kilometer entlang der Pipelines gefahren bin. Kortunow, der im Krieg an der Front gekämpft hatte, erzählte mir, dass er es während der Fahrten dort gelernt hatte, in jeder sich bietenden Lage zu schlafen. Kurz und gut, der Tschaika gehörte nicht zu meinen Gewohnheiten, und auch in Moskau wollte ich nicht damit fahren. So wandte ich mich gleich an den Verwaltungsleiter des ZK, Georgi Pawlow.

»Ich bitte Sie sehr, mir für meine Fahrten anstelle des Tschaika einen Wolga bereitzustellen. Dafür wäre ich Ihnen dankbar.«

Die Antwort fiel unerwartet und brüsk aus: »Was denkst du dir, willst du dich hervortun? Alle wollen den Tschaika, du aber willst anders sein als alle? Jegor Kusmitsch, du musst dich nicht hervortun und die anderen Abteilungsleiter in eine peinliche Lage bringen. Lass uns das mal so halten, wie es den Funktionären deines Ranges gebührt.«

Ja, so sah das aus: »Tu dich nicht hervor!« Pawlow war zu jener Zeit noch mächtig, wischte meine Einwände einfach beiseite und ließ es nicht zu, dass der Habitus dieser Zeiten gestört wurde. Ein Habitus, den Leute vom Schlage Bogoljubows mit besonderer Hingabe pflegten.

Dem ZK gingen bald schon Briefe über Missbrauchsfälle zu, die Bogoljubow zu verantworten hatte. In einem Brief aus Kirgisien beschwerte man sich, dass Bogoljubow, der in dieser Republik zum Abgeordneten des Obersten Sowjets gewählt worden war, zu Zusammenkünften mit Wählern vier Mal allein in einem Flugzeug gekommen war. Zu Recht sahen die Briefschreiber darin einen ernsthaften Amtsmissbrauch. Als man dem nachging, kamen gleich weitere Fälle hoch, darunter auch der, dass Bogoljubow den akademischen Titel eines Doktors der Wissenschaften erlangt hatte, die Doktorarbeit aber aus fremder Feder stammte. Dann wurde bekannt, dass er sich eine falsche Bescheinigung besorgt hatte, die ihm die Teilnahme an Kampfhandlungen im Großen Vaterländischen Krieg* attestierte. Auch hatte Bogoljubow seine Dienststellung genutzt, um sich als Trittbrettfahrer einem Spezialistenteam aufzudrängen, das eine Rohrpostverbindung zwischen dem ZK-Gebäude am Alten Platz und dem Kreml geschaffen hatte, so dass er den Staatspreis erhielt. Und auch Träger des Leninpreises wurde er – gemeinsam mit den Architekten und Bauleuten, die den Sitzungssaal für die Plenartagungen des ZK geplant und ausgeführt hatten. War es überhaupt notwendig gewesen, für die Gestaltung dieses Plenarsaals einen Leninpreis zu vergeben?

Die Frage der Preisträgerschaft hoher Parteifunktionäre war generell nicht einfach zu entscheiden. Oft waren Kollektive, die sich um Preise bewarben, daran interessiert, Funktionäre zu integrieren. Bisweilen stand die Berechnung dahinter, dass so die Chancen auf die Auszeichnung steigen dürften. Andererseits

---

* Die Kriegsereignisse des Zweiten Weltkrieges, die die Sowjetunion betrafen, d. h. der Überfall Deutschlands auf die Sowjetunion und die Kämpfe der Sowjetarmee bis hin zur Vernichtung der deutschen Truppen und des faschistischen Staates wurden in der Sowjetunion als der Große Vaterländische Krieg bezeichnet.

nahmen in vielen Fällen Parteifunktionäre wirklich sehr aktiv Anteil an den zum Wettbewerb eingereichten Arbeiten. Hier muss ich freilich erwähnen, dass auch ich beinahe mit einem Staatspreis ausgezeichnet worden wäre.

In Tomsk hatten wir in einem Werk des militärisch-industriellen Komplexes eine große automatisierte Fertigungsanlage aufgebaut. Zu jener Zeit hing die Realisierung von Industriekomplexen in nicht geringem Maß von der Hartnäckigkeit des Gebietsparteikomitees ab. Mein Motto in dieser Hinsicht war bekannt: Helfen mit allen Mitteln! So investierte ich auch sehr viel Energie, damit dieses Werk schnell mit Robotern und Rechentechnik ausgerüstet werden konnte. 1986, als ich schon Mitglied des Politbüros war, wurden mir Dokumente zur Unterschrift vorgelegt, in denen es um die Auszeichnung einer Gruppe Beteiligter mit dem Staatspreis der UdSSR ging. Zu jener Zeit durchliefen derartige Vorlagen das Sekretariat des ZK und das Politbüro, und der Beschlussentwurf war schon von fast allen Politbüro-Mitgliedern unterzeichnet. Als ich meinen Namen in der Liste entdeckte, rief ich gleich Gorbatschow an und bat ihn, mich zu streichen. Er lehnte dies aber kategorisch ab und begründete es damit, dass die Genossen in Tomsk das besser wissen müssten. Mir blieb nichts weiter, als mich selbst zu streichen. Schließlich hatte ich in dieser Zeit immer wieder Vorlagen über die Verleihung von Preisen und anderen hohen Auszeichnungen zu prüfen. Dass ich es abgelehnt hatte, mit dem Staatspreis ausgezeichnet zu werden, half mir, unvoreingenommen und prinzipiell zu entscheiden. 1986 haben wir dann im Politbüro vereinbart, dass Mitglieder der obersten politischen Führung nicht mehr ausgezeichnet werden und ebenso, dass wir auf die Vergabe jeglicher Prämien verzichten.

Wenn ich mich daran erinnere, denke ich jedes Mal: Wie richtig und aufrichtig wir begonnen hatten!

Um auf Bogoljubow zurückzukommen: Als wir auch noch feststellten, dass er einige zehntausend Rubel für die Herausgabe der Bände der Beschlüsse der Plenartagungen des ZK der KPdSU im Verlag »Politisdat« erhalten hatte, obwohl die Herausgabe solcher Literatur direkt zu seinen Dienstaufgaben gehört und er kein Recht auf Honorare für diese Bücher hatte, erwies sich die »Kollektion« seiner Missbrauchsdelikte als beachtlich. Als Gorbatschow die Schlussfolgerungen der Kommission vorgelegt bekam, wurde die Frage unverzüglich entschieden und Bogoljubow aus der Partei ausgeschlossen. Auch weitere der einst mächtigen Stützen des Apparats mussten ihre Arbeit im ZK quittieren.

Ich berichte hier so ausführlich von dieser Geschichte, um daran zu erinnern, dass der Prozess der »Säuberung der KPdSU« – oder genauer gesagt ihrer Selbstreinigung – eben innerhalb der Partei eingeleitet wurde, eben in ihrem zentralen Apparat und eben mit der Unterstützung der Kommunisten.

Dieser Prozess begann zu einem Zeitpunkt, da die Perestroika* ihre ersten Schritte machte und in anderen Führungs- und Leitungsstrukturen noch die Verhältnisse der früheren Jahre in Blüte standen, was von den späteren Kritikern böswillig vergessen wurde.

Ich erinnere mich, dass mir zu jener Zeit die Übersetzung eines Artikels des Moskauer Korrespondenten der italienischen Zeitung »Corriere della Sera« vorgelegt wurde, der den Titel »Ligatschow – ein einflussreicher Hüter der Dogmen Gorbatschows« trug. Dort hieß es: »Ligatschow ist die Stütze Gorbatschows in dessen Politik der Erneuerung geworden«, und »Li-

---

* (russ.) Umbau, Umgestaltung.

gatschow war der Initiator der ›großen Säuberungen‹, deren Ziel es war, in die leitenden Parteigremien neue Führungspersonen zu holen, die fähig sind, die Lage real einzuschätzen, und die wissen, wie gehandelt werden muss.« Weiter schrieb der Korrespondent: »Seine Karriere erfuhr, nach einer langsamen Entwicklung in der ersten Etappe, einen schnellen Sprung, als Andropow 1983 Ligatschow nach Moskau rief. Eben zu jener Zeit wurde das Bündnis Ligatschow-Gorbatschow geboren [...] Dies gibt Ligatschow die Möglichkeit, den Kampf gegen Korruption, Trägheit und Bürokratie mit maximaler Effektivität zu führen.«

Ich zitiere diese Zeilen, um an die Einschätzungen der internationalen Presse zu erinnern, die in der Anfangszeit der Perestroika zu hören waren und die später in ganz eigenartiger Weise ins Vergessen gerieten. Aber es irrt der italienische Korrespondent, wenn er die Initiative für die »großen Säuberungen« mir zuschreibt – das war die Forderung aller vernünftigen Kräfte in der Partei, die sich unter Andropow zu regen begannen und die in der Anfangsperiode der Perestroika, als Gorbatschow an die Spitze der KPdSU getreten war, Raum gewannen.

Das wahre Drama der Perestroika besteht darin, dass der Prozess der Selbstreinigung unserer Gesellschaft, der im Innern der KPdSU begonnen wurde, sich in der Folge nicht nur verlangsamte, sondern pervertiert wurde. An die Stelle der ursprünglichen korrumpierten Elemente traten geradezu augenblicklich, im Zeitraum von ein, zwei Jahren, noch üblere, allseits korrumpierte Kräfte, die dann die Bestrebungen zur Gesundung, die sich in der Partei und im Land nach dem April 1985 entfaltet hatten, abwürgten. Und so wie die Heuschrecken sich jählings vermehren und alles Grün unversehens vertilgen, so hatten die neu aufgekommenen parasitischen Kräfte die Keime der Perestroika schnell zum Absterben gebracht. Das Land, das sich erhoben hatte, um die Erneuerung zu vollziehen, kam daraufhin aus dem Gleichgewicht, geriet ins Schwanken und stürzte in den Abgrund.

Was waren das für Kräfte? Wer stand hinter ihnen und wieso erhielten sie volle Handlungsfreiheit eben zu der Zeit, da die Kommunistische Partei die Selbstreinigung der Gesellschaft in Angriff genommen hatte? Es kam so, dass sich die Partei plötzlich in der Lage eines Gullivers wiederfand – an Händen und Füßen gefesselt und der Fähigkeit beraubt, den aktiven politischen Kampf zu führen.

Um sich der ganzen Bitternis des Kelches bewusst zu werden, den unser Volk zu leeren hatte, muss man analysieren, wie sich die sozialistische Umgestaltung herausbildete, wie sie ihren Anfang nahm, sich entwickelte … und einknickte, so dass alles eine andere Richtung nahm.

Einer der Hauptknotenpunkte der heutigen sozialökonomischen Widersprüche hat seinen Ursprung darin, dass die Plenartagungen des ZK, auf denen die Fragen der wissenschaftlich-technischen Revolution behandelt werden sollten, nicht stattfanden.

Eine solche Plenartagung war im Grunde schon zu Breshnews Zeiten vorgesehen. Mit unserem gewaltigen, auch intellektuellen Potenzial hätten wir es schaffen können, unseren Platz einzunehmen im Zug der weltweiten wissenschaftlich-technischen Revolution. Es verging aber Jahr um Jahr, und das Plenum wurde immer wieder aufs Neue vertagt, und auch unsere Gesellschaftswissenschaftler trugen nicht unwesentlich dazu bei, dass das Interesse an den brennenden Fragen des Fortschritts erkaltete. Ich erinnere mich an einen Artikel aus der Zeitschrift »Planowoje chosjajstwo« (Die Planwirtschaft) vom Mai 1975 aus der Feder von Akademiemitglied Georgi Arbatow. Darin ging es um die Leitung großer Volkswirtschaftskomplexe. Was war die Aussage des Artikels? Insbesondere war davon die Rede, dass in den USA reiche Erfahrungen gesammelt wurden mit Fehlern, Misserfolgen und Fehlkalkulationen zu Managementfragen und Steuerungssystemen und dass wir diese amerikanischen Fehler berücksichtigen müssten. Einer der ernsthaftesten Fehler, so Arbatow, habe bestanden in der »über eine Reihe von Jahren zu beobachtenden unmäßigen Überschätzung der Rolle der EDV für die Leitung – im ›elektronischen Boom‹, der die organisatorischen Strukturen der Leitung, die Methoden der Entscheidungsfindung, das ›menschliche Element‹ in der Leitung usw. überdeckt, in den Hintergrund abgedrängt hat«. Weiter schrieb er: »Die Analyse der nationalen und weltweiten Erfahrungen erlaubt die Schlussfolgerung, dass das automatisierte Steuerungssystem ein untergeordnetes Element in Bezug auf den Organisationsmechanismus der Leitung ist.«

In unserem Land waren bis zu diesem Zeitpunkt Milliarden von Rubeln in die Entwicklung automatisierter Steuerungssysteme investiert worden – in den »Hauptrichtungen der wirtschaftlichen und sozialen Entwicklung der UdSSR«, wie sie auf mehreren Parteitagen der KPdSU beschlossen worden waren, waren sie als gesonderter Punkt enthalten gewesen. Nun wurden sie gegenüber den Leitungsstrukturen zum »untergeordneten Element« erklärt. Diese These eröffnete einen großen Freiraum für Reorganisationseifer, was einigen unserer Leiter sehr gelegen kam, da ihnen die automatisierten Steuerungssysteme ein Dorn im Auge waren. So kam es, dass die gewaltigen Investitionen keinen Ertrag brachten. Und was die ›unmäßige Überschätzung des Elektronikbooms‹ in den USA angeht, sind Kommentare überflüssig. Dieser »fehlerhafte« Boom führte zu einer schnellen Verbreitung der Rechentechnik in den Vereinigten Staaten, während wir die rote Schlusslaterne übernahmen und weit hinter den entwickelten Ländern zurückblieben.

Mir liegt der Gedanke fern, dass ein Artikel eines Akademiemitglieds die Sicht auf die Entwicklungsperspektiven der automatisierten Steuerungssysteme insgesamt ernsthaft beeinflussen konnte. Aber diese Meinungen griffen auch auf der politischen Leitungsebene um sich. Und solche Urteile, in denen den überkommenen Methoden des Administrierens und Kommandierens der Vorrang eingeräumt wurde, schufen dann auch das Klima, in dem die Notwendigkeit eines ZK-Plenums zum wissenschaftlich-technischen Fortschritt als nicht vordringlich erschien. Zudem wirkte die Behauptung, in den USA würde mit der übermäßigen Begeisterung für den »Elektronikboom« ein ernsthafter Fehler begangen, sanft einlullend auf die Gemüter der Funktionäre.

Wie auch immer, unter Breshnew war keine Plenartagung zu den Fragen der wissenschaftlich-technischen Revolution einberufen worden. Erst im Jahr 1984, in der Zeit von Tschernenko, beraumte das Politbüro eine solche Tagung an. Als Referent wurde Gorbatschow bestimmt.

Angesichts der schwachen Gesundheit Tschernenkos und der allgemeinen Instabilität auf der obersten Führungsebene wurde dieser Auftrag auch als eine Verstärkung des politischen Gewichts Gorbatschows in der Partei angesehen.

Zur Vorbereitung sichtete Gorbatschow die Unterlagen, die sich im ZK in den letzten Jahren angesammelt hatten, es wurden Konsultationen mit Wissenschaftlern und Vertretern der Industrie aufgenommen. Aktive Unterstützung leistete dabei der Sekretär des ZK Nikolai Ryshkow. Der Kern des Referats schälte sich sofort klar heraus: Es war notwendig, schnell den technologischen Durchbruch zu den neuen wissenschaftlich-technischen Errungenschaften zu erreichen.

Und plötzlich, ich glaube, es war im Dezember 1984, kurz vor der turnusmäßigen Plenartagung des ZK, sagte mir Gorbatschow: »Weißt du, Jegor, die Meinung greift um sich, dass das Plenum verschoben werden soll. Kurz gesagt, man würgt es ab …«

Ich weiß noch, wie Michail Sergejewitsch damals wutentbrannt ausrief: »Wie kann das sein! Eine für das Land so wichtige Sache zu kippen! Eine fundamentale Frage!«

Diese neue Tendenz bewerteten wir ganz eindeutig so: Jemand hat Furcht davor, dass Gorbatschow in seinen Positionen gestärkt wird.

Bald darauf erklärte Tschernenko auf der Sitzung des Politbüros: »Es wird die Auffassung vertreten, dass es sich im Moment nicht lohnt, das Plenum zum wissenschaftlich-technischen Fortschritt durchzuführen. Bald ist der Parteitag, und eine derart umfassende Frage vorab zu erörtern, ist wohl nicht zweckmäßig, wir sprechen darüber auf dem Parteitag.«

Bis zum Parteitag war es allerdings noch über ein Jahr.

Gorbatschow blieb auf dieser Politbüro-Sitzung stumm. Und hätten denn vielleicht auch diejenigen, die das Plenum zu dieser für das Land überaus wichtigen, schicksalsträchtigen Frage ganz bewusst torpedierten, auf seine Meinung gehört? Alles war schon im Voraus festgelegt worden: in den Büros, auf den Datschen, bei Anrufen über das »Kreml-Telefon«. Es war in einer Gruppe von Politbüro-Mitgliedern abgesprochen worden und wurde erst anschließend auf der offiziellen Beratung vorgetragen. Diejenigen, die das Plenum erneut vertagten, dachten nicht an das Schicksal des Landes, sondern ausschließlich an ihre politischen Ambitionen. Ein weiterer, längst überfälliger Versuch, wissenschaftlich-technische Entwicklungen für unser Land einzuleiten und unter Einbeziehung eines großen intellektuellen Potenzials zu erörtern, wurde so beerdigt. Erst Mitte 1985 schließlich fand im Kreml eine Parteikonferenz zu den Problemen von Wissenschaft, Technik und Produktion statt. Auf dieser Konferenz referierte Gorbatschow, nun Generalsekretär des ZK der KPdSU. Es waren endlich neue Zeiten angebrochen, was sich auch in dem Beschluss widerspiegelte, dass es als zielführend eingeschätzt wurde, statt eines ZK-Plenums eine Beratung mit einem breiten Spektrum von Teilnehmern einzuberufen.

Das war die erste, wirklich große Aktion der neuen Parteiführung zur praktischen Durchsetzung des politischen Kurses der Umgestaltung. Die generelle Ausrichtung der Anstrengungen war sehr genau gewählt worden. Und es war auch gelungen, den Haupthebel dieser gewaltigen Arbeit zu bestimmen: die allseitige Entwicklung des Maschinenbaukomplexes.

Es ging um die beschleunigte Erneuerung des Anlagevermögens, um die Rekonstruktion der Produktionsbetriebe, und auf dieser neuen technologischen Basis sollten auch ein beschleunigtes Wirtschaftswachstum und die Lösung der sozialen Probleme gesichert werden. Das war ein realer Weg, den in den siebziger Jahren viele entwickelte Länder des Westens durchlaufen hatten, die ihre Industrie auf der Basis innovativer technologischer Systeme umgestaltet hatten. Das war die richtige Strategie der sozialökonomischen Beschleunigung, ich würde sagen, die einzig richtige Strategie, die die Besonderheiten der neuen Etappe der wissenschaftlich-technischen Revolution berücksichtigte.

Wenn wir diesen Weg doch wirklich gegangen wären!

Es setzte aber leider bald eine Politik der Improvisationen ein. Bei der Auswahl der taktischen Varianten der Entwicklung der Wirtschaft begingen wir einen ernsthaften Fehler: Verkündet wurde (nicht ohne die Eingebungen einiger Wirtschaftswissenschaftler) die zur Genüge bekannte politische Losung der Beschleunigung, die die Erlangung eines sofortigen Ergebnisses versprach. Im Leben geht es aber so nicht. Die Jagd nach einer sofortigen Rendite infolge der politischen Vorgaben ist ihrem Wesen nach unvereinbar mit einer Phase der Erneuerung des produktiven Anlagevermögens, bei der das Wachstumstempo – ganz im Gegenteil – vorübergehend zurückgeht, um später auf neuer technischer Basis einen Sprung nach oben zu machen.

Mit anderen Worten: Nachdem die richtige Strategie vorgezeichnet worden war, wurde eine falsche, unrealistische Taktik gewählt. Infolgedessen kam die große Arbeit zur Entwicklung des Maschinenbaus, die nach der Parteikonferenz in Gang gebracht worden war, allmählich ins Stocken, alles geriet wieder ins altgewohnte Gleis. Dieses so wichtige Werk wurde auf halbem Wege fallen gelassen, die richtig gewählten Vorgaben der wirtschaftlichen Entwicklung erwiesen sich schließlich als ausgehöhlt.

Als sich der Aufruf zur Beschleunigung totgelaufen und seine Fehlerhaftigkeit offenbart hatte, stürzten wir uns auf die politischen Probleme im Zusammenhang mit den Eigentumsformen und dann auch noch auf die der Ökonomie, in der Hoffnung, die Wirtschaft zu stimulieren. Es ging aber ganz anders aus.

Wie schon 1984 (diesmal freilich auf anderer Grundlage) fielen die drängenden Probleme der wissenschaftlich-technischen Revolution und mit ihnen die kardinalen Interessen des Landes erneut einer Politik der Improvisierens und des Pendelns zwischen den Extremen zum Opfer.

Was brachte uns vom richtigen Weg ab, den wir nach dem April 1985 gewählt hatten? Diese Frage gehört in die Reihe der Schlüsselfragen zur Perestroika.

Aber zurück zur Amtszeit Tschernenkos. Die Absage des ZK-Plenums zu den Fragen des wissenschaftlich-technischen Fortschritts wurde zu einem Einschnitt, nach dem ein gewisser kalter Hauch in den Beziehungen zwischen dem Generalsekretär und Gorbatschow immer spürbarer wurde. Wir bemerkten das an vielen Anzeichen: Tschernenko begann, verschiedene Aufträge über den Kopf von Gorbatschow hinweg zu erteilen. Bei Fragen, die in die Kompetenz des »Zweiten« fielen, wandte er sich nun häufiger direkt an die Sekretäre des ZK.

Aufgrund seines Gesundheitszustandes führte der Generalsekretär immer seltener den Vorsitz auf den Politbüro-Sitzungen. Wenn er teilnahm, las er vorformulierte Texte vor und dies auch nur kurz. Es war nicht zu übersehen, dass es ihm sehr schwer fiel, dass jede Sitzung für ihn zur physischen Folter wurde. Es war aber im Vorhinein nie bekannt, ob Tschernenko zur nächsten Politbüro-Sitzung erscheinen oder die

Sitzung vom Zweiten Sekretär Gorbatschow abgehalten würde. In der Praxis sah das immer wieder so aus, dass Michail Sergejewitsch buchstäblich eine halbe Stunde vor Sitzungsbeginn die Mitteilung erhielt, dass der Generalsekretär nicht kommen würde und er, Gorbatschow, den Vorsitz übernehmen müsse.

Selbst wenn es um einen Tagesordnungspunkt ging, der ins eigene Aufgabengebiet fiel, müssen meist Arbeitsberatungen und Spezialistenkonsultationen anberaumt und eine Vielzahl statistischer Daten beschafft werden, um kompetent diskutieren zu können. Wie unerlässlich solche Vorbereitungen sind, wenn es um Fragen ganz unterschiedlicher Natur und in jedem Fall von großer Tragweite geht – unbedeutende Fragen wurden der Politbüro-Tagung nicht unterbreitet –, versteht sich von alleine. Tschernenko ließ aber Gorbatschow gerade mal 30 Minuten zur Vorbereitung der anstehenden Tagung.

Alles in allem verspürten wir eine merkliche Abkühlung von Seiten Tschernenkos. Es wurde klar: Jemand betreibt im großen Stil Einflüsterungen gegen Gorbatschow.

Nachdem ich mir alles gründlich durchdacht hatte, sagte ich zu Gorbatschow: »Michail Sergejewitsch, lassen Sie mich Konstantin Ustinowitsch anrufen. Ich werde ihm erzählen, wie Sie arbeiten, und ihm sagen, dass er den Verleumdern nicht glauben soll.«

Gorbatschow hatte keine Einwände, und so begann ich mich auf das Gespräch vorzubereiten, wa sich schon von der formalen Seite her als nicht einfach darstellte: Ich war ja zu jener Zeit nur Sekretär des ZK, der sich zu diesem überaus kritischen Thema an den Generalsekretär wandte. Nicht auszuschließen, dass Tschernenko das Gespräch ablehnen und zu verstehen geben würde, dass mich das nichts anginge.

Andererseits sah ich auch Erfolgschancen. Tschernenko hatte wohl bald verstanden, dass er von mir keine Ungelegenheiten zu erwarten hatte, unser Verhältnis entspannte sich allmählich, und als er Generalsekretär geworden war, vertraute er mir mehr und mehr. Nachdem sich sein Gesundheitszustand verschlechtert hatte und er zu Hause bleiben musste, rief ich ihn mitunter daheim an. Nicht selten bat mich auch Gorbatschow darum: »Ruf besser du Konstantin Ustinowitsch an und stimm das ab.« Ans Telefon kam immer Tschernenkos Frau Anna Dmitrijewna. Sie sprach herzlich und entgegenkommend mit mir, und auf meine vorsichtige Frage, ob ich denn mit Konstantin Ustinowitsch sprechen könne, antwortete sie jedes Mal: »Jegor Kusmitsch, warten Sie einen Augenblick, ich will Konstantin Ustinowitsch trotz allem bitten, ans Telefon zu kommen.« Und Tschernenko kam, obschon er so krank war, tatsächlich ans Telefon. Ich sprach dann mit ihm kurz, um ihn nicht zu erschöpfen, die eine oder andere Frage ab.

Das denkwürdige Telefongespräch aber, das ich dann mit ihm hatte, dauerte ungewöhnlich lange. Der Generalsekretär hatte offensichtlich verstanden, dass es um eine wichtige Frage ging. Ich vermute, dass ihm seine Mitarbeiter berichtet hatten, dass sich einige Politbüro-Mitglieder seine häufige Abwesenheit zunutze machten (wie schon zu den Zeiten vor Andropow) und ihren Arbeitstag recht kurz hielten. So berichtete ich, dass Gorbatschow angestrengt und lange – von neun Uhr morgens bis neun Uhr abends – arbeitete.

»Konstantin Ustinowitsch«, erklärte ich, »Sie wissen, dass ich aus Sibirien komme, Gorbatschow aus dem Nordkaukasus. Im ZK arbeite ich erst seit kurzem, alte Freunde hatten wir hier keine. Ja, mit Gorbatschow arbeite ich sehr freundschaftlich zusammen, aber diese

Zusammenarbeit liegt im Interesse der Sache, nur im Interesse der Sache.«

Im Wesentlichen war ich es, der sprach. Tschernenko stellte keine Fragen. Nachdem er sich meinen emotionalen Monolog angehört hatte, antwortete er einfach und knapp: »Ich glaube Ihnen, Jegor Kusmitsch. Wir können öffentlich machen, dass unser Gespräch stattgefunden hat.«

Daraufhin verabschiedeten wir uns.

Durch die Erkrankung des Generalsekretärs wurde die Situation in der obersten Parteispitze immer instabiler. Gorbatschow und ich spürten ganz deutlich, dass bestimmte Mitglieder des Politbüros sich daran gemacht hatten, die baldige, unausweichliche Umverteilung der Macht vorzubereiten – um sie in die eigenen Hände zu nehmen.

Anmerken möchte ich noch Folgendes: Wenn ich auch persönlich zu Politbüromitgliedern wie Grigori Romanow und Viktor Grischin ein gespanntes Verhältnis hatte – wir waren verschieden von unserer Natur aus, bewerteten die Vergangenheit unseres Landes und die Situation in unserer Gesellschaft unterschiedlich –, so fühlte ich mich im Sekretariat des ZK doch in stabiler Position. Von Nikolai Tichonow, dem Vorsitzenden des Ministerrates, glaube ich sagen zu können, dass er wohl ganz speziell mein aktives praktisches Handeln schätzte. Insbesondere hatte sich dies im harten Winter 1984/85 gezeigt.

Mir war absolut klar, dass der sich abzeichnende Machtkampf die Interessen der Partei und des Landes berührte. Zu jener Zeit war in meinen Augen nur Gorbatschow fähig, das Amt des Generalsekretärs anzutreten, und diese Amtsübernahme entsprach damals dem Partei- und Staatsinteresse.

Im Weiteren sollte sie sich zu einem verhängnisvollen Fehler wenden.

Es versteht sich, dass ich mich bei der Entscheidung für Gorbatschow von Überzeugungen leiten ließ und nicht von Berechnung. Eine solche feste Position nahmen viele Erste Sekretäre von Gebietsleitungen der Partei ein. Auch ihnen ging es um die Lösung der Probleme, und sie stellten sich auf die Seite Gorbatschows.

Dass ich das direkte und offene Gespräch mit Tschernenko gesucht hatte, lag begründet in der gesamten damaligen Situation und nicht nur einfach in den persönlichen Beziehungen zu Gorbatschow. Und es gereicht Tschernenko zur Ehre, dass er dieses Gespräch nicht nur akzeptiert, sondern auch Schlussfolgerungen aus ihm gezogen hatte. Recht bald verspürten wir, dass die Frostigkeit zwischen dem Generalsekretär und Gorbatschow zu schwinden begann.

Und es folgte ein Ereignis, das zu einem Ausgleich in der für uns zunächst ungünstigen Konstellation führte.

Eines Tages sagte Tschernenko zu mir: »Die Ärzte raten mir, nach Kislowodsk zur Behandlung zu fahren. Ich muss wohl auf ihren Rat hören.«

Aber schon am sechsten oder siebenten Tag seines Aufenthaltes in Kislowodsk verschlechterte sich sein Gesundheitszustand akut. Er wurde unverzüglich mit dem Flugzeug nach Moskau gebracht und ins Zentrale Klinikum nach Kunzewo eingeliefert. Ich erfuhr davon allerdings erst, als es im ZK offiziell bekanntgegeben wurde. In dieser Zeit wurde Grischin aktiv und begann nahezu offen, die Führungsrolle im Politbüro zu beanspruchen. Wir wussten auch, dass es Versuche gab, den

Generalsekretär im Krankenhaus aufzusuchen, was allerdings von den Ärzten abgelehnt wurde. Und auch Tschernenko selbst wollte niemanden empfangen.

Ich möchte anmerken, dass ich hier nur Fakten anführe, die mir persönlich bekannt sind. Ich kann nicht ausschließen, dass irgendein Politbüro-Mitglied im Krankenhaus bei Tschernenko gewesen war und mit ihm gesprochen hat.

Dafür kann ich aber im Detail das schildern, woran ich selbst beteiligt war. Eines Tages rief mich Gorbatschow an und teilte mir kurz, aber vielsagend mit: »Jegor, wir beide müssen zu Konstantin Ustinowitsch ins Krankenhaus fahren. Ich habe das vereinbart. Wir fahren um sechs Uhr los …«

Bevor ich aber von diesem ungemein wichtigen Besuch berichte, möchte ich einige andere Ereignisse dieses denkwürdigen Winters in Erinnerung rufen.

Der Winter 1984/85 war ungewöhnlich hart. Durch die starke Kälte, die enormen Schneefälle und Schneeverwehungen von mancherorts zwei bis drei Metern Höhe kam es zu großen Schwierigkeiten in der Industrie und im Verkehr. Der Volkswirtschaft drohte der Kollaps. Ich erinnere mich noch gut an die Situation in jenen Monaten: In 54 großen Wärmekraftwerken, dem Rückgrat unserer Energieversorgung, konnte von einem Tag zum anderen das Feuer unter den Kesseln verlöschen. In einigen Heizkraftwerken ging die anrollende Kohle direkt in die Befeuerung. Auf den Eisenbahnhauptstrecken waren hunderte Züge steckengeblieben. Zweiundzwanzigtausend Waggons auf den Zufahrtsgleisen konnten nicht entladen werden, weil das Ladegut unlösbar festgefroren war. Die Regierung bereitete zur Absicherung einen Notfallplan vor. Er sah vor, hunderte Großbetriebe, die Gas- und Heizölverbraucher waren, außer Betrieb zu nehmen, um die Wohnungen der Bevölkerung mit Gas und Strom versorgen zu können. Wir hatten es mit einer Naturkatastrophe größten Ausmaßes zu tun, die fast drei Viertel des gesamten Landes erfasste.

Das Politbüro des ZK der KPdSU und die Regierung unternahmen wahrhafte Kraftakte, um es nicht zum Zusammenbruch des Energiesystems des Landes kommen zu lassen. Vordringlich war, dass der Schienenverkehr rollte.

Gaidar Alijew, Politbüro-Mitglied und stellvertretender Vorsitzender des Ministerrates, und Wladimir Dolgich, Kandidat des Politbüros und Sekretär des ZK, wurden beauftragt, sich ganz speziell mit den Problemen zu befassen, die dieser Extremwinter Tag für Tag der Volkswirtschaft aufbürdete. Ferner wurde ein Operativstab gebildet, der die Maßnahmen zur Abwendung des Kollapses der Wirtschaft und der Eisenbahnen koordinieren sollte. Mit der Leitung dieser Operativgruppe beauftragte das Politbüro mich.

In dieser Zeit war ich Sekretär des ZK, stand also formal eine Stufe unter den Mitgliedern und Kandidaten des Politbüros. Auf meiner Ernennung hatte aber der Vorsitzende des Ministerrates Nikolai Tichonow bestanden.

Nikolai Alexandrowitsch Tichonow war eine Persönlichkeit eigener Art, ein sehr kultivierter Mensch, der seinen Standpunkt zu behaupten wusste. Mitunter verschloss er sich vernünftigen Argumenten, was an seinem fortgeschrittenen Alter liegen mochte. Der Blick voraus in die Perspektive war ihm abhanden gekommen, er blieb im Wesentlichen auf das Tagesgeschäft beschränkt. Im Umgang mit Nikolai Alexandrowitsch dachte ich häufig bei mir: Zwanzig Jahre jünger – und wir hätten in ihm einen guten Ministerratsvorsitzenden. Er hatte aber in seinen besten Jahren Stellvertreterstühle gedrückt.

Übrigens hat Tichonow 1989 Gorbatschow einen Brief geschickt, in dem er noch einmal auf seine Position in der Politbürositzung 1984 zurückkam, in der – ich berichtete davon – Tschernenko vorgeschlagen hatte, Gorbatschow mit der Leitung des Sekretariats des ZK zu beauftragen. In diesem Brief schrieb Tichonow, dass er seine damalige Haltung überdacht habe und nun der Ansicht sei, dass er seinerzeit nicht recht hatte …

In jenen schweren Wintermonaten 1984/85 führten wir wöchentlich oder auch, wenn es die Situation verlangte, zwei Mal wöchentlich operative Schaltkonferenzen auf Ebene der gesamten Sowjetunion durch. Im zentralen Kommunikationszentrum des Eisenbahnministeriums versammelten sich die Leiter dieses und anderer Ministerien, der Gewerkschaften und der Volkskontrolle, um die aus dem Lande eingehenden Anfragen zu behandeln. Wir riefen immer 30, 40 Teilnehmer zusammen, darunter auch Journalisten.

Die Kommunikationsverbindungen des Eisenbahnministeriums erfassen das gesamte Streckennetz. Für die Operativberatungen zugeschaltet wurden aber auch die großen Bergbaubetriebe, metallurgischen und chemischen Werke, die Zentralkomitees der Republiken, die Gebietsleitungen der Partei und die Exekutivleitungen der Gebiete. So versammelte sich in den lokalen Kommunikationspunkten ohne besondere Anweisung fast das gesamte Leitungsaktiv der Regionen, die gegen die Lähmung der Wirtschaft anzukämpfen hatten. Nach einer reichlichen Stunde Schaltkonferenz, in der konzentriert die wesentlichsten Probleme, die ein zentrales Eingreifen verlangten, geklärt wurden, setzte man ohne Befehl von oben die Diskussion vor Ort, in den Regionen fort, um die konkreten Dinge abzustimmen.

Hundert Tage und Nächte dauerte der zähe Kampf gegen Kälte und Schnee. Bei diesen Zusammenkünften über die Schaltleitungen spürten zehntausende Leiter der verschiedenen Ebenen den Zusammenhalt des Wirtschaftsmechanismus, die überlegt organisierende, feste Führung des Zentrums. Dabei wurde es möglich, mit Ressourcen zu manövrieren und Engpässe abzubauen. Mit Hilfe des Operativstabes wurden Ressortschranken ganz entschieden durchbrochen. Mit Gewissheit kann ich sagen: In diesem Extremwinter bewahrte die politische und wirtschaftliche Einheit des Landes alle vor großer Not.

Wären die Eisenbahnen im schneeüberladenen Russland, der Ukraine und in Kasachstan in der Kälte erstarrt, so wären allerorts die Industriebetriebe zum Stillstand gekommen, und die Menschen wären ohne Wärme und Strom geblieben. Die Schaltkonferenzen wurden jedes Mal vom Eisenbahnminister Nikolai Konarjew eröffnet, der kurz über die Lage auf allen Strecken* rapportierte. In jenem Winter konnte ich mich davon überzeugen, welche Achtung Nikolai Semjonowitsch bei den Eisenbahnern genoss. Und es kam nicht von ungefähr, dass 1989, als der Oberste Sowjet der UdSSR Konarjew nicht in seinem Ministeramt bestätigen wollte, die Eisenbahner in Aufruhr gerieten. Nach Moskau kamen tausende Telegramme von Gleisbauern, Mitarbeitern des Betriebsdienstes, Dispatchern,

---

* Die Sowjetischen Eisenbahnen umfassten zahlreiche regionale Eisenbahnen, wie z. B. die Aserbaidshanische, die Westsibirische, die Baltische, die Baikal-Amur-Eisenbahn.

Vorstehern kleiner Haltepunkte. In einer Art von spontanem kollektivem Ultimatum forderten sie, Konarjew als Minister zu bestätigen. Was dann auch geschah.

Wenn ich die Bilanz dieses schwierigen Winters ziehe, kann ich sagen, dass wir diese Situation am Rande der Katastrophe mit kollektiven Anstrengungen in den Griff bekommen hatten. Und mehr noch: Wir haben Lehren aus ihr gezogen. Man machte sich an die Verlegung von neuen Zufahrtsgleisen, an die Errichtung von Wagenaufwärmhallen und auch an die Herstellung von Schneeräumtechnik. Es war schon verwunderlich, dass die Industrie bis dahin diese in unserem großen Land lebensnotwendigen Geräte nur in geringen Stückzahlen produzierte. Und das Wichtigste war wohl, dass diese einvernehmliche Arbeit unter härtesten Umständen über die Ressortgrenzen hinweg die Menschen verband und ihnen Zuversicht vermittelte. Nicht zufällig wurden die gesamten Rückstände der Wirtschaft aus dem Winter noch im gleichen Jahr 1985 mehr als aufgeholt!

Der kranke Tschernenko hatte offensichtlich verstanden, dass das organisierte Handeln der Leitung nicht für die gesamte Führungsspitze zutraf. Nach unserem Telefongespräch und möglicherweise auch infolge anderer Umstände begann er, Michail Sergejewitsch Vertrauen entgegenzubringen, und traf wahrscheinlich seine endgültige Auswahl. Und eben diese Auswahl führte dann auch zu unserem Treffen im Krankenhaus.

Während der Fahrt nach Kunzewo – zu diesem kleinen Klinikgebäude am Rande der Stadt, in dem ich zuletzt mit Andropow gesprochen hatte – einigten Michail Sergejewitsch und ich uns über die Gesprächstaktik. Wir nahmen uns vor, den Generalsekretär nicht zu beunruhigen, ihn aufzumuntern und das ganze Gespräche in dieser Stimmung zu führen.

Konstantin Ustinowitsch erwartete uns in einem kleinen Raum, in dem der Tisch mit Tee und Gebäck gedeckt war. Tschernenko saß da in einem fahlen, gestreiften Pyjama. Er sah krank aus, wenn auch besser, als wir erwartet hatten. Offensichtlich hatte er gerade wieder eine Behandlung bekommen.

Als Gorbatschow von unserer einvernehmlichen Arbeit berichtete, reagierte Tschernenko: »Ja, das weiß ich, meine Mitarbeiter erzählen davon.«

Dann interessierte er sich, wie die Vorbereitung auf die nächste Plenartagung des ZK vorankam, in welchem Stadium die Entwürfe des Programms und des Statuts der Partei waren, deren Ausarbeitung damals in vollem Gange war. Wir besprachen auch einige Kaderfragen.

Sicher bin ich mir heute nicht mehr, aber mir scheint, dass wir am Tee nicht einmal genippt hatten – wir hatten uns voll auf das Gespräch konzentriert. Nach zwanzig, dreißig Minuten spürten wir aber, dass Konstantin Ustinowitsch die Unterhaltung schon schwerer fiel, die Farbe war aus seinem Gesicht gewichen, er sah jetzt merklich blass aus. Während des Gesprächs war niemand ins Zimmer gekommen, aber wir verstanden von selbst, dass es Zeit war aufzubrechen. Wir verabschiedeten uns herzlich, in der Hoffnung, dass die Krankheit abklingen würde. Wir brachten das aber nicht über die Lippen, wir sahen ja, wie es um ihn stand …

Am nächsten Tag fand die Sitzung des Politbüros statt. Zur Eröffnung sagte Michail Sergejewitsch: »Jegor Kusmitsch und ich waren bei Konstantin Ustinowitsch im Krankenhaus. Er bat uns zu übermitteln …«

Er hatte den Satz noch nicht zu Ende gebracht, als ein erstaunter Ausruf ertönte: »Im Krankenhaus? Wie? Wann?«

Wichtig war nicht so sehr, wer da seine Verwunderung nicht im Zaume halten konnte, sondern dass die überraschende Nachricht einen so kolossalen Effekt hatte.

Und obgleich der Bericht Gorbatschows über das Treffen nichts enthielt außer Gemeinplätzen, Grüßen und Wünschen, versetzte unsere Visite beim Generalsekretär doch ganz ohne Zweifel einige Mitglieder des Politbüros in merklichen Aufruhr.

Ein sichtlicher Aufruhr begann auch, als die Vorbereitungen für die Wahlen für den Obersten Sowjet der UdSSR einsetzten. Da Tschernenko in einem der Moskauer Wahlkreise kandidierte, hatte dessen Wahlaktivitäten Grischin in seine Hände genommen.

Die Krankheit des Generalsekretärs schritt aber immer weiter voran. Ich (und sicher wird es auch Millionen unserer Fernsehzuschauer so gegangen sein) empfand es als schmerzhaft und peinlich, mit ansehen zu müssen, wie man einen schwerkranken Mann fast schon gewaltsam auf dem Bildschirm vorführte, um ihn mühevoll einen vorbereiteten kurzen Text aufsagen zu lassen. In der Nähe des Generalsekretärs befand sich unabweichlich Viktor Grischin. Dieser gemeinsame Fernsehauftritt sollte nach dem Ansinnen seiner Organisatoren der Öffentlichkeit suggerieren, dass der zweite Mann in der Partei eben Grischin sei und das Recht auf die Nachfolge an der Machtspitze ohne Zweifel ihm zustehe und nur ihm. Man suchte vermittels solcher TV-Sendungen auch davon zu überzeugen, dass Tschernenko noch handlungsfähig war und Entscheidungen treffen konnte, darunter – so sollte man annehmen – auch zu Fragen der Nachfolgerschaft.

Ich bedauerte Konstantin Ustinowitsch, doch vermochten wir nicht, ihn vor diesen Vorstößen zu bewahren.

Schließlich wurde für den Wahlvorabend noch ein Treffen des Moskauer Parteiaktivs mit dem Generalsekretär arrangiert. Diese Zusammenkunft verlief überaus pompös im Saal der ZK-Plenartagungen im Kreml, geriet aber zu einer Farce. Gorbatschow und ich saßen im Präsidium und mussten ein absurdes Schauspiel sehen. Tschernenko lag zu diesem Zeitpunkt im Krankenhaus und konnte zum Treffen natürlich nicht erscheinen, und so verlas Grischin dessen Grußwort an die Wähler und sparte anschließend auch nicht mit Lobpreisungen an Tschernenkos Adresse.

Doch all diese Politspektakel kündeten nur vom Nahen beunruhigender Ereignisse. Und wenn man mit ihnen auch von Tag zu Tag rechnete, so traten sie, wie es oft passiert, doch ganz unvermittelt ein.

Am Abend des 10. März 1985, einem Sonntag, war ich auf der Datsche in Gorki-10*. Dort erreichte mich die traurige Nachricht: »Konstantin Ustinowitsch ist verstorben. Kommen Sie …«

Etwa dreißig Minuten später betrat ich den Sitzungssaal des Politbüros. Hier hatten sich Boris Ponomarjow, Wladimir Dolgich, Iwan Kapitonow, Pjotr Demitschew, Verteidigungsminister Sergej Sokolow sowie weitere Politbüro-Kandidaten und ZK-Sekretäre versammelt. Bald kamen die Mitglieder des Politbüros aus dem »Nussbaum-Kabinett«, nahmen ihre Plätze ein, und sogleich wurde offenbar, wie kompliziert und verworren die eingetretene Lage war. Gorbatschow,

---

* Gorki-10: Siedlung in etwa 45 km Entfernung vom Moskauer Zentrum, in der Gorki in den dreißiger Jahren seinen Sommerwohnsitz hatte.

der in den letzten Monaten die Sitzungen des Politbüros durchgeführt hatte, setzte sich zwar an den Tisch des Tagungsleiters, aber nicht in die Mitte, sondern seitlich.

Zum Andenken an Konstantin Ustinowitsch wurde eine Schweigeminute eingelegt. Anschließend stellte Gorbatschow eine der wichtigsten Fragen: Wann soll das Plenum durchgeführt, wann soll der neue Generalsekretär gewählt werden? – und beantwortete sie auch selbst: »Mir scheint, dass das Plenum morgen durchgeführt werden muss, ohne Zeit zu verlieren …«

Jemand machte gleich einen Einwurf: »Ist die Eile angebracht?«

Aber schnell herrschte Einverständnis, dass das Plenum nicht aufgeschoben werden durfte. Ohne einen Generalsekretär konnte das große Land nicht normal funktionieren.

Recht schnell wurde über die Fragen der Organisation der Beisetzung abgestimmt – von der Veröffentlichung des medizinischen Gutachtens bis hin zu rein praktischen Maßnahmen zur Gewährleistung der Ordnung. Als es dann um die Zusammensetzung der Beisetzungskommission ging, kam es zu einer Unterbrechung sehr ernster Natur, die meiner Meinung nach beispiellos war.

Nachdem die Zusammensetzung der überaus großen Kommission bestätigt war – ihr gehörten alle Mitglieder der obersten Parteiführung und einige Sekretäre des ZK an –, sagte Gorbatschow, so als wolle er Rat suchen: »Nun, wenn wir die Kommission bestätigt haben, dann müssten wir wohl auch den Vorsitzenden wählen …«

Im Sitzungssaal des Politbüros trat augenblicklich Stille ein. Schwer zu sagen, wie lange die Pause dauerte; mir erschien sie endlos. Die von Gorbatschow aufgeworfene Frage war in einem ganz bestimmten Sinn eine Schlüsselfrage, denn es hatte sich der Brauch herausgebildet, dass der zum Kommissionsvorsitzenden Gewählte im Weiteren Generalsekretär wurde. Als Breshnew gestorben war, wurde diese Frage wie von selbst, automatisch geklärt: Zum Vorsitzenden der Kommission wurde ohne irgendwelche Probleme Andropow gewählt. Als Andropow gestorben war, wurde Vorsitzender der Kommission wiederum ohne Komplikationen Tschernenko. Ich erinnerte mich gut an jene Sitzung des Politbüros im Februar 1984. Wir hatten über diese Frage nicht einmal nachgedacht. Wie selbstverständlich übernahm den Vorsitz dieser Kommission der Zweite Sekretär des ZK Tschernenko, dem bevorstand, Generalsekretär zu werden.

Aber die Politbüro-Sitzung am 10. März 1985 verlief ganz und gar nicht so. Die lastende lange Pause, die nach den Worten Gorbatschows eingetreten war, bestätigte: Die Frage nach dem Generalsekretär war mitnichten im Voraus entschieden.

Es gab ohne Zweifel Politbüro-Mitglieder, die auf eine andere Person setzten, es aber vorzogen, ihren Standpunkt nicht offen vorzutragen. Keine Seite war zu diesem Zeitpunkt bereit zu einer entscheidenden Auseinandersetzung. Die Positionen einiger Politbüro-Mitglieder waren im Unklaren geblieben, einer war überhaupt nicht anwesend – Wladimir Schtscherbizki war zu einer offiziellen Visite in die USA geflogen. Auch wenn die Frage nach dem kommenden Generalsekretär schon einige Monate in den Köpfen aller Politbüro-Mitglieder gekreist war, wollte jeder die Situation noch einmal durchdenken, die Kräftekonstellation abwägen und politische Konsultationen abhalten. Hier, in dieser Frage der Taktik, kamen die verschiedenen Seiten auf einen Nenner.

Die Sitzung wurde um etwa elf Uhr nachts beendet, woraufhin alle wegfuhren. Aus der obersten Führungsriege waren nun nur noch Gorbatschow, ich und der damalige KGB-Vorsitzende Viktor Tschebrikow im Kreml verblieben. Michail Sergejewitsch war letzten Endes der inoffizielle zweite Mann in der Partei und im Staat, und so hatte er im Namen der Beisetzungskommission die angenommenen Beschlüsse ohne Verzögerung in die Tat umzusetzen. Ich erinnere mich, dass Gorbatschow dann auch sagte: »Die Zeit ist knapp, machen wir uns an die Arbeit.«

Bis drei oder vier Uhr morgens arbeiteten wir direkt im Sitzungssaal des Politbüros. Wir riefen die Leiter der ZK-Abteilungen und verschiedener Einrichtungen zu Hause an und riefen sie in den Kreml. Manchen mussten wir aus dem Bett holen. Mit den Bereitschaftsfahrzeugen wurden sie in den Kreml gebracht und bekamen von uns ihre Aufgaben zugeteilt.

Als Michail Sergejewitsch, Viktor Tschebrikow und ich dann nach unten gingen, um nach Hause zu fahren, zeigte sich uns von der hohen Vortreppe des Regierungsgebäudes aus schon der erste schwache Morgenschimmer über den Kremltürmen.

Von den Stufen dieser legendären Vortreppe, über die man den Teil des Gebäudes betrat, in dem die oberste politische Führung der Sowjetunion arbeitete, konnte man auf die Kremlmauer und das alte Zarenarsenal blicken. In seinen Erinnerungen spricht Marschall Georgi Konstantinowitsch Schukow davon, dass er in den Kreml zur »Vortreppe« gerufen wurde – was heißen soll: zu Stalin. Tagsüber bietet sich von ihr ein herrliches Panorama mit dem Nikolaus-Turm, nachts aber, wenn die Straßenleuchten angeschaltet sind, behindert die Kremlmauer den Ausblick.

Als wir an jenem Morgen auf die Vortreppe traten,

fiel mein Blick auf diese hohe, feste Mauer, und sie erschien mir in diesem Augenblick als etwas Symbolhaftes. Wir standen ja wirklich wie vor einer Mauer, die den Weg ins Morgen versperrte, vor einer Mauer, hinter der sich etwas vorerst noch Unbekanntes verbarg. Und ich weiß noch, wie ich zu jener Stunde vor Sonnenaufgang auf dieser Vortreppe im Kreml unsere gemeinsame Stimmung zum Ausdruck brachte, als ich Puschkins bekannte Verszeile zitierte: »Was hält der kommende Tag für uns bereit?«*

Ich verstand, dass sich an diesem Tag das Schicksal der Partei und des Landes entscheiden sollte, denn dieses hing unmittelbar davon ab, wer zum neuen Generalsekretär gewählt werden würde – die möglichen Kandidaten für diesen Posten waren viel zu diametral, nicht nur von der Persönlichkeit her, sondern auch im Sinne ihrer politischen Philosophie. Das verstand ich nur zu gut!

Aber konnte ich in jenem bedeutungsschweren Frühmorgendämmer denn vermuten, dass am bevorstehenden Tag eine in ihrem Wesen neue Periode in der Geschichte anbrechen sollte, nicht nur für unser Land, sondern für die internationale Gemeinschaft? Eine Periode großer Hoffnungen, aber auch bitterer Enttäuschungen, hoher Bestrebungen, aber auch niedriger Intrigen.

Als ich zu dieser frühen Stunde zusammen mit Gorbatschow auf der Vortreppe im Kreml stand, konnte ich mir da etwa ausmalen, in welchem seltsamen Wechselspiel sich im Weiteren unsere Beziehungen entwickeln würden? Konnte ich vorausahnen, dass die

---

* Abwandlung einer Verszeile aus »Eugen Onegin« von Alexander Puschkin (hier in der deutschen Übertragung von Sabine Baumann). (Puschkin, Alexander: Eugen Onegin: ein Versroman. Frankfurt am Main, Basel: Stroemfeld 2009.)

dann beginnende neue politische Periode, die bald den Namen »Perestroika« – Umgestaltung oder Umbau – erhalten sollte, eine Periode, die gedacht war als Erneuerung des Sozialismus, als Befreiung von den Zwängen, die die Gesellschaft fesselten, dass also diese Periode von bestimmten Politikern und gesellschaftlichen Kräften für ihre eigenen Ambitionen ausgenutzt werden würde – Ambitionen, die weit entfernt waren von den Interessen des Volkes –, und dass unser Vaterland an den Rand der Katastrophe geraten würde?

Nein, das alles war nicht abzusehen.

Wir verabschiedeten uns voneinander und fuhren jeder für sich heimwärts, wobei schon ausgemacht war, dass wir um acht wieder an unseren Arbeitsplätzen sein würden.

Zu schlafen gelang mir in dieser Nacht nicht. Und ehrlich gesagt, war mir auch nicht nach Schlaf. Punkt acht war ich im Haus am Alten Platz und machte mich gleich über die Telefone her, um zu kontrollieren, wie die Vorbereitungsarbeiten für die Trauerzeremonie im Säulensaal vorankamen, um zu klären, dass die Teilnehmer der Plenartagung des ZK nach Moskau kämen, und vieles andere mehr.

Zwischen neun und zehn Uhr klingelte das Telefon des 1. Regierungsnetzes, das wir »Kremljowka« nannten. Ich nahm ab und hörte: »Jegor Kusmitsch, hier ist Gromyko …«

Das war in meinen zwei Jahren im Apparat des ZK der KPdSU einer der wenigen Anrufe, die ich von Andrej Andrejewitsch erhielt. Es war ja so, dass wir in den laufenden Geschäften praktisch keine Berührungspunkte miteinander hatten. Gromyko befasste sich mit den Fragen der Außenpolitik, mein Hauptaufgabengebiet betraf das Leben in unserem Land. Ansonsten hatte ich mich mit ihm immer wieder unterhalten – nach Politbüro-Sitzungen und auch auf dem Flughafen »Wnukowo-2«, wo wir den Generalsekretär vor Auslandsreisen verabschiedeten und anschließend empfingen. Telefongespräche aber gab es nur wenige.

Ich zweifelte keinen Augenblick daran, dass der Anruf mit dem heutigen ZK-Plenum, mit der Wahl des neuen Generalsekretärs zu tun hatte. Und tatsächlich kam Andrej Andrejewitsch gleich zur Sache: »Jegor Kusmitsch, wen werden wir zum neuen Generalsekretär wählen?«

Ich verstand, dass Gromyko, da er mir diese Frage stellte, genau wusste, welche Antwort er erhalten würde, und er täuschte sich nicht.

»Ja, Andrej Andrejewitsch, das ist keine leichte Frage«, antwortete ich. »Ich denke, dass Gorbatschow gewählt werden muss. Sie haben sicher Ihre eigene Meinung. Aber da Sie mich nun einmal fragen – das also sind meine Überlegungen.« Dann fügte ich noch hinzu: »Ich weiß, dass auch viele Erste Sekretäre von Gebietskomitees und ZK-Mitglieder dieser Meinung sind.«

Das war die reine Wahrheit. Ich kannte die Stimmung vieler Erster Sekretäre und hielt es für notwendig, Andrej Andrejewitsch darüber zu informieren. Gromyko erwiderte darauf: »Ich denke auch an Gorbatschow. Meiner Meinung nach ist das die geeignetste Person, er hat Perspektive.« Andrej Andrejewitsch schien nachzudenken und sagte dann plötzlich: »Und was denken Sie, wer könnte den Vorschlag für seine Kandidatur einbringen?«

Das war eine echte diplomatische Suggestivfrage. Gromyko erhielt auch diesmal die erwartete Antwort.

»Es wäre sehr gut, Andrej Andrejewitsch, wenn Sie das täten«, antwortete ich.

»Sehen Sie das so?« Gromyko überlegte trotz allem weiter.

»Ja, das wäre das Beste …«

Gegen Ende des Gesprächs, als Gromyko seine Position endgültig bezogen hatte, sagte er: »Ich bin wohl bereit, den Vorschlag zu Gorbatschow einzubringen.«

Gromykos Anruf hatte enorme Bedeutung. Seine Meinung fand im Politbüro Gehör, und der Umstand, dass er Gorbatschows Position bezog, konnte in entscheidendem Maße den Ausgang der Wahl des Generalsekretärs vorbestimmen. Offensichtlich hatte Gromyko nach der Politbüro-Sitzung vom Vortag nicht nur sorgfältig die Entwicklung der Lage analysiert, sondern auch die historische Perspektive bedacht. Und sich am Morgen dann endgültig festgelegt. Ich schließe nicht aus, dass er noch eines der Mitglieder der Führungsspitze angerufen hat, denke aber, mehr noch – bin überzeugt: Sein Anruf bei mir war sein erster. Er wollte, dass sogleich auch Gorbatschow von seinem Entschluss erfuhr. Ihm war klar, dass der direkteste Weg, Gorbatschow von seinen Absichten zu informieren, über mich führte.

Zum Abschluss sagte Andrej Andrejewitsch: »Um zehn Uhr treffe ich mich mit dem französischen Außenminister Dumas. Wenn du mich brauchst, rufe sofort an, zu jeder Zeit. Man wird mir Bescheid geben. Ich lasse den Minister allein und komme ans Telefon. Von deinem Anruf informiere ich dann meine Leute.«

Nachdem ich mich verabschiedet hatte, wählte ich gleich die Nummer Gorbatschows. »Michail Sergejewitsch, Gromyko hat angerufen …«

Gorbatschow hörte sich meine Mitteilung aufmerksam an und sagte darauf: »Danke, Jegor, für diese Nachricht. Lass uns arbeiten.«

Es musste so gegen zwölf Uhr gewesen sein. Bis zur Tagung waren es noch fünf Stunden.

In der Zwischenzeit hatten sich in meinem Empfangszimmer immer mehr Leute versammelt. Aus dem ganzen Land trafen die Mitglieder des ZK der Partei ein. Viele Erste Sekretäre der Gebietskomitees kamen zu mir, um sich Klarheit über die Situation zu verschaffen und ihre Überlegungen vorzubringen. Ich war ja, wie gesagt, mit vielen gut bekannt. Und während der zwei Jahre meiner Arbeit im ZK hatten sich meine Verbindungen zu ihnen weiter gefestigt, denn die Arbeit mit den Gebietskomitees lief im Grunde genommen vor allem über die Orgabteilung. Mit einigen hatte ich ein enges, ja vertrauensvolles Verhältnis. Und da war es natürlich, dass sie vor einem derartig wichtigen, ich würde sagen, weichenstellenden ZK-Plenum zu mir in die Abteilung kamen.

Und wenn auch für die Organisation der Beisetzung vieles auf mich einstürzte, war es mir wichtig, mehr noch – ich machte es mir zur Pflicht, mit jedem zu sprechen, der zu mir kam. An diesem 11. März bat ich sie einzeln zu mir herein, ohne »Auslese«, in der Reihenfolge, wie sie gekommen waren. Freilich waren die Gespräche aus dem Zwang der Situation heraus kurz, fünf bis sieben Minuten, und vom Inhalt ähnelten sie einander sehr. Am Anfang stand die Frage: »Jegor Kusmitsch, ja, wen werden wir wählen?«

Auf diese Frage war ich selbstverständlich vorbereitet und stellte die Gegenfrage: »Wie denken denn Sie? Wen sollte man Ihrer Meinung nach wählen?«

Die Sekretäre der Gebietskomitees nannten alle, einer wie der andere, Gorbatschow. Mit einigen hatte ich besonders vertrauensvolle Gespräche. Ich erläuterte ihnen die Situation ausführlicher und erzählte ihnen von der Politbüro-Sitzung am Vortag. Ich wies sie darauf hin, dass andere Nominierungen nicht ausgeschlossen waren.

Vieles würde davon abhängen, wie die für drei Uhr anberaumte Politbüro-Sitzung verliefe. Einige Erste Sekretäre erklärten mir ihre Bereitschaft, auf dem Plenum bei Bedarf das Wort zu ergreifen, um Gorbatschow zu unterstützen. Und nicht bloß die eigene Meinung vorzutragen, sondern die einer ganzen Gruppe von Sekretären und Mitgliedern des ZK.

Um drei Uhr trat das Politbüro im Kreml zusammen. Wiederum setzte sich Gorbatschow an die Stirnseite des Beratungstisches und wiederum nicht in die Mitte, sondern seitlich vom Platz des Tagungsleiters. Es war ihm klar, dass es jetzt um seine Person gehen würde, und doch musste gerade er diese Diskussion eröffnen.

Nach einer kurzen Pause sagte Michail Sergejewitsch: »Jetzt steht auf der Tagesordnung die Klärung der Frage des Generalsekretärs. Für fünf Uhr ist das Plenum einberufen. Wir müssen diese Frage innerhalb von zwei Stunden abhandeln.«

Und da erhob sich Gromyko von seinem Platz, unvermittelt und unerwartet. Ich bin mir nicht einmal sicher, ob er um das Wort gebeten hatte oder nicht. Das Wichtigste war – jedenfalls für mich nach dem morgendlichen Anruf von Andrej Andrejewitsch –, dass Gromyko stand. Das hieß, das erste Wort war seines, den ersten Vorschlag zur Kandidatur für den Posten des Generalsekretärs würde er vortragen.

Gromykos große, kräftige Gestalt lastete schwer

über dem Tisch, ja, mir schien sogar, dass ihr Gewicht auf allen lastete. Mit seiner gut ausgebildeten, professionellen Diplomatenstimme sagte er: »Erlauben Sie mir ein Wort. Ich habe lange überlegt und unterbreite den Vorschlag, für das Amt des Generalsekretärs des ZK der KPdSU die Kandidatur von Michail Sergejewitsch Gorbatschow zu prüfen.«

Gromyko charakterisierte Gorbatschow kurz mit einem politischen Porträt.

Über die Jahrzehnte hinweg habe ich viele politische Erfahrungen gesammelt. Und in der Zeit von 1983 bis 1985, da ich regelmäßig an den Sitzungen des Politbüros und des Sekretariats des ZK teilnahm, habe ich die eigenartigen »Spielregeln« der politischen Führungsriege und die Verhaltensweise vieler Politbüro-Mitglieder verstanden. So kann ich mit Gewissheit sagen, dass der Auftritt Gromykos für einige von ihnen eine Überraschung war.

Seinerzeit kamen einem übrigens immer wieder Gerüchte über ein angebliches »Vermächtnis« Tschernenkos zugunsten Grischins zu Ohren. Wenn ein solches »Vermächtnis« die Wahl des neuen Generalsekretärs auch nicht unbedingt entscheidend beeinflusst hätte, so hätte es doch die Nominierung Gorbatschows erschweren können, die Stimmen hätten sich aufspalten können. Später sollte sich herausstellen, dass es kein derartiges Vermächtnis gab.

Verständlich ist, dass Tschernenko aufgrund seiner langjährigen Zusammenarbeit mit Breshnew ein Mann wie Grischin vom Geiste her näher stehen musste als Gorbatschow. Und trotzdem hatte Tschernenko nicht Grischins Seite bezogen, anderenfalls hätte er irgendein Dokument hinterlassen. Der Apparatschik Tschernenko, den man kaum einen Politiker großen Formats nennen kann, von dem aber durch die Fügungen des Schicksals die Wahl des neuen Generalsekretärs abhing, hat als todkranker Mann die Frage der Wahl seines Nachfolgers mit Verantwortungsgefühl behandelt und ist dabei keinen Anbiederungen aufgesessen.

Das kann von Gromyko ebenfalls gesagt werden. Auch er war ein Funktionär der Breshnew-Zeit, für den es vorteilhafter gewesen wäre, auf dem Stuhl des Generalsekretärs einen Mann zu sehen, der ihm von Geist und Alter her näher stand und willfähriger war. Dies hätte dem betagten Außenminister noch einige relativ ruhige Jahre gesichert. Andrej Andrejewitsch bezog aber eine prinzipiell andere Position und gab somit im Grunde die Richtung zur Wahl Gorbatschows vor. Sicher hat dabei auch eine Rolle gespielt, dass er die Stimmung vieler ZK-Mitglieder spürte.

In gleichem Maße gilt das Gesagte auch für Ustinow, zu dem Gorbatschow gute Beziehungen entwickelt hatte. Wenn er den Verteidigungsminister anrief, fing er das Gespräch mitunter mit einer scherzhaften Wendung an: »Guten Tag, Genosse Marschall! Welche Anweisungen gibst du mir zur Landwirtschaft?«

Ustinow war als strenger Mann bekannt und konnte sehr hart sein. Er teilte schroffe Kritik aus, nahm aber auch Menschen in Schutz und setzte sich für fähige Köpfe ein. Die Verteidigungsindustrie kannte er wie seine Westentasche und pflegte mit vielen führenden Konstrukteuren und Wissenschaftlern persönlichen Kontakt. Auch ich selbst hatte zu Dmitri Fjodorowitsch ein gutes Verhältnis. Einmal sagte er zu mir: »Jegor, du bist unser Mann, du gehörst zu unserem Kreis.«

Welchen »Kreis« er meinte und auf wen er »unser« bezog, wusste ich nicht, kann aber mit Gewissheit sagen: Nachdem Ustinow im Dezember 1984 verstorben war, fehlte uns seine Unterstützung sehr.

Wieso spreche ich dies hier an?

Den Politikern der alten Generation Gromyko, Ustinow und Tschernenko kann man vieles vorwerfen. Sie tragen keinen geringen Anteil der Schuld daran, dass das Land zu Beginn der achtziger Jahre in eine Vorkrisensituation geraten war. Aber neben den berechtigten Vorwürfen an ihre Adresse müssen wir auch das Positive sehen, dass sie auf das Kontokorrent der Geschichte eingezahlt haben.

Ich komme auf jene Politbüro-Sitzung zurück, in der die Frage des neuen Generalsekretärs behandelt wurde und auf der Gromyko als Erster von seinem Platz aufgestanden war und durch seine Haltung einen entschlossenen Eindruck vermittelte. Mir ist nicht mehr erinnerlich, was genau Gromyko gesagt hatte, im Unterschied zu der prägnanten Rede, die er zwei Stunden später auf dem Plenum des ZK der KPdSU vortragen würde. Im Gedächtnis geblieben sind mir nur die Worte, dass Michail Sergejewitsch ein Mann mit einem großen Potenzial sei.

Es ging aber freilich nicht um die Worte. Am Sitzungstisch des Politbüros hatten sich Männer mit großer Erfahrung versammelt, bewandert in der Politik und auch in »Palastfragen«. Die Position Gromykos machte die Kräftekonstellation klar.

Nach Gromyko erhob sich Tichonow, und auch er unterstützte die Kandidatur Gorbatschows. Dann sprachen die übrigen Mitglieder und Kandidaten des Politbüros und die Sekretäre des ZK. Wie sehr das alles von der Sitzung abstach, die am Abend zuvor stattgefunden hatte! Da stand der Geist der Resistenz gegen Gorbatschow deutlich spürbar im Raum, und die verwaschenen Argumente zielten darauf ab, die Frage in die Sackgasse zu lancieren. Jetzt waren die übrigen Politbüro-Mitglieder gezwungen, die Position »dafür« oder »dagegen« zu beziehen.

Alle sprachen sich »dafür« aus.

In Moskau waren übrigens nicht wenige Gerüchte im Umlauf, die besagten, dass die Stimmen auf der Politbüro-Sitzung gespalten gewesen seien und sich alles durch die Abwesenheit Schtscherbizkis entschieden habe.

Was auf dem anschließenden Plenum geschah, ist weithin bekannt. Den Vorschlag zur Wahl Gorbatschows brachte im Namen des Politbüros Gromyko ein, und es trat niemand weiter auf. Gorbatschow wurde einstimmig zum Generalsekretär des ZK der KPdSU gewählt.

Als ich ihm am Abend dieses Tages gratulierte, erwiderte er: »Jegor, stell dir vor, welche große Last wir uns aufgeladen haben!«

In jenen Tagen dachte ich viel an die von außen wirkenden Schwierigkeiten objektiver Natur und zweifelte nicht daran, dass wir sie in gemeinsamer Arbeit unter den neuen Bedingungen würden überwinden können. Niemals hätte ich vermutet, dass sich nach drei Jahren »innere« Schwierigkeiten innerhalb der obersten Führungsebene anhäufen und letztlich alle ursprünglichen Pläne zum Scheitern bringen sollten.

So also war die Wahl Gorbatschows zum Generalsekretär des ZK der KPdSU verlaufen. Da ich die Lage gut kannte, die sich in der Führungsspitze während der letzten Lebensmonate Tschernenkos herausgebildet hatte, war und bin ich der Ansicht, dass die Ereignisse auch nach einem ganz anderen Szenarium hätten ablaufen können. Eben das hatte ich 1988 auf der XIX. Parteikonferenz auch gesagt, worauf Jelzin in seinem Buch dann reagierte – das Zitat daraus war weiter vorn zu lesen. Nun freilich, auf dem ZK-Plenum, an dem Jelzin als Sekretär des Gebietskomitees von Swerdlowsk teilgenommen hatte, war von dem, was über einige Monate hinter den Kulissen der Parteizentrale im Kreml abgelaufen war, nichts mehr zu merken gewesen.

Die ungewöhnlich schnelle Entwicklung der Ereignisse – nur knapp einen Tag blieb im März 1985 das Land ohne Führer – war Vorbote kommender Veränderungen. In seiner Rede vor dem März-Plenum hatte Gorbatschow dem ZK versichert, dass er die Kontinuität in der Politik sichern werde. Schon einen Monat später, auf dem April-Plenum, präzisierte er: Kontinuität – das sei unbedingte Vorwärtsbewegung, das Erkennen und Lösen neuer Probleme, das Beseitigen all dessen, was die Entwicklung hindere. Das bedeutete vieles. So auch, dass mit der Formierung einer neuen politischen Mannschaft begonnen wird.

Gorbatschow unterbreitete auf dem April-Plenum den Vorschlag, mich zum Mitglied des Politbüros des ZK zu wählen, und bat mich, am Tisch des Präsidiums Platz zu nehmen. Als ich mich gesetzt hatte, beugte er sich zu mir und erklärte: »Wir werden das Plenum gemeinsam leiten …« Nachdem alle organisatorischen Fragen abgeschlossen waren, sagte er recht laut, so dass man es im Saal auch hören konnte: »Jegor Kusmitsch, erteile mir das Wort, ich gehe ans Rednerpult.« Mit diesem Satz hatte der Generalsekretär im Grunde den zweiten Mann im Politbüro bestimmt.

Auf dem gleichen Plenum wurde auch Nikolai Ryshkow aus der Gruppe der Sekretäre des ZK unter Überspringung des Kandidatenranges direkt zum Mitglied des Politbüros gewählt und bald darauf zum Vorsitzenden des Ministerrates der UdSSR ernannt. Wir beide sollten im Weiteren bei der Durchsetzung des neuen Kurses, der schließlich die Bezeichnung »Perestroika« erhalten würde, zu engen Mitstreitern Gorbatschows werden.

Seinerzeit gab es durchaus die Auffassung, es habe überhaupt kein Bedarf an Reformen bestanden. Andere meinten rückblickend, dass vielleicht eine Umgestaltung erforderlich gewesen sei, aber ihre Ziele und Aufgaben nicht bestimmt worden seien und ein Programm zu ihrer Realisierung nicht vorgelegen habe. Daher sind einige Worte angebracht, warum die Perestroika notwendig und unausweichlich war.

Die Sowjetmacht hatte unser Land auf den Gipfel der tausendjährigen Geschichte Russlands geführt. Ende der siebziger und zu Beginn der achtziger Jahre aber war die UdSSR in der Technologie und bei der Effektivität der Produktion von Gütern im zivilen Bereich gegenüber den entwickelten Ländern des Westens in den Rückstand geraten, hatte sich das Tempo des Wachstums der Arbeitsproduktivität verringert und wurde die Nachfrage an qualitativ hochwertigen Nahrungsmitteln nicht befriedigt. In der Entwicklung der sozialistischen Demokratie war ein Zurückbleiben zu bemerken, die Rolle der Sowjets im Staat verlor an Bedeutung. In einige Republiken lebten nationalistische Stimmungen auf, separatistische Bestrebungen und Clanwirtschaft nahmen zu.

Nötig war eine sozialistische Umgestaltung, was heißt eine Erneuerung, eine Vervollkommnung des

Sowjetsystems. (Nicht aber das Niederreißen dieses Systems, zu dem es schließlich mit dem Scheitern der Perestroika kommen sollte, mit schwerwiegenden Folgen für Millionen Menschen, wozu es irreführend hieß, das sozialistische Gesellschaftssystem sei nicht reformfähig, nicht verbesserbar gewesen und musste daher niedergerissen und durch ein anderes, das kapitalistische System ersetzt werden.)

Auf dem XXVII. Parteitag der KPdSU und auf den Plenen des ZK der KPdSU waren die Strategie und Taktik der Perestroika, die Zielstellungen und das Aktionsprogramm ausgearbeitet worden:

Die Schaffung einer hocheffektiven Wirtschaft und die Verdoppelung des Produktionsausstoßes im Verlaufe von 15 Jahren, die wesentliche Verbesserung des materiellen und geistigen Lebens der Menschen, die Erweiterung der realen Teilnahme der Werktätigen an der Leitung des Staates – das waren die strategischen Ziele der Perestroika.

Dazu wurden die Hauptrichtungen der Politik bestimmt und konkrete Programme erarbeitet.

In der sozialökonomischen Sphäre: Modernisierung und vorrangiges Wachstum des Maschinenbaukomplexes und auf dieser Grundlage die Rekonstruktion der Volkswirtschaft und soziale Ausrichtung der Ökonomie. Schaffung großer industriezweigübergreifender Wissenschafts- und Technik-Komplexe.

Auf dem Gebiet der Politik: Demokratisierung, Stärkung der Rolle der Sowjets im Staat, Erweiterung der Vollmachten der Unionsrepubliken, der Regionen und Gebiete.

In der Außenpolitik: Übergang von der Konfrontation zur realen Abrüstung, Stärkung der sozialistischen Staatengemeinschaft.

Zur Realisierung der Hauptrichtungen der Perestroika im XII. Fünfjahrplan (1986–1990) wurden Beschlüsse zu den materiellen und finanziellen Ressourcen gefasst. So wurden zum Beispiel für das Programm der Modernisierung des Maschinenbaus, des Kernstücks der Perestroika auf dem Gebiet der Wirtschaft, 200 Milliarden Rubel (in Preisen des Jahres 1985) bereitgestellt – doppelt so viel wie in den zehn vorangegangenen Jahren. Zur Befriedigung der Verbrauchernachfrage und zur drastischen Reduzierung der Verluste bei der Verarbeitung landwirtschaftlicher Erzeugnisse wurde ein Programm zur Schaffung einer modernen Lebensmittel- und Leichtindustrie beschlossen, das für den Zeitraum 1988–1995 Zuweisungen von 70 Milliarden Rubel vorsah – mehr als in allen 40 Nachkriegsjahren zusammengenommen.

Soviel zu den hauptsächlichen Zielen, Aufgaben und Programmen der sozialistischen Perestroika im Rahmen des sowjetischen Staats- und Gesellschaftssystems.

Gorbatschow. Radikalismus und Reformismus

Gleich nach den Maifeiertagen 1985, einige Tage nach dem Aprilplenum des ZK, rief mich Gorbatschow an: »Jegor, du musst das Sekretariat in deine Hände nehmen, die Orgabteilung werden wir jemand anders geben. Überleg bitte, wem.«

Bald stellte Gorbatschow diese Frage dem Politbüro, und ich wurde offiziell beauftragt, das Sekretariat des ZK zu leiten und bei Abwesenheit des Generalsekretärs auch die Sitzungen des Politbüros durchzuführen. Vom Aufgang №6 zog ich in den Aufgang №1 und ließ mich in der 4. Etage im Büro №2 nieder, das als »Suslows Kabinett« bekannt ist. Hier arbeiteten traditionsgemäß die »Zweiten« – die Mitglieder der politischen Führung, die mit der Leitung des Sekretariats beauftragt waren.

Das Sekretariat des ZK war als ständiges Arbeitsorgan im Statut der Partei vorgesehen und geschaffen worden, um die laufende Arbeit zu sichern, Kaderfragen zu entscheiden und – das war wohl die Hauptsache – um die Umsetzung der vom Politbüro, den ZK-Plenen und den Parteitagen der KPdSU gefassten Beschlüsse zu kontrollieren. Anders gesagt, war das Sekretariat eine Art operativer Stab der Parteiführung. Da in jenen Jahren ein System bestand, in dem die Partei auch über die Leitung des Staates bestimmte, wurde auf den Sitzungen des Sekretariats ein sehr breiter Kreis von Problemen behandelt, der alle Lebenssphären umfasste – von der Ideologie und der Wirtschaft bis zur Kultur und zu Fragen von Partei und Armee.

Gorbatschow nahm an den Sitzungen des Sekretariats nicht teil. Von Beginn an hatten er und ich folgende Ordnung eingeführt: Der Plan wurde von unten her, anhand der Vorschläge der Abteilungen des ZK erarbeitet. Jedes Mal kamen 70 bis 80 »Basisvorschläge« zusammen. Der Generalsekretär machte sich mit dem Plan vertraut und brachte Ergänzungen und Anmerkungen ein. Nach der Bestätigung durch das Sekretariat wurde der Plan Anleitung zum Handeln. Das Sekretariat versammelte sich im Haus am Alten Platz – mit seltenen Ausnahmen – jeden Dienstag um 16 Uhr. Am Vorabend informierte ich Gorbatschow in der Regel über die Tagesordnung, und nach den Sitzungen erstattete ich ihm Bericht, gewöhnlich per Telefon, bei wichtigen Fragen ging ich auch zu ihm ins Büro.

Zur Vorbereitung gehörte die Einholung von Auskünften, Berichten, Bulletins und sonstigen Dokumenten, die dem Politbüro von solchen Dienststellen wie dem Verteidigungsministerium, dem Außenministerium, dem KGB, dem Innenministerium, dem Staatlichen Komitee für Statistik und der Nachrichtenagentur TASS sowie von den Parteikomitees vor Ort zugeleitet wurden. Alle Informationsmaterialien ließ ich mir auch an Urlaubstagen zuschicken. Als Mitglied des Politbüros hatte ich persönliche Mitarbeiter. Das waren Roman Michailowitsch Romanow und Valeri Nikolajewitsch Scharkow, beide sehr gebildete Leute, mit tiefer Lebenskenntnis, die viele Stufen der Tätigkeit in Partei und Wirtschaft absolviert hatten. Sie waren mir gleichgesinnt und sind dies auch geblieben.

Auch die Reisen durchs Land sah ich nicht nur als wichtige Quelle für Faktenkenntnis an, sondern auch als beste Möglichkeit, die Stimmung der Menschen aus erster Hand zu erfahren. Gerechnet ab 1985 war ich fast auf achtzig dienstlichen Reisen, was eine Art Rekord unter den Politbüro-Mitgliedern darstellte. Es gab Zeiten, da mich die Umstände länger als üblich an Moskau banden, wo sich die Stimmung in der Hauptstadt bisweilen wesentlich von der Interessenlage in anderen Regionen unterschied. Ich gestehe es offen ein, dass ich nach jeder Reise, nach den Treffen mit den Menschen vor Ort mit frischer Kraft nach Moskau zurückkam, mich in der Seele erholt fühlte und wieder zuversichtlicher an die Politik ging.

Die Frage nach dem Informationsfluss habe ich nicht von ungefähr angeschnitten. Ungefähr ab der zweiten Hälfte des Jahres 1987 begannen sich allmählich Meinungsverschiedenheiten zwischen mir und einigen anderen Mitgliedern der höchsten politischen Führung abzuzeichnen. Lag das bei spezifische Fragen in der Natur der Dinge, betraf es doch mehr und mehr die Bewertung der laufenden und der perspektivischen sozial-ökonomischen Prozesse. Diese Meinungsverschiedenheiten rührten nach meiner Überzeugung nicht daher, dass es an einer umfassenden Information fehlte, sondern daher, dass einige Mitglieder des Politbüros gründlich nur »ihre« Informationen studierten, also die zu den Fragen ihres unmittelbaren Aufgabengebietes. Alle anderen Informationen sahen sie nur flüchtig durch. Auf den Sitzungen des Politbüros und des Sekretariats war das zu spüren.

Jakowlew zum Beispiel, der sich zunächst mit der Ideologie, später mit der internationalen Politik befasste, kam bei der Erörterung von Wirtschaftsfragen größeren Kalibers ganz offensichtlich »ins Schwimmen«. Bekannt ist, dass er in den Produktionsbetrieben, auf den Baustellen und auf dem Lande praktisch nie war und nicht wusste, wie wirtschaftliche Neuerungen in die Praxis umgesetzt werden, und auch nicht bestrebt war, dies kennenzulernen. Aber Jakowlew war bei der Ausarbeitung der Hauptrichtungen der Wirtschaftspolitik überaus aktiv. Aufgrund seines ungenügenden Augenmerks für die realen, sich in der konkreten Ökonomie vollziehenden Prozesse waren seine Urteile nicht selten durch eine spekulative Sicht aus der Schreibtischperspektive und durch Radikalismus getrübt.

Im vorliegenden Fall betone ich das Wort »Radikalismus« besonders. Nachdem die Strategie richtig festgelegt worden war, war es meiner tiefen Überzeugung nach eben der Radikalismus, der zu einer falschen Taktik bei den ökonomischen Innovationen führte. Doch dazu komme ich später.

Unvollständige oder einseitige Informiertheit ist eines der Hauptübel, die einem Politiker unterlaufen können. Und so muss ich zu dem »Standard«-Lesestoff anmerken, dass dieser umfangreiche Strom an informativem und analytischem Material, der auf die Schreibtische der Mitglieder der obersten politischen Führung kam, nicht nur unvoreingenommene Informationen enthielt.

Objektivität ist das »Salz in der Suppe« der Informationen. Aber statt strenge Unvoreingenommenheit zu wahren, bemühten sich manche, den Stimmungen der obersten Führung gefällig zu sein, und bogen die Fakten und Schlussfolgerungen so zurecht, dass sie in die »oben« herrschenden Ansichten hineinpassten. Die vergleichende Analyse der Daten aus den verschiedenen Quellen und ihre Konfrontation mit der Realität ist von grundlegender Wichtigkeit. Ich war immer bemüht, diesen Aspekt nicht aus den Augen zu verlieren, und schlug, sobald sich Divergenzen abzeichneten, unverzüglich Alarm. Falls notwendig, brachte ich diese Frage auf die Sitzung des Sekretariats oder auch des Politbüros, wie das etwa bei der Einschätzung der Lage in Litauen 1988 geschah.

Das Problem der Informiertheit hatte noch eine weitere Facette, die sich bei uns besonders bemerkbar machte, wenn es um den Generalsekretär ging. Der Strom an Informationen für ihn war derart breit, dass gegebenenfalls auch Auswahl oder Reglementierung erforderlich wurden. Die ungeschriebene Regel, die auf den psychologischen Gesetzmäßigkeiten der Wahrnehmung beruht und als »Effekt der Erstinformation« bekannt ist, besagt, dass die erste Bewertung zu einem Fakt oder Ereignis mit größerer Aufmerksamkeitsintensität aufgenommen wird, während die dem Adressaten im Weiteren zugehenden Bewertungen, wenn sie auch der ersten Bewertung widersprechen, mit dieser nicht in Konflikt geraten zu scheinen. Die Berater, seien es die offiziellen oder aber die ehrenamtlichen, vermögen einen ganz wesentlichen Einfluss zu nehmen. Schon zu alten Zeiten sprachen die Weisen im Orient, dass von einem Erklärer oder Ausleger bisweilen mehr abhängt als vom Schah selbst. Die persönlichen Mitarbeiter und Berater sind eine Art von Deutern – sie deuten Fakten. Wer um Einfluss auf einen Führer kämpft, setzt maximale Anstrengungen daran, in dessen unmittelbarer Umgebung die eigenen Leute zu platzieren. Das traf in vollem Maße immer auch auf die Generalsekretäre des ZK der KPdSU zu, Gorbatschow eingeschlossen. Bei diesem vielleicht sogar in besonderem Maße.

Im ZK-Apparat hatte ich keine speziellen »nützlichen Beziehungen« zu irgendjemandem, war mit niemandem »verbandelt«. Dies machte mich unabhängig und erleichterte mir die Arbeit. Überhaupt sind mir Intrigen innerhalb des Apparats fremd, und so hatte ich mir nicht einmal die Frage gestellt, wie Gorbatschow sein nächstes Umfeld gestalten würde – diese Aufgabe sah ich allein in seiner Kompetenz. Ich habe dem Generalsekretär niemanden als Mitarbeiter empfohlen, habe aber die zentralen Kaderfragen erörtert, die bestimmend waren für die Kräftekonstellation im ZK und in der Partei insgesamt. (Die Ernennung erfolgte natürlich kollektiv – im Politbüro, im Sekretariat und auf den ZK-Plenen.) Und genau so, wie es 1983 bei Andropow gewesen war, musste auch jetzt wieder die Suche nach einem neuen Leiter für die Orgabteilung eingeleitet werden, denn verständlicherweise konnte ich diese Position nicht mit der Stellung des Zweiten Sekretärs verbinden.

Unsere Wahl fiel bekanntlich auf Rasumowski.

Rasumowski hatte seinerzeit als Vorsitzender des Exekutivkomitees der Region Krasnodar gearbeitet und hatte sich mit Charakterstärke entschieden vom Treiben des lokalen Parteiführers Medunow abgegrenzt, hatte sich auf die dienstlichen Beziehungen beschränkt und war privaten Kontakten und Einladungen zu Gelagen ausgewichen. So war es kein Wunder, dass in den »höheren Sphären« ein Konflikt aufzog. Noch zu Breshnews Zeiten hatte Rasumowski im ZK seine Position klar dargelegt und wegen der Unverträglichkeiten zwischen ihm und Medunow darum gebeten, ihn zu einer anderen Tätigkeit zu versetzen. 1981 hatte er die Leitung der Agrarabteilung des Geschäftsführenden Büros des Ministerrates der UdSSR übernommen. Als Worotnikow, Medunows Nachfolger als Erster Sekretär in Krasnodar, schon nach kurzer Zeit zum Vorsitzenden des Ministerrats der RSFSR ernannt wurde und erneut die Frage nach einem Kandidaten für den

Staatssekretärsposten in Krasnodar stand, leitete ich schon die Orgabteilung, und wir erinnerten uns an Rasumowski. Ich konnte mich dann beim Plenum des Parteikomitees der Region Krasnodar persönlich davon überzeugen, dass Rasumowski und sein Zweiter Sekretär, Poloskow, am Kuban gut aufgenommen worden waren.

Als im Mai 1985 Gorbatschow mit mir unter vier Augen erörterte, wer als Leiter der Orgabteilung eingesetzt werden könnte, nannte er Rasumowski, und ich unterstützte seinen Vorschlag. Ich wusste, dass Rasumowski und Poloskow ein gutes Gespann waren. Sie sorgten in der Region für Ordnung, machten sich von denen frei, die unter Medunow Missbrauch betrieben hatten, und kämpften gegen Korruption. Das war ein wesentliches Argument dafür, ihn nach Moskau ins ZK zu holen. Als er aus Krasnodar wegging, schlug Rasumowski vor, Poloskow als Ersten Sekretär zu wählen.

Rasumowski begann seine Arbeit im ZK, wo er bald Sekretär wurde. Er fürchtete sich nicht, seine Meinung zu sagen, spitzte gern Fragen zu und duldete nicht, dass Probleme weichgespült wurden. Man konnte sehen, dass er nicht vorhatte, sich anzupassen. So arbeitete er bis etwa zum Herbst 1988, als sich ungute Dinge zusammenzubrauen begannen.

Zu jener Zeit, nach der XIX. Parteikonferenz, als sich die Reformierung unseres politischen Systems beschleunigte, kam die Frage nach der Ausarbeitung eines neuen Wahlgesetzes auf. Die KPdSU verkündete die richtige Losung »Mehr Sozialismus – mehr Demokratie«. Dieser Losung entsprechend stand auch eine

Änderung des noch zu Stalins Zeiten geschaffenen Wahlsystems bevor – es sollte alternative Wahlmöglichkeiten, also mehrere Kandidaten geben.

In den zurückliegenden Jahrzehnten waren die Wahlen der Abgeordneten, der »Volksdeputierten«, stark formalisiert gewesen. Alles war bis auf den letzten Buchstaben festgeschrieben, auf die Kandidatenlisten kam keiner ohne Zutun des Gebietsparteikomitees. Das hieß aber nicht, dass es unter den Abgeordneten keine würdigen Volksvertreter gegeben hätte – es gab sie, und zwar sehr viele! Durch die bisher bestehende Ordnung wurde aber auch streng darauf geachtet, dass in den Sowjets alle Klassen und sozialen Gruppen, alle Nationalitäten, und auch Frauen und Jugendliche vertreten waren. Das Prinzip der Wahlen selbst allerdings, das keine Wahlalternativen zuließ, war ganz ohne Zweifel veraltet und bedurfte der Änderung.

In der obersten Parteiführung gab es zu diesem prinzipiellen Herangehen keine Meinungsverschiedenheiten.

Aber dann lief alles übereilt. Es fing damit an, dass das neue Wahlgesetz – ein sehr bedeutungsvolles Gesetz, mit dem zum ersten Mal in unserer Geschichte bei den Wahlen Auswahlalternativen eingeführt werden sollten – im Grunde nicht in der Öffentlichkeit erörtert wurde. Es wurde nach gerade mal einem Monat angenommen.

Mir waren schon damals keine geringen Zweifel am Sinn dieser übermäßigen Hast gekommen.

Da ich im Hebst 1988 von der Leitung des Sekretariats abgesetzt worden war, worauf ich noch zu sprechen komme, war eine Situation entstanden, in der es schwer war, in Kontroverse zu gehen gegen die Meinung des Generalsekretärs und derer, die sich hitzig für eine maximale Beschleunigung der politischen

Umgestaltungen ins Zeug legten. Auch hatte ich zu jener Zeit noch nicht gänzlich begriffen, was die Motive der Radikalisierung waren, und vor allem auch nicht, welche schädlichen Folgen sie haben würde. Erst später, als es möglich wurde, ausreichend zu verallgemeinern, ging mir auf, dass man mit dieser politischen »Schocktherapie« die Menschen unter dem Ansturm der Neuerungen nicht zur Besinnung kommen lassen und vor vollendete Tatsachen stellen wollte.

Die neuen Radikalen oder auch Pseudodemokraten hatten sich daran gemacht, unter dem der Perestroika einen Wechsel des politischen und wirtschaftlichen Systems zu erreichen, eine Umkehr der gesellschaftlichen Entwicklung hin zur kapitalistischen Ordnung, was heißt: Verarmung der Mehrzahl der Menschen und Bereicherung einiger weniger. Nach den Zielen, die sich die Radikalen stellten, muss man sie als rechte, antisozialistische Kräfte einordnen.

Der Reformismus als Weltanschauung zielt auf gesellschaftliche Umgestaltungen ohne Änderung der wirtschaftlichen, sozialen und politischen Grundlagen der bestehenden Ordnung. Und solange wir das Sowjetsystem nicht änderten, sondern reformierten, was in den ersten drei bis vier Jahren der Perestroika der Fall war, wendeten sich die Dinge zum Besseren. Abweichungen von den Grundlagen des Sowjetsystems hin zu einem deregulierten Markt sollten aber Entbehrungen und Leiden über das Volk bringen.

Bald schon wurde klar, dass das neue Wahlgesetz unvollkommen war. Die Folgen der Hast machten sich bemerkbar. Die Übereilung war aber nur das Vorspiel zu den spannungsgeladenen und unheilvollen Ereignissen, die sich dann unmittelbar während des Wahlkampfes abspielten.

Hatte die Partei zuvor in den Wahlvorbereitungs-phasen auch die kleinste Kleinigkeit dirigiert, so hielt sie sich jetzt aus der politischen Auseinandersetzung nahezu völlig heraus. Das war frappierend. In allen Ländern mit einer entwickelten Demokratie kommt es gerade im Wahlkampf, da sich die Konflikte aufheizen und an Schärfe gewinnen, zu einer starken Aktivierung der Parteistrukturen. Bei uns lief es genau umgekehrt!

Aus dem ZK erging eine Direktive um die andere: Keine Einmischung! Haltet euch zurück! In vielen Parteikomitees herrschte Verwirrung. Zudem hatten sich unter den Wahlkandidaten auch fragwürdige Figuren eingefunden. Selbst ehemalige Kriminelle waren darunter, die wegen schwerer Verbrechen hinter Gittern gesessen hatten, bis hin zu Morden. Und es gab unmäßig viele Demagogen, die ihre Wahlprogramme auf nichts als Antisowjetismus und Antikommunismus aufgebaut hatten. Unter diesen Bedingungen hätte die Partei doch wohl eine breite Propaganda entfalten, für ihre Kandidaten agitieren und die Haltlosigkeit der populistischen Versprechungen entlarven müssen.

Aber das ZK verzichtete darauf, politische Orientierungen zu geben, und die lokalen Parteigremien waren hilflos. Das war eine neue Situation, die ausgerechnet in den Wahlkampf fiel, wo die Frage der Macht entschieden wurde! Die Sowjets – die politische Grundlage unseres Systems – sollten entschieden gestärkt werden, ihnen sollten in vollem Maße Leitungsfunktionen übertragen werden, die Partei aber drosselte ihre Aktivitäten drastisch. Man hatte von oben die Wahlkampfmaschine angeworfen, und da sie mit Volldampf lief, dachte man unbekümmert, dass sich alles von selbst regeln würde. Und es fanden sich Leute, die die Nichteinmischung der Partei in die Wahlen als Ausdruck von Demokratie hinstellten. Als Leitmotiv in den Vordergrund gestellt wurde die an und für sich richtige Idee des Kampfes gegen den früheren Formalismus, aber dabei schüttete man das Kind mit dem Bade aus – die Partei hatte sich im Endeffekt selbst vom Wahlkampf ausgeschlossen.

Schließlich kam es noch dazu, dass die kommunistischen Kandidaten Auseinandersetzungen untereinander führten, womit sie es ihren ideologischen Gegenspielern erleichterten, die Mandate zu erringen. Auf der Welle der neuen »Meetingdemokratie« schnellte der Antikommunismus ungehindert nach oben; die sogenannten »demokratischen Kräfte« machten die Diffamierung von allem und jedem aus unserer Geschichte zu ihrer Wahlkampftaktik.

Als sich dann die Registrierung der Wahlkandidaten dem Ende näherte, zeigte sich, dass katastrophal wenig Arbeiter und Bauern auf die Wahlzettel kommen würden. Das war zweifellos ein ganz ernstes Versagen der Parteiorganisationen. Hier wurde ein falsches Verständnis von Demokratie sichtbar, das schließlich zur faktischen Ausschaltung der Arbeiter und Bauern aus den Sowjets der obersten Ebene führen konnte. Auf den Sitzungen des Politbüros wurde das immer häufiger Gesprächsthema. Auch Gorbatschow äußerte sich wiederholt dazu. Es ging aber nie über Wehklagen hinaus. Und zu dieser Zeit kam es noch zu einem für mich sehr bedrückenden Ereignis.

Gorbatschow war nach Leningrad geflogen. Dort richteten auf einem Treffen in einer Werkhalle die Arbeiter den Vorschlag an ihn, die Wahlen nicht nur in territorialen Wahlkreisen, sondern auch in Produktionswahlkreisen durchzuführen, was die Repräsentanz der Arbeiterklasse in den Sowjets garantieren würde. Gorbatschow unterstützte diese Idee im Geiste Lenins, was auch im Bericht über seinen Aufenthalt in Leningrad festgehalten wurde.

Nach wenigen Tagen schon startete die Presse wie auf Kommando Angriffe auf das »Produktionsprinzip« bei den Wahlen. Aus Zeitungen und Fernsehen ergoss sich eine Flut von Protesten, in denen gefordert wurde, die Wahlen ausschließlich territorial abzuhalten, und die Leningrader und ihre Befürworter wurden beschuldigt, die Apparatschiks der Partei in die Sowjets lancieren zu wollen. Das Parteikomitee des Gebiets Leningrad erklärte übrigens umgehend, dass sich kein einziger Parteifunktionär in den Produktionswahlkreisen aufstellen lassen würde. Dieser wichtigen Erklärung gedachte aber niemand Augenmerk zu schenken.

Im Weiteren sprach sich Gorbatschow in der Öffentlichkeit nie wieder unterstützend für den Leningrader Vorschlag aus.

Trotzdem erörterten wir diese vernünftige Idee im Politbüro und kamen zu dem Schluss, dass es zweckmäßig wäre, wenn der Wunsch lokaler Gremien nach der Einrichtung lokaler Produktionswahlkreise bestand, diese auch einzurichten. Das widersprach in keiner Weise dem Wahlgesetz. Diese sinnvolle Initiative wurde aber vor allem vermittels der radikalen Presse abgewürgt. Die Position der »Nichteinmischung« triumphierte im Wahlkampf schließlich. So kam es, dass die Repräsentanz der Arbeiter und Bauern auf dem Kongress der Volksdeputierten der UdSSR bei weitem nicht der Rolle entsprach, die die Arbeiter- und Bauernschaft im Leben der Gesellschaft spielte.

Wir, die Mitglieder des Politbüros, hatten die sich herausbildende Lage unterschätzt. Während unnachgiebig der erste alternative Wahlkampf in unserem politischen Leben tobte, ließen wir uns suggerieren: Wir müssen still sein, uns zurückhalten …

Traditionsgemäß leitete den Wahlkampf im ZK die Abteilung, der Rasumowski vorstand. Das Schlimme dabei war, dass Rasumowski oft die Parteikomitees in den Gebieten und Regionen anzurufen und ihnen die Anweisung zu geben hatte: Keine Einmischung! Als erfahrener Mann, der eine lange Schule der politischen Leitungserfahrung hinter sich hatte, verstand er ganz sicher, wozu solche Direktiven führten. Und genau zu dieser Zeit machte Rasumowski eine Veränderung durch, nach der er nicht mehr wiederzuerkennen war. Mit einem Mal hörte er auf, bei der Erörterung von Problemen Position zu beziehen, während er zuvor immer seinen Standpunkt vertreten hatte. Er war nicht mehr zu hören.

Ja, in dieser Geschichte ist vieles unverständlich. So auch dies: Wieso hatte Jakowlew, der damals für die internationalen Fragen verantwortlich war, sich aktiv mit den Fragen der Wahlen befasst?

Auch über Georgi Petrowitsch Rasumowski sollte sich schließlich eine ambivalente Meinung herausbilden. Vor meinen Augen steht ein trauriges Bild auf dem XXVIII. Parteitag: Rasumowski war als Kandidat für das neue ZK nominiert worden, und da lief er eilends auf die Tribüne des Parteitages, um noch rechtzeitig den Rückzug von seiner Kandidatur zu erklären.

Die graue Eminenz Jakowlew

Im ZK galt Alexander Nikolajewitsch Jakowlew als einer der erfahrenen Apparatschiks. Ab Mitte der fünfziger Jahre hat er hier den Weg vom Instrukteur bis zum Sekretär des ZK und Politbüro-Mitglied durchlaufen. Abgesehen von seiner Tätigkeit als Botschafter in Kanada, seinem Studium an der Akademie der Gesellschaftswissenschaften, seinem einjährigen Praktikum an der Columbia University New York und der Direktorentätigkeit im Institut für Weltwirtschaft und internationale Beziehungen lief der Großteil seiner Karriere in der Parteizentrale am Alten Platz ab. Ich hatte ihn kennengelernt, als ich Anfang der sechziger Jahre für vier Jahre im ZK arbeitete, quasi auf der »Durchreise« von Sibirien nach Sibirien. Unsere Beziehungen waren normal, und seit jener Zeit erhielt ich von ihm Neujahrsglückwunschkarten, so auch aus Kanada.

Dort in Kanada empfing der Botschafter Jakowlew während der Amtszeit von Andropow unsere Delegation mit Gorbatschow an der Spitze. Und bald darauf holte man Alexander Nikolajewitsch aus dem Ausland zurück, woraufhin er für kurze Zeit das Institut für Weltwirtschaft und internationale Beziehungen der Akademie der Wissenschaften der UdSSR leitete. Im Juli 1985 schlug Gorbatschow vor, Jakowlew die Leitung der Abteilung für Propaganda des ZK zu übertragen.

Einige Monate später wurde Jakowlew zum Sekretär gewählt und begann, die Fragen der Ideologie zu bearbeiten. Dieser Bereich gehörte zu meinem Aufgabenkreis als Politbüro-Mitglied, doch bald stellte sich eine stillschweigende Aufteilung der Verantwortlichkeiten ein, und ich widmete mich nun den Bereichen Kultur, Wissenschaft und Volksbildung, während sich Jakowlew vor allem auf die Arbeit mit den Massenmedien konzentrierte. Das ergab sich wie von selbst, freilich mit Gorbatschows Einverständnis.

Die wesentlichste Besonderheit dieser Aufgabenverteilung bestand darin, dass Jakowlew den Prozess der Auswechselung der Chefredakteure leitete. Das war notwendig, da der neue politische Kurs einer entsprechenden propagandistischen Absicherung bedurfte, einige Leiter von Massenmedien sich aber nicht umzustellen vermochten. Ich erinnere mich, wie ich seinerzeit im Scherz an die Worte Lenins erinnerte, der bekanntlich gesagt hatte, dass eine revolutionäre Erhebung mit der Besetzung der Post und des Telegrafenamtes beginnt. Aber ach! – Mein Scherz sollte sich in bittere Wahrheit verkehren. Es ging tatsächlich um eine Vereinnahmung der Massenmedien.

Jakowlew, der von 1967 bis 1972 der Abteilung für Agitation und Propaganda des ZK vorgestanden hatte, kannte nicht nur die fachliche Qualifikation seiner Ansprechpartner, sondern wusste auch gut um ihre persönlichen Qualitäten. Konnte ich in jenen Monaten vermuten, dass er eine »Radikalenmannschaft« für die Massenmedien zusammenstellte, der für die kommenden Ereignisse eine ganz besondere Rolle zugedacht war?

Der Wahrheit halber muss ich freilich auch von einem Fehler berichten, der mir selbst unterlief, als es um die Ernennung des Chefredakteurs der Zeitschrift »Ogonjok«* ging, das zu einem der radikalsten rechtsorientierten Presseorgane und, wenn man es so sagen kann, zu einem der skandalträchtigsten Blätter wurde.

Die Initiative hierbei ging allerdings von der Abteilung für Propaganda aus, die für diesen Posten Vitali Korotitsch vorgeschlagen hatte. Als ich bat, mich mit seinem Schaffen bekannt zu machen, wies man mich auf sein in der »Roman-gaseta«** veröffentlichtes Buch »Das Gesicht des Hasses«*** hin. In ihm habe Korotitsch sein politisches Credo dargelegt.

Ich las »Das Gesicht des Hasses« aufmerksam und kam zum Schluss, dass der Autor auf einer festen ideologischen Position stand, auch wenn ich bisweilen den Eindruck hatte, dass er etwas zu dick auftrug. Seine Abrechnung mit Amerika war schon extrem. Mit diesen Übertreibungen, so dachte ich mir, das lässt sich noch zurechtrücken, und ich beschloss, mich mit ihm zu treffen. Als Korotitsch von mir hörte, dass ich von seinem Buch insgesamt einen positiven Eindruck hatte, war er sehr zufrieden und versicherte, dass er – wenn er zum Chefredakteur des »Ogonjok« ernannt würde –, der Partei treu dienen werde. Diese Versicherungen fielen sehr inbrünstig aus, aber sein Buch ließ ja auch keine Zweifel. Am sichersten, so schien es mir, lässt sich ein Schriftsteller wohl doch an seinen Werken einschätzen.

---

* deutsch: Feuerchen, Lichtschein.
** deutsch: Romanzeitung. Sowjetische Zeitschrift, in der Romane, Erzählungen und andere literarische Werke komplett abgedruckt wurden.
*** russ: »Лицо ненависти«. Das Buch ist offensichtlich nicht ins Deutsche übersetzt worden; Titelübersetzung: RJ.

Kurz gesagt, ich unterstützte den Vorschlag der Propagandaabteilung, und gemeinsam bereiteten wir den Beschluss zur Ernennung Korotitschs zum Chefredakteur des »Ogonjok« vor. Er wurde von Kiew nach Moskau versetzt und bekam eine wunderbare Wohnung in einem der besten Häuser, was er, wie man bei uns zu scherzen pflegt, ohne Wehklagen hinnahm.

Dann aber ging es los …

Allen sind die aggressiven Publikationen des »Ogonjok« in Erinnerung, die Zwietracht unter der Intelligenz säten und die immer wieder in die Kritik gerieten, so auch auf den Beratungen mit den Chefredakteuren, die Gorbatschow abhielt. Ich hatte mehrere Treffen mit Korotitsch, und bisweilen meldete er sich auch selbst bei mir an. Dabei zeigte er immer wieder Reue und brachte vor, dass ihm das seine Mitarbeiter eingebrockt hätten. Er gelobte Besserung – derartiges werde sich nie wiederholen. Aber anschließend musste ich im »Ogonjok« extrem sozialismusfeindliche, gegen die Partei gerichtete Publikationen lesen, die die Atmosphäre in der Gesellschaft aufheizten und die Armee beleidigten.

Das waren die Offenbarungen dieses Mannes, der zuvor das scharf antiamerikanische »Gesicht des Hasses« verfasst hatte. Anzumerken ist, dass die Amerikaner ihm verziehen hatten; recht bald siedelte er in die USA über, seine Redaktionsstube nahm ein anderer ein.

Gut, Korotitsch muss ich mir selbst ankreiden, wenigstens teilweise. Was die anderen Radikalreformer angeht, so war bei allen Alexander Jakowlew der »Türöffner«.

Zunächst fing er freilich mit der »sanften« Variante an. Wenn ich mich nicht täusche, betraf die erste Absetzung eines Chefredakteurs durch Jakowlew die wichtigste Parteizeitschrift, den »Kommunist«. Diese Zeitschrift war von Richard Iwanowitsch Kossolapow geleitet worden, der nun von seiner Funktion entbunden und als Lehrer an die Moskauer Universität geschickt wurde. Mich hat nie das Gefühl verlassen, dass hier mit ihm eine persönliche Rechnung beglichen wurde, wenn es dies auch nicht allein war. Richard Iwanowitsch war einer der wenigen, die man auch im Weiteren nicht aus dem Auge ließ. Dieser fähige Mann sollte daran gehindert werden, auf der dienstlichen und gesellschaftlichen Karriereleiter emporzukommen.

Einmal rief mich der Rektor der Moskauer Universität Logunow an und sagte: »Jegor Kusmitsch, man macht Druck auf mich, damit ich Kossolapow nicht zum Dekan der Fakultät ernenne …«

Ich ließ mir die Meinungen durch den Kopf gehen, die ich über Kossolapow gehört hatte, und riet Logunow dann: »Ja, setzen Sie ihn einfach als amtierenden Dekan ein. Hauptsache, er arbeitet in dieser Funktion.«

Fünf Jahre später, in der zweiten Phase des Gründungskongresses der Kommunistischen Partei der RSFSR, wollte man sich Kossolapow wieder in den Weg stellen. Zu diesem Zeitpunkt war er ins gesellschaftliche Leben zurückgekehrt, und seine öffentlichen Auftritte zeigten, dass er fest auf den Parteipositionen stand und für eine echte Erneuerung des Sozialismus kämpfte. Und so hatte jemand vorgeschlagen, Kossolapow ins ZK der Russischen KP aufzunehmen. Doch auf die Tribüne stürmte sofort Laçis, damals erster Stellvertreter des Chefredakteurs des »Kommunist«, später ein bedeutender politischer Wendehals und frenetischer Sowjetgegner. Er machte sich daran, Kossolapow wegen einer angeblichen früheren Verbindung zu Tschernenko zu schmähen. Ich weiß nicht, ob es eine solche Verbindung tatsächlich gegeben hat, und wenn – warum sollte man sie ihm vorwerfen?

Auf Kossolapows Platz im »Kommunist« kam Frolow, der zuvor mit Jakowlew im ZK-Apparat gearbeitet hatte. Im Anschluss daran wurde Frolow, nun schon korrespondierendes Akademiemitglied, zum persönlichen Mitarbeiter des Generalsekretär des ZK der KPdSU berufen und wurde dann auch Akademiemitglied. Ich führe das hier deswegen an, weil ich etwa ab 1987 verspürte, dass Gorbatschow mehr und mehr von Leuten umgeben wurde, die alle persönlich an Jakowlew gebunden waren.

Und eine weitere Tendenz war leicht zu erkennen: Allmählich wurden aus dem Umfeld des Generalsekretärs all jene entfernt, die mit dem praktischen Leben des Landes gut vertraut waren. An ihre Stelle wurden Wissenschaftler mit akademischer Denkweise gesetzt. Ganz ohne Zweifel werden Mitarbeiter und Berater mit akademischem Denken gebraucht. Aber wie in der Kunst, so kommt es auch in der Politik auf die richtigen Proportionen an. Gorbatschow strebte ganz offensichtlich nach dem Glorienschein eines »aufgeklärten Monarchen«. Die sich zunächst nur abzeichnende akademische Tendenz verwandelte sich letzten Endes in einen übermäßigen Hang zur Beschäftigung mit rein politischen Problemen, wodurch die praktische Arbeit zur Leitung des Landes ins Hintertreffen geriet. Die von der »Mannschaft Gorbatschows« abgehaltenen Tagungen und Beratungen waren wahrlich nicht zu zählen, die tägliche Arbeit des Generalsekretärs zur Kontrolle der Ausführung der angenommenen Beschlüsse aber war auf den Tiefpunkt gekommen.

Dieser Mangel, der vielen Politikern eigen ist, ließe sich allerdings ausgleichen, wenn es Unterstützung durch entsprechende Mitarbeiter, Berater und Mit-kämpfer gibt. Im Idealfall hätten in Gorbatschows Mannschaft realistische Praktiker und akademische Denker einander ergänzen müssen. Aber leider sollte es zur Bildung eines solchen Kollektivs nicht kommen. Die Leute dafür waren da. Gorbatschow wählte aber einen anderen Weg.

Doch zurück zur Auseinandersetzung um die Massen-medien.

Gorbatschow und Jakowlew hatten die Presse voll-ständig zu sich herübergezogen. Gorbatschow leitete regelmäßig die Treffen mit den Chefredakteuren und stand mit einigen von ihnen im Telefonkontakt. Er hatte sich in jener Zeit komplett der ideologischen Ar-beit der Partei verschrieben.

Zu den Besonderheiten dieser Treffen gehörte zum einen, dass auf ihnen – trotz der Anwesenheit fast al-ler Politbüro-Mitglieder – nur Gorbatschow sprach. Alle anderen nahmen die Rolle von Statisten ein. Zum anderen verkamen diese Treffen ganz spürbar zu ei-nem stundenlangen Herumgerede. Gorbatschow kri-tisierte, belehrte und redete den Redakteuren zu, zum gesellschaftlichen Einvernehmen beizutragen. Seine Aufrufe fanden aber kein Gehör. Die Presse blieb bei ihrem zerstörerischen Tun und verstärkte die Schief-lage hin zu negativen Publikationen, in denen alles und jeder aus der Geschichte unseres Landes in Verruf kamen.

Mehrfach hatte ich Gorbatschow wegen des ge-ringen Nutzens dieser Treffen angesprochen. Er war aufgebracht und gab der Ideologieabteilung Anwei-sungen, besser mit den Massenmedien zu »arbeiten«.

Schließlich fielen auch diese Anweisungen unter den Tisch. Mir scheint, dass Gorbatschow zu Anfang die Folgen des destruktiven Wirkens einiger Blätter, des Fernsehens und des Rundfunks für die gesamte Gesellschaft unterschätzte. Doch schon zu jener Zeit hatte sich die ganz eindeutige Rolle der Medien bei der Destabilisierung der Lage in den baltischen Republiken deutlich offenbart. In Litauen, Lettland und Estland war die Volksfront-Presse zu einem Rammbock geworden, mit dem die Grundfesten des Sozialismus und des Unionsstaates zum Wanken gebracht wurden. Davor wurde gewarnt, darüber schrieb die »Prawda« noch zu jener Zeit, als sie von Viktor Afanasjew geleitet wurde, einem der wenigen Chefredakteure der zentralen Zeitungen, die außerhalb der Einflusssphäre Alexander Jakowlews standen. Und daher wurde alles unternommen, um Afanasjew von seinem Posten zu entfernen, was schließlich auch gelang.

Nicht grundlos kamen damals Warnungen von vielen Seiten, dass das Baltikum und insbesondere Litauen ein Testfeld sei, auf dem radikale Destruktionsmodelle erprobt würden. Leider hörten weder Gorbatschow noch das Politbüro insgesamt auf diese Warnungen.

Es war zu sehen, dass einige Radikale bestrebt waren, Demokratie und Offenheit auszunutzen, um Spannungen in der Gesellschaft zu schaffen, die Massen zu desorientieren und den Staat zu destabilisieren. Die von uns 1985 angedachte sozialistische Perestroika bedurfte aber des gesellschaftlichen Einvernehmens, der Geschlossenheit des Volkes. Um es nicht zu einem Zerfall der Partei und des Landes und zu einer Anarchie kommen zu lassen, war es notwendig zu lernen, wie man die Massenmedien nicht mittels Diktat, sondern über Zusammenarbeit und Diskussionen leitet und dabei auch einem sozialistischen Pluralismus der Zeitungen und Zeitschriften und der Fernsehprogramme Rechnung trägt.

Ich kann mich an kaum eine Politbüro-Sitzung erinnern, auf der nicht spontan Fragen zu den Massenmedien aufs Tapet gebracht wurden. Das taten praktisch alle Politbüro-Mitglieder, insbesondere Ryshkow, Krjutschkow, Lukjanow – ausgenommen Jakowlew und Medwedjew. Ins ZK kamen Berge von Briefen aus der Bevölkerung – die Leute teilten uns ihre Empörung über Veröffentlichungen mit, in denen unsere Partei, die Armee und die Veteranen beleidigt wurden. Solche Briefe durften wir einfach nicht ignorieren. Nicht selten empörte sich auch Gorbatschow selbst über bestimmte Artikel und Fernsehsendungen. Es war aber jedes Mal ein Sturm im Wasserglas, erschöpfte sich in Wortwechseln – keinerlei Beschlüsse wurden gefasst. Bisweilen beauftragte das Politbüro Medwedjew mit der »Klärung« der Frage, aber das weitere Schicksal dieser Aufträge blieb offen, keiner erinnerte an sie, und Medwedjew erstattete keinen Bericht über die Erledigung. Ich denke und – mehr noch – zweifele nicht daran, dass diese Politik den Köpfen der rechtsorientierten radikalen Presse gut bekannt war und ihnen nicht wenig Freude bereitete.

Auf allen ZK-Plenen und allen Beratungen der Arbeiter und Verantwortlichen aus der Industrie, der Bauern und der Lehrer wurden immer wieder die Massenmedien scharf kritisiert. Wenn ich heute die Stenogramme der Plenartagungen jener Jahre durchlese, bin ich jedes Mal von Neuem frappiert von der Haltung, die Gorbatschow einnahm. Er nahm diese Kritik entweder gar nicht wahr oder aber interpretierte sie als Versuch, mit dem sich jemand der Kontrolle der Gesellschaft und der Presse entziehen wollte. Der

Generalsekretär ließ es hier zu einem gravierenden Fehler kommen. Im Land lief klar erkennbar die Errichtung der Diktatur der radikalen rechtsorientierten Massenmedien. Mit Andersdenken hatte das nichts zu tun. An einem Tag – wie auf ein Kommando – fielen fünf oder sechs führende Moskauer Blätter im Verein mit dem Fernsehen und Radio »Majak« über ihre Gegner her. Starke Unterstützung erhielten sie zudem von ausländischen Rundfunkstationen. So wurde das Land Welle um Welle von koordinierten destabilisierenden Pressekampagnen überspült.

Die Kräfte, die sich Demokraten nannten, strebten ein Meinungsmonopol an, zeigten so augenfällige diktatorische Allüren, dass man schon blind und taub sein musste, um das nicht zu bemerken. Eine gefährliche Tendenz, eine Gefahr für die echte Demokratie. Gorbatschow ignorierte die Warnungen. Bis schließlich das geschah, was geschehen musste. Die radikale Presse startete den Angriff gegen Gorbatschow, und dies genau zu dem Zeitpunkt, da die Perestroika in die komplizierteste und kritischste Phase getreten war.

Zwei Jahre brauchte Gorbatschow, bis er 1990 endlich auf dem Oktober-Plenum die Frage »nach der Verantwortung der Massenmedien« stellte, erklärte, dass sie »versuchen, einseitige, subjektive Ansichten aufzuzwingen, die sie als die Meinung des Volkes hinstellen«. Zu Recht beschuldigte er die Massenmedien des »Missbrauchs der Glasnost für die Zwecke der Aufwiegelung«. Er brauchte sehr lange, um zu diesem Schluss zu kommen. Der Politik der Perestroika, dem Prozess der Demokratisierung, ja, der gesamten Gesellschaft war bereits schwerer Schaden zugefügt worden.

Die starke Kritik, die von den verschiedenen Schichten der Gesellschaft und ebenso innerhalb der Partei an den Medien geübt wurde, zwang Alexander Jakowlew zu einem Versuch der theoretischen Begründung des zerstörerischen Treibens dieser von ihm behüteten Blätter. So kam es zur rätselhaften These, dass die Presse und das Fernsehen lediglich ein Spiegel seien, der das Leben wiedergebe – wie das Leben, so seien die Medien. Einmal hatte Jakowlew das so auch auf einer Politbüro-Sitzung vorgebracht: »Die Hauptaufgabe der Massenmedien ist das widerzuspiegeln, was im Leben, in der Gesellschaft abläuft. Es gibt keinen Grund, sich darüber zu wundern, dass sie heute so sind …«

Auf seine Worte hin brach ein allgemeines empörtes Rumoren aus, und diese einhellige Ablehnung ließ ihn verstummen. Eine Frage ist aber geblieben: Wie konnte Jakowlew, der langjährige ZK-Verantwortliche für Ideologie, vom »Spiegel« als der vorrangigen Funktion der Medien sprechen? Ein Streit darüber war völlig unangebracht. Alle, Jakowlew eingeschlossen, wussten nur zu gut, dass Presse und Fernsehen der stärkste Hebel zur Bildung der öffentlichen Meinung sind.

Hier war ich zum ersten Mal über die Kaltblütigkeit entsetzt, mit der Jakowlew unerschütterlichen Tatsachen zum Trotz das Weiße schwarz, und das Schwarze weiß nennen konnte. Später wurde mir klar, dass dies eines der polemischen Mittel war, auf die dieser Politiker häufig zurückgriff. Hierbei erinnere ich mich auch an die Demonstration am 1. Mai 1990 auf dem Roten Platz. Nachdem der Marschblock der Gewerkschaften vor dem Lenin-Mausoleum vorbeigezogen war, begann auf dem Platz eine alternative Manifestation. Sie war auf Drängen und unter der Ägide des Mossowjets (des Moskauer Stadtsowjets), vom Klub der Moskauer Wähler, der Demokratischen Plattform und anderen sogenannten Linken organisiert worden und zeigte Transparente mit Losungen gegen das Politbüro und persönlich gegen Gorbatschow.

Michail Sergejewitsch trat zu mir heran und sagte: »Jegor, es ist wohl Zeit, Schluss zu machen. Gehen wir …«

Zusammen mit Gorbatschow verließen wir geschlossen die Tribüne des Mausoleums. Alles schien klar und sichtbar auf der Hand zu liegen. Die politische Kräftekonstellation – hier haben wir sie vor uns! Damals sagte ich zu Gorbatschow, das, was hier abläuft, zeigt, in welchem zerrütteten Zustand sich das Land befindet. Michail Sergejewitsch winkte aber nur ab und warf mir vor, dass ich immer wieder dasselbe erzähle … Und dann erklärte Jakowlew auf der vom Zentralen Fernsehen übertragenen Pressekonferenz ganz gelassen, dass die Demonstration gegen Gorbatschow auf dem Roten Platz von den konservativen Kräften organisiert worden war. Seine Erklärung wurde in der »Prawda« veröffentlicht und rief starkes Befremden hervor. Noch klarer wurde nun, welche Kräfte Jakowlew im Politbüro vertrat.

Die Mitglieder des Politbüros hatten auf den Sitzungen mehrmals ihre kollektive Empörung über die »Spiegel«-These geäußert. Und trotzdem ging alles weiter seinen Gang. Dank der gummiartigen Elastizität Gorbatschows bog sich alles wieder zurück zur Nichteinmischung der politischen Führungsspitze in das Wirken der Medien. Die Radikalen machten sich das zunutze und manipulierten hinter vorgehaltener »Spiegel«-Theorie mittels Presse und Fernsehen immer aktiver die öffentliche Meinung. Gegen ihnen missliebige Personen organisierten sie regelrechte Hetzjagden, im Wahlkampf verletzten sie massiv das Wahlgesetz und räumten ihren Kandidaten das Vorrecht auf Wahlagitation ein.

Ich wiederhole: Es ging in der Presse beileibe nicht um Andersdenken – in den Massenmedien herrschte eindeutig die Diktatur subversiver Kräfte. Das führte zu einer beschleunigten Untergrabung der Wirtschaft und verschärfte die nationalen Konflikte. Die Schläge der radikalen rechten Presse diskreditierten die Armee und schwächten ernsthaft die Rechtsschutzorgane, was zu einem starken Aufflammen der Kriminalität führte. Künftige Historiker werden, wenn sie die Presse der Perestroikazeit studieren, unschwer die direkte Beziehung zwischen den destruktiven Publikationen und den schweren Krankheiten unserer gesamten Gesellschaft erkennen.

Nachdem eine Reihe von Jahren vergangen ist, muss man heute eingestehen, dass wir damals keine richtige und umfassende Vorstellung davon hatten, wie sich die Massenmedien in einer Atmosphäre der breiten Offenheit und des Pluralismus verhalten würden, zu welcher mächtigen, bedrohlichen Waffe sie werden könnten. Alexander Jakowlew, der viele Jahre im Westen gearbeitet hatte, hatte davon zweifellos weit bessere Vorstellungen als die anderen Mitglieder des Politbüros. So hatte er von Anfang an einen Teil der Massenmedien unter seine persönliche Kontrolle gestellt. Und so wurden gerade die rechten radikalen Medien zunächst zu einer verborgen und später zu einer offen geführten Waffe Jakowlews – mit ihr lenkte er im Kampf um die Macht in der Parteizentrale die öffentliche Meinung gegen seine Opponenten.

Zu meinem ersten öffentlicher Zusammenstoß mit Jakowlew kam es im Herbst 1987. Während Gorbatschows Urlaub durchdachte ich wie immer eine Reihe von

Vorschlägen zur weiteren Entwicklung der politischen Prozesse im Lande. Gleich nach seiner Rückkehr nach Moskau fand eine Politbüro-Sitzung statt, auf der die Kernfrage zur Diskussion gestellt wurde: »Maßstab und Tempo der Umgestaltung«. Die Erörterung war interessant und vielschichtig, sie dauerte lange, und in ihrem Ergebnis wurde Jakowlew, mir und einigen anderen Genossen der Auftrag erteilt, einen Beschlussentwurf zu verfassen. Nachdem ich mit meiner Ausarbeitung fertig war, übergab ich sie zur Weiterleitung an alle Mitglieder des Politbüros. Einen oder zwei Tage später brachte man mir von Gorbatschow einen Entwurf, aus dem viele Punkte herausgefallen waren. Insbesondere waren die Verurteilung der Verunglimpfung unserer Geschichte und die kritischen Vorwürfe an die Massenmedien nicht mehr zu finden. Es zeigte sich, dass Jakowlew, ohne jemanden davon in Kenntnis zu setzen, den Beschlusstext geändert hatte. Das verwunderte mich sehr, denn hier wurde die allgemeingültige Ordnung des Durchlaufs der Beschlussdokumente durch das Politbüro verletzt. Die Hauptsache aber lag im Versuch, die kollektive Meinung der Politbüro-Mitglieder zu ignorieren. Auf der Sitzung war ja schließlich starke Kritik an den Medien geübt worden.

Ich brachte unverzüglich meine Anmerkungen zum Beschlussentwurf zu Papier und sandte sie an Gorbatschow, wobei ich noch eine gesonderte Notiz zufügte. Die Notiz habe ich in Rohschrift noch in meinem Archiv und möchte ihren vollständigen Text hier anführen:

»Michail Sergejewitsch!
   Betr. die Anmerkungen von Gen. A. N. Jakowlew zum Beschlussentwurf des ZK der KPdSU ›Zu den Schwerpunktfragen der Umgestaltung im Lande und

zu den Aufgaben der Parteiorganisationen zu deren Aktivierung‹.

Zu sehen ist, dass aus dem Beschlussentwurf komplett all das gestrichen wurde, was die in der Presse zu findenden Versuche von Sensationsmacherei und Verunglimpfung aller Errungenschaften unserer Gesellschaft verurteilt. Von derartigen Erscheinungen hatten die Mitglieder des Politbüros des ZK in der Diskussion zur gegenwärtigen Etappe der Perestroika gesprochen. Davon schreiben die Werktätigen in ihren Briefen und davon wird in Publikationen berichtet. Wie kann man diese Fakten nicht wahrnehmen?

Einiges kann tatsächlich weggelassen oder zugefügt werden (Text anbei). Soweit meine Anmerkungen zur Sache. Jetzt zur Form. Die Vorschläge von Gen. A. N. Jakowlew wurden mir erst bekannt, nachdem Sie mir den abstimmungsreifen Entwurf zugeschickt hatten, obwohl unter dem Dokument auch meine Unterschrift steht.

6. 10. 87«

Bald darauf erhielt ich von Michail Sergejewitsch folgende, ebenfalls von Hand verfasste Notiz:

»Jegor Kusmitsch!

Ich bitte Dich, dass ihr euch noch einmal zusammensetzt und es ruhig erörtert. Danach komm zu mir. Vielleicht sollte man noch einmal überlegen, was man schreiben und was man im Blick haben soll.«

Diese Formulierung »noch einmal überlegen, was man schreiben und was man im Blick haben soll« machte mich fassungslos. Wie kann das sein – in der Gesellschaft brodelt es, in immer breiterem Maße werden Forderungen der Bürger und der Öffentlichkeit laut, eine demokratische Ordnung in der Presse zu schaffen, wir aber sollen das nur »im Blick haben«.

Ich habe schließlich darauf verzichtet, dass wir uns »zusammensetzen«, da ich die Sinn- und Perspektivlosigkeit weiterer Erörterungen deutlich sah. Gorbatschow hatte meine Anmerkungen nicht berücksichtigt. In die Presse ging der Beschlusstext so, wie er von Jakowlew korrigiert worden war.

Noch im gleichen Herbst kam es zu einer Aussprache zwischen Jakowlew und mir. Jakowlew wurde in der Presse immer nachdrücklicher kritisiert wegen seines Artikels »Über den Antihistorismus«, der 1972 in der Zeitung »Literaturnaja Gaseta« veröffentlicht worden war. Dem Autor wurde vorgeworfen, dass er sich gegen eine Wiedergeburt des russischen nationalen Selbstbewusstseins gewandt hatte, die Herausgabe von Karamsins »Geschichte des russischen Staates«, auf der bereits damals einige Schriftsteller bestanden, als ideologisch schädlich bewertet, die Bauernschaft des Patriarchalismus beschuldigt hatte usw.

Aus einer in der Perestroika-Zeit erschienenen Publikation ging hervor, dass Jakowlews Artikel die Entrüstung Scholochows hervorgerufen und sich dieser bei Suslow beschwert habe. Jakowlew wurde schließlich von der Leitung der Propaganda-Abteilung des ZK entbunden und zur »Bestrafung« als Botschafter nach Kanada entsandt. Vor dem Hintergrund der in der Presse erschienenen Kritik an jenem Artikel fand auch unser Gespräch statt. Um diese Aussprache mit Jakowlew unter vier Augen hatte mich allerdings auch Gorbatschow gebeten, der verstanden hatte, dass zwischen uns ein prinzipieller Konflikt heranreifte. Ich denke übrigens nicht, dass Michail Sergejewitsch irgendeine kompromisshafte Aussöhnung im Auge hatte. Wie auch immer, unser Gespräch begann damit, dass Jakowlew mir eine Rechnung aufmachte: Warum war ich nicht zu seiner Verteidigung eingetreten, als es die kritischen Veröffentlichungen zu seinem vor langer Zeit erschienenen Artikel gab? Diesen Artikel hatte ich allerdings nicht gelesen, was ich ihm ehrlich eingestand.

»Ich schicke ihn dir«, sagte Jakowlew. »Lies ihn und sage mir deine Meinung. Ich denke, du solltest mich unterstützen. Ich werde schuldlos angegriffen.«

Dann wechselten wir zu aktuellen Themen über, und es zeigte sich gleich, dass wir auf unterschiedlichen Positionen standen – in unseren Ansichten zur Geschichte, zur Partei, zu den Prozessen der Demokratisierung.

Einundeinhalb Stunden sprachen wir uns in meinem Arbeitszimmer unter vier Augen aus, aber die Ansichten blieben unversöhnlich, jeder blieb bei seiner Meinung. Es gab zwar noch eine schwache Hoffnung, dass ich nach der Lektüre des Artikels »Über den Antihistorismus« die Position Jakowlews einnehmen könnte – er wusste es ungewöhnlich hoch zu schätzen, wenn er persönliche Unterstützung erfuhr –, aber nach der Lektüre rief ich ihn an und musste ihm sagen: »Ich denke, es ist nicht nötig, dass ich mich in diese Diskussion hineinziehen lasse. In Ihrem Artikel gibt es nicht wenige Ungenauigkeiten, eine fragliche Sicht auf die Vergangenheit … Ich bin mit vielem nicht einverstanden.« In dem Artikel ging es nicht nur um die Bewertung des einen oder anderen Fakts – er hatte weltanschaulichen Charakter, hier konnte ich kein Zugeständnis eingehen. Und schon gar nicht konnte ich mich Jakowlew auf der prinzipienlosen Grundlage »Gibst du mir, gebe ich dir« annähern.

Ich informierte Gorbatschow über das Treffen mit

Jakowlew. »Michail Sergejewitsch, alles in allem«, resümierte ich, »zu einer Geistesverwandtschaft zwischen Jakowlew und mir kommt es nicht, man muss den Tatsachen ins Auge sehen.«

So waren nun die Verhältnisse bis aufs i-Tüpfelchen geklärt.

Von diesem Zeitpunkt an hatte ich schon keine Zweifel mehr, dass ein langwieriger Kampf bevorstand. Ich hatte verstanden, wen ich störte und warum. Ich nahm Erschwernisse bewusst in Kauf, denn ich sah die dunklen Wolken voraus, die über dem Land aufzogen.

Der antisowjetische Radikalismus, den auf der höchsten Führungsebene des Landes am umfassendsten Jakowlew verkörperte, drohte die Perestroika aus dem Takt zu bringen, indem er ohne Rücksicht auf die Realitäten das Tempo der Umgestaltung immer mehr beschleunigte. Ich sah mich in der Pflicht, alles mir Mögliche zu unternehmen, um diese verhängnisvollen Tendenzen aufzuhalten. Wie schon 1983, so trieben mich auch 1987 keine Karrierepläne um. Die bevorstehenden Auseinandersetzungen sah ich nicht als Kampf um die persönliche Macht an, mir ging es um ideelle Ziele. Und obwohl es ein Herbst des Umbruchs war, wäre mir noch nicht einmal in einem schlimmen Alptraum eine Ahnung gekommen, dass mir bevorstand, nicht nur die 1985 angenommene Konzeption der Perestroika verteidigen zu müssen, sondern auch, für das Grundsätzlichste einstehen zu müssen – den Sozialismus, die Sowjetmacht und die kommunistische Partei. Denn eben in diese Hauptrichtungen gingen bald darauf die rechten Radikalen und vorgeblichen Demokraten zur Attacke über.

Natürlich konnte ich nicht vorhersehen, wie scharf und dramatisch sich die Ereignisse selbst in der Parteizentrale am Alten Platz entwickeln würden. Faktisch kam es so, dass die Bestrebungen, den Einfluss Ligatschows einzudämmen, in negative Folgen für die gesamte KPdSU umschlugen. Eines der ZK-Mitglieder merkte zu Recht an, dass die Partei wie von einer Starre befallen war.

Hier geht es natürlich nicht um meine Person, sondern um die Entwicklung der Lage.

Aber ich möchte der Reihe nach erzählen. Genau ein Jahr nach den geschilderten Ereignissen, es war im September 1988, erarbeitete Gorbatschow während seines Urlaubs einen Plan zur Reorganisation der Arbeit des ZK. Er schlug vor, Kommissionen für Ideologie, organisatorische, ökonomische, landwirtschaftliche, internationale und andere Fragen zu schaffen, jede unter dem Vorsitz eines Politbüro-Mitglieds. Das Motiv, das für diese Reorganisation vorgebracht wurde, war natürlich die Verbesserung der Tätigkeit des ZK der KPdSU. Tatsächlich aber wurde auch ein anderes Ziel verfolgt.

Es bestand damals die ziemlich verworrene Situation, dass es für die Ideologie im Politbüro zwei Verantwortliche gab – Ligatschow und Jakowlew. Angesichts dessen, dass wir auf verschiedenen Positionen standen, blieben Konfrontationen nicht aus. Objektiv betrachtet, bedurfte diese Situation der Entschärfung. Der dafür gewählte Weg erschien aber zumindest als seltsam – mit der Schaffung der Kommissionen wurde automatisch das Sekretariat beerdigt. Zudem war das auch eine grobe Verletzung des Statuts der KPdSU, denn in diesem war das Sekretariat als ständig arbeitendes Organ des ZK festgeschrieben. Der Trick dabei war, dass von der Einstellung der Sitzungen des Sekretariats gar nicht die Rede war. Nach der Bildung der Kommissionen hörten die Sitzungen des Sekretariats von selbst auf. Die Partei war ihres operativen Führungsstabs beraubt. Das hatte bittere Folgen auch für die Parteikomitees der Gebiete und Regionen. Die Kontrolle war geschwächt, die Disziplin bei der Umsetzung der Beschlüsse ging drastisch zurück. Die nun gebildeten Fachkommissionen hatten die Parteiarbeiter dazu gezwungen, auseinanderzulaufen und sich in den einzelnen Fachbereichen voneinander abzuschotten. Die Parteizentrale war quasi verschwunden.

Das Sekretariat kam etwa ein Jahr nicht zusammen. Offiziell wurde das nicht publik gemacht, doch vor Ort im Lande und auch im Ausland war das allseits bekannt, ungezählte Fragen erreichten uns. Ich erklärte die Vorgänge damit, dass zu den Hauptproblemen der Politik der Partei die ZK-Kommissionen gebildet wurden. Ich denke, es war ein Fehler, dass ich im Politbüro und auf dem ZK-Plenum zur Einstellung der Tätigkeit des Sekretariats nicht nachgehakt habe. Falsch verstandene Bescheidenheit ließ mich da Zugeständnisse machen, wo sie ausgeschlossen sein sollten. Und selbst als die Politbüro-Kandidatin Alexandra Pawlowna Birjukowa* bei Gorbatschow nachfragte, warum das Sekretariat nicht arbeite, habe ich geschwiegen. Er hatte Birjukowas Frage an mich weitergereicht: »Fragen Sie Ligatschow, ob er das Sekretariat braucht«, war seine Replik. Und ich habe darauf nicht geantwortet. Ja, so habe ich damals leider reagiert.

---

* Alexandra Birjukowa war 1986–1988 ZK-Mitglied und stellvertretende Premierministerin der UdSSR.

In der neuen, unglaublich verwickelten politischen Lage warteten die Parteimitglieder im Lande ganz zu Recht auf Orientierungshilfe aus Moskau. Auf den Plenartagungen des ZK wurden wiederholt Bitten und auch Forderungen vorgetragen, eine klare Position der Partei zu den laufenden Geschehnissen zu bestimmen – berechtigte und legitime Forderungen, zumal in Wahlkampfzeiten. Diese Aufgabe stellt sich den zentralen Gremien aller Parteien weltweit. Gorbatschow aber beantwortete die zahllosen Forderungen der lokalen Parteiorganisationen, indem er ohne Ende wiederholte: »Entscheidet selbst, wie ihr handelt. Wartet nicht auf Vorgaben aus der Zentrale. Entscheidet selbst!«

Das war eine fehlerhafte Weisung, mit der er die Partei im Angesicht der neuen Gefahr – des Antikommunismus – entwaffnete. Zudem war diese Anordnung gelinde gesagt höchst hinterlistig. Es gingen ja Anweisungen nach draußen – aber was für welche? Es war immer wieder die mündliche Anweisung für die Wahlkampagne: »Keine Einmischung! Keine Einmischung!«

So wurden auch noch den Parteikomitees, die sich an den Aufruf »Entscheidet selbst!« halten wollten, die Hände gebunden.

Die Torpedierung des Sekretariats war die eindeutige Weichenstellung dafür, dass sich mein Weg von dem Gorbatschows ganz entschieden trennte. Das Prinzip der kollektiven Führung, einschließlich der kollektiven Erörterung der Personalfragen, war hochgradig ausgehöhlt worden. Aus dem Haus des ZK wurden noch immer Beschlüsse des Sekretariats versandt. Diese kamen aber rein formal zustande – die entsprechenden Papiere wanderten von Büro zu Büro und wurden sukzessive abgezeichnet.

Aus der Parteigeschichte ist bekannt, dass jedes Mal, wenn Verletzungen des Prinzips der kollektiven

Führung einsetzten, verheerende Folgen für das Land insgesamt eintraten. Zu solchen Verletzungen kam es zu verschiedenen Zeiten und aus verschiedenen Gründen. Was Jakowlew angeht, so störte ihn das Sekretariat ganz offensichtlich – und dies im Laufe der Zeit immer mehr. Meistens schwieg er sich auf den Sitzungen aus, ab Frühjahr 1988 nahm er überhaupt nur noch unregelmäßig teil. Mitunter informierte er mich nicht einmal, dass er abwesend sein würde. Einmal sprach ich ihn darauf an, worauf er antwortete: »Ich habe einen Auftrag von Michail Sergejewitsch, ich arbeite außerhalb …« Als ich Gorbatschow davon erzählte und der einer direkten Antwort auswich, wurde mir klar: Das Sekretariat stört.

Als man schließlich merkte, dass ohne Sekretariat der Arbeit des Apparats eine regelrechte Lähmung drohte, nahm man nach etwa einem Jahr die Sitzungen wieder auf. Sie fanden aber nur unregelmäßig statt, große Fragen wurden auf ihnen nicht behandelt. Geleitet wurden sie von Medwedjew. Regelmäßige Sitzungen des Sekretariats fanden erst wieder nach dem XXVIII. Parteitag statt, wobei auch die ZK-Kommissionen ihre Arbeit fortführten. Das Leben zeigte nun, dass beides einander nicht störte und sich nicht widersprach. Es bestätigte sich lediglich: Die Absetzung der Sekretariatssitzung war eine gezielte Aktion gewesen.

Nach der Bildung der Kommissionen wurde ich mit der Leitung der Agrarpolitik beauftragt, Jakowlew mit den internationalen Fragen. Mit der Ideologie befasste sich nun Medwedjew.

Die Einsetzung von Medwedjew als Chefideologe der Partei bedeutete, dass der wahre Lenker der ideologischen Politik im ZK Jakowlew geworden war. Von nun an war Jakowlews Rolle endgültig bestimmt – er war zur »grauen Eminenz« geworden.

Jakowlew war es, der – nachdem er es vermocht hatte, Gorbatschow mit seinen Leuten zu umgeben – in den vorangegangen Jahren aus verborgener Position hinter den Kulissen viele unerwartete Wendungen und Zickzackbewegungen der Politik vorgegeben hatte. Und er war es, der in der Rolle des Anführers der rechten radikalen Presse versuchte, das öffentliche Bewusstsein zu manipulieren.

Natürlich tut sich die Frage auf: Wieso konnte Jakowlew, nachdem er das kollektiv arbeitende Sekretariat als ernsthaftes Hindernis aus dem Weg geräumt hatte, es nicht schaffen, Ligatschow loszuwerden? Die Antwort auf diese Frage ist recht einfach: Sowohl Jakowlew als auch auch Gorbatschow sahen sehr wohl, dass sie auf dem Plenum nicht die Forderung stellen konnten, mich aus dem Politbüro zu entfernen. Das Plenum hätte sie nicht unterstützt. Mehr noch: Schon der Versuch hätte für die Initiatoren unvorhersehbare Folgen haben können. Gorbatschow wusste, welchen Einfluss ich beim Aktiv der Partei genoss.

Die Tatsache der unaufhörlichen Attacken gegen mich zwingt mich, über deren tieferliegende Gründe nachzudenken. Ich kann nur immer wieder betonen, dass es Motive persönlicher Art, wie etwa Feindseligkeiten oder offene alte Rechnungen, in dieser Geschichte nicht gab. Zu Jakowlew hatte ich zuvor ein ausgeglichenes Verhältnis, das Verhältnis zu Gorbatschow war, ich schrieb davon, ganz und gar freundschaftlich. Wir sind gemeinsam auf den April 1985 zugegangen und leiteten gemeinsam die Perestroika ein. Was den Kampf um die Macht betrifft, den Jakowlew führte, so wurde diese Frage im Grunde im Herbst 1988 entschieden, als mir de facto die Funktion des Zweiten Sekretärs entzogen wurde und ich dann ausschließlich mit Agrarfragen befasst war. War es denn aber auch noch danach nötig, solch vehemente Kampagnen gegen mich loszutreten?

Aus der Perspektive der Perestroika-Gegner – mit gutem Grund! Denn die ideologische Auseinandersetzung ging weiter, mehr noch, sie verschärfte sich. Mit meiner unnachgiebigen Haltung stellte ich mich der Zerstörung der Wirtschaft und des Staates entgegen. Ich stand weiter für den sozialistischen Weg und für die Klasseninteressen der Werktätigen ein und kämpfte gegen die ideologische Entwaffnung der Partei.

So kam es mir auch nicht in den Sinn, von selbst meinen Rücktritt einzureichen, worauf bestimmte Kräfte wohl sehr hofften. In hunderten Briefen, die mich aus dem ganzen Land erreichten, richtete man dagegen die Aufforderung an mich, nicht zurückzutreten. Diesen Auftrag gaben mir nicht nur einfache Parteimitglieder, sondern auch viele Parteilose.

Und zum Frühjahr 1990 hin, da über dem Land die reale Gefahr einer allumfassenden Krise heraufzog und sich viele Warnungen leider bewahrheiteten, begann ich deutlich zu spüren, dass sich nun die Atmosphäre um mich herum zu wandeln begann. Zum einen war das Vertrauen des Volkes gegenüber der rechten radikalen Presse, die mich aller Todsünden beschuldigte, stark gesunken. Zudem war allen klar geworden, dass die Anschuldigungen Gdljans und Iwanows* eine bewusst forcierte Provokation waren.

Ich unternahm eine ganze Reihe von Schritten, insbesondere verlangte ich die sofortige Einberufung

---

* Zu Gdljan und Iwanow wird im Weiteren im Kapitel »Die Machenschaften Gdljans und Iwanows« (ab Seite 180) ausführlich berichtet.

eines Plenums des ZK. Entsprechende Beschlüsse hatten die Parteikomitees der Stadt Moskau, des Gebiets Leningrad, einiger Gebiete der RSFSR, der Ukraine, Belorusslands und anderer Republiken angenommen. Aber weiter, als dass sich die Mitglieder und Sekretäre mit ihnen bekannt machten, kam die Sache nicht. Alle Versuche zur Behandlung dieser Frage im Politbüro blieben ergebnislos. Daraufhin richtete ich einen Brief an das ZK – ein Recht der Parteimitglieder laut Statut, das seit den dreißiger Jahren niemand genutzt hatte, weil es ein zu heißes Eisen war. Ich sah für mich aber keinen anderen Weg.

Hier nun der ungekürzte Brief:

»An den Generalsekretär des ZK der KPdSU
Gen. M. S. Gorbatschow

Nach quälenden Überlegungen habe ich mich entschlossen, mich an Sie, Michail Sergejewitsch, zu Fragen der Lage in der KPdSU zu wenden.

In den ersten drei Jahren der Perestroika wendete sich die Lage in der Gesellschaft zum Besseren, und das Ansehen der Partei stieg. Dann setzte eine Rückwärtsbewegung ein. Jetzt steht das Land, wie viele mit Besorgnis äußern, vor einer extremen Grenzsituation. Es besteht eine reale Bedrohung für den Zusammenhalt der sowjetischen Föderation und die Einheit der UdSSR. Die Gesellschaft, der historischer Optimismus, Frieden und Ruhe eigen sind, wird von Unsicherheit, Not und Zwietracht zwischen den Nationalitäten erfasst. Im Land gibt es tausende Flüchtlinge. Große Fehler wurden bei der Durchführung der Wirtschaftsreform begangen, Disziplin und Verantwortungsgefühl sind gesunken, das Leben vieler Menschen verschlechtert sich. In der Gesellschaft sind Kräfte am Werk, die dem Sozialismus entgegenwirken.

Dem Zentralkomitee gehen Beschlüsse, Entschließungen, Briefe und Telegramme von Parteiorganisationen, Arbeitskollektiven, Gruppen und einzelnen Bürgern zu, in denen die Sowjetmenschen die Politik der Perestroika unterstützen und tiefe Beunruhigung und starken Schmerz um unsere Heimat und die Kommunistische Partei ausdrücken. Den selben Eindruck habe ich auch in meinen Treffen mit Arbeitskollektiven gewonnen. Die Menschen stellen jedem von uns beständig Fragen zu diesen Themen. Aber was antworten wir ihnen?

Ich war immer und bin auch jetzt der Ansicht, dass die Hauptkraft, die es vermag, das Land aus der ernsten Situation herauszuführen und Reformen in der Gesellschaft durchzuführen, die KPdSU und die Sowjets sind. Zumindest dann, wenn die Partei geschlossen und organisiert auftritt und ihre Politik den Interessen der Arbeiterklasse und der werktätigen Massen entspricht. Nur in diesem Fall kann sie die politische Führerschaft bewahren.

Meiner Meinung nach kommt die höchste Gefahr daher, dass wir eine Schwächung und eine Aufweichung der Partei zugelassen haben. Darin eben besteht – so sehe ich es – der Fehler der politischen Führung, des Politbüros des ZK. Natürlich wirkt sich auf die Autorität der Partei auch die Last der Vergangenheit aus: die schwerwiegenden Folgen des Stalinismus, die Stagnationserscheinungen und der moralische Verfall mancher leitenden Funktionäre.

Heute sind in der Partei Fraktionen, Gruppierungen und oppositionelle Strömungen am Werk. Gestützt auf die Demokratische Plattform versuchen Revisionisten (die sich Radikale nennen), die KPdSU von innen heraus in eine parlamentarische Partei umzuwandeln und sie von der organisatorischen Arbeit unter den

Massen und in den Arbeitskollektiven abzubringen. Ganze Gruppen von Parteimitgliedern sind an nationalistischen separatistischen Organisationen nicht nur beteiligt, sondern führen diese.

Ströme von Lügen werden verbreitet, um die Partei zu diskreditieren. Wie viele integere Parteimitglieder, Leiter, führende Vertreter von Wissenschaft, Kultur und Literatur wurden in der letzten Zeit verleumdet. Ständigen Angriffen und Verleumdungen werden die Sowjetarmee und die Organe der Staatssicherheit ausgesetzt.

Unter der Flagge der Demokratie und der Offenheit wird die Unterhöhlung der ideellen und moralischen Grundfesten der Gesellschaft betrieben. Das zerstörerische Tun der oppositionellen Kräfte verbindet sich mit dem der feindseligen Kräfte von außen. Nach der Destabilisierung Osteuropas haben sie sich das Ziel gestellt, den Sozialismus in der UdSSR zu zerrütten, die gesellschaftlichen Umgestaltungen, die auf dem Weg des wissenschaftlichen Sozialismus realisiert werden, zunichte zu machen und unser Land auf den Weg der kapitalistischen Entwicklung zu bringen.

Neben der großen konstruktiven Arbeit der Massenmedien gibt es einige Publikationen sowie Fernseh- und Rundfunkstudios, die unsere ganze Geschichte und Gegenwart ganz offen mit Füßen treten, die Situation in der Gesellschaft verschärfen, die positiven Prozesse der Perestroika totschweigen und der alltäglichen Arbeit der Millionen Sowjetbürger keine Aufmerksamkeit widmen. Das ist kein Meinungspluralismus, hier herrscht schlimmstes Diktat.

Über all dies wird viel gesprochen, so auch auf den Plenen des ZK und den Sitzungen des Politbüros, im Obersten Sowjet der UdSSR. Die Lage bessert sich aber nicht. Weiter als bis zu einem Meinungsaustausch kommt es nicht.

Aufgrund des Beschlusses des Obersten Sowjets Litauens über den Austritt aus der UdSSR hat sich die Lage in der sowjetischen Föderation einschneidend verschärft, hat sich die Tendenz zum Separatismus in anderen Unionsrepubliken verstärkt. Die gesamtstaatlichen und internationalen Interessen werden in den Hintergrund gedrängt.

Alle vorgenannten Fragen wurden von vielen Mitgliedern des ZK wiederholt auf den ZK-Plenen gestellt. Man kann nicht sagen, dass ich von den Problemen der Einheit der Partei zum ersten Mal, plötzlich und unerwartet schreibe. Ich habe darüber offen und ehrlich auf den ZK-Plenen, den Beratungen der Ersten Sekretäre der ZKs der kommunistischen Parteien der Republiken sowie der Parteikomitees der Regionen und Gebiete und auf den Sitzungen des Politbüros gesprochen. Das Zentralkomitee erreichen Briefe und Beschlüsse, in denen Parteimitglieder und Parteikomitees das Politbüro des ZK wegen dessen Inkonsequenz kritisieren, womit sie die Meinung der Masse der Parteimitglieder und der Werktätigen zum Ausdruck bringen. Sie fordern auch die Verstärkung des Kampfes gegen die destruktiven Kräfte.

Neben der Demokratisierung und der Stärkung der Verbindungen zu den Massen stellt sich der Partei in vollem Ausmaß die Aufgabe, ihre Reihen von denen abzugrenzen und zu reinigen, die die Positionen des Revisionismus, des Sozialdemokratismus und des Nationalismus einnehmen. Anderenfalls droht eine Spaltung der Partei und würde die KPdSU das Schicksal der Kommunistischen Partei Litauens erwarten.

Warum zögern wir mit der Abgrenzung? Es versteht sich, dass diese Arbeit streng im Rahmen des Statuts der KPdSU und der Verfassung der UdSSR verlaufen muss.

Ich bin der Ansicht, dass jetzt der Zeitpunkt dafür ist, die politische Situation in der Partei auf einem ZK-Plenum zu behandeln. Wenn wir einen Blick auf die Geschichte werfen, so wurde bei Lenin auf dem Plenum die aktuelle Situation kollektiv ausgewertet. Es ist erforderlich, ein außerordentliches Plenum des ZK der KPdSU einzuberufen. Auf dem Plenum könnten die Aufgaben der Partei zur Festigung ihrer Einheit und des Zusammenhalts des Sowjetstaates erörtert werden. Im Politbüro war vereinbart worden, zu dieser Frage einen Brief an die Parteiorganisationen zu richten. Ich bin davon überzeugt, dass das nicht ausreichend ist.

Neben anderen Fragen müssen wir meiner Ansicht nach als eine Frage von besonderer politischer Wichtigkeit die Vertretung der Arbeiterklasse und der Bauern in den Staatsorganen und den Parteikomitees beachten. Bekanntermaßen ist es dazu gekommen, dass in Moskau und Leningrad jeweils nur ein Arbeiter als Volksdeputierter der RSFSR gewählt wurde. Alles in allem ist es dringlich, ein offenes und direktes Gespräch zu führen und Entscheidungen zu treffen zur Verstärkung des Einflusses der Partei auf ihre in den Massenmedien tätigen Mitglieder.

Die Partei erwartet vom Zentralkomitee eine Analyse der Ereignisse in Osteuropa. Die sozialistische Gemeinschaft zerfällt, die NATO erstarkt. In den Vordergrund getreten ist die deutsche Frage. Ich denke, dass das in historischer Perspektive ein vorübergehendes Zurückweichen des Sozialismus ist, und bin überzeugt, dass die kommunistische Idee den Sieg davontragen wird.

Michail Sergejewitsch, Sie kennen mich und meinen Charakter und werden sicher verstehen, dass ich nicht anders konnte, als Ihnen diesen Brief zu schreiben. Die

Lage erfordert unverzügliche Aktionen. Die Partei und das Vaterland sind in Gefahr, ich will sagen: in extremer Gefahr. Der mögliche Zerfall unserer Föderation würde eine Erschütterung im Weltmaßstab auslösen, wäre ein Schlag gegen den Sozialismus, gegen die internationale kommunistische und Arbeiterbewegung mit nicht wiedergutzumachenden Folgen.

Ich bin überzeugt, dass die Behandlung dieser Fragen auf dem ZK-Plenum einen großen Nutzen erbringen würde.

Ich möchte bitten, dass sich mit diesem Brief die Genossen, die dem Politbüro des ZK und dem Zentralkomitee der Partei angehören, bekannt machen.

Hochachtungsvoll
J. Ligatschow
27. 3. 90«

Die weiteren Ereignisse haben bekanntlich die in diesem Brief vorweggenommene Analyse der Situation voll und ganz bestätigt. Wenn Gorbatschow den Forderungen aus dem Lande entsprochen hätte, dann hätte es gelingen können, die Ereignisse unter Kontrolle zu bekommen und die tiefe Krise abzuwenden. Trotz lauttönender Erklärungen zu einer Vervollkommnung der innerparteilichen Demokratie wurden die Mitglieder des ZK nicht mit meinem Brief bekannt gemacht. Er wurde ganz einfach in der Ablage begraben.

Das war die Gorbatschowsche Vorgehensart. Bei Stalin hätte ein solcher Brief den Kopf gekostet. Bei Chruschtschow wäre man von seiner Funktion geschasst worden. Breschnew hätte den Briefschreiber als Botschafter nach Afrika geschickt. Bei Gorbatschow wurde ganz einfach ignoriert, verschwiegen …

Trotz allem waren im Vorfeld des XXVIII. Parteitages die Verleumdungen gegen mich zerstoben, meine Position in der Partei war merklich stabiler geworden, was Gorbatschow und Jakowlew freilich sahen.

Am Vorabend des XXVIII. Parteitags wurde eine Idee präsentiert – beispiellos aus meiner Sicht: Die Parteiführung sollte komplett ausgewechselt werden. Diese Idee als solche war die Negierung des fundamentalen Faktors der Kontinuität. Das hatte es in der Geschichte unserer Partei nicht gegeben und war auch im Ausland nicht vorgekommen, sei es in kommunistischen, sozialistischen oder bürgerlichen Parteien. Die volle Auswechselung aller Mitglieder war eine antidemokratische Zwangsmaßnahme. Ausgegangen war das von Gorbatschow persönlich.

Ich gehe jetzt nicht auf die jähen Wendungen auf dem XXVIII. Parteitag der KPdSU ein, eine bemerkenswerte Episode will ich aber nicht aussparen. Zu ihr kam es einen Tag vor Abschluss des Parteitags, als ich schon zum Stellvertreter des Generalsekretärs gewählt worden war, was in der Realität Amtsverlust bedeutete. In einer der Pausen stand ich im Foyer des Kreml-Kongresspalastes und diskutierte mit den Schriftstellern Wladimir Karpow und Anatoli Saluzki. Überraschend trat der bekannte amerikanische Sowjetologe Professor Stephen Cohen in Begleitung eines TV-Kameramanns an mich heran. Ich hatte sein Buch über Bucharin gelesen, und wir hatten uns schon mehrfach getroffen. Während dieser Begegnungen konstatierte ich, dass ich die Ansichten Cohens zu den in der UdSSR ablaufenden Prozessen nicht in allem teilte, und er gehörte dementsprechend nicht zu denen, die meine Position befürworten.

Als Cohen, der das Russische recht gut beherrscht, nun vor mir stand, rief er aus: »Jegor Kusmitsch, gestatten Sie mir, Ihnen die Hand zu drücken! Sie sind ein mutiger, sehr mutiger Mann! Sie hatten einen wunderbaren Abgang!«

Ich hatte allerdings keinen einzigen Gedanken für einen »wunderbaren Abgang« übrig. Ich hatte mir ein anderes Ziel gestellt. Zur Wahl zum stellvertretenden Generalsekretär war ich angetreten, um den Delegierten des Parteitags und den Parteimitgliedern im Land meine Position und meine Sicht auf die Lage der Partei möglichst umfassend darlegen zu können. Diese meine letzte Chance habe ich wirklich genutzt.

Natürlich habe nicht nur ich Alarm geschlagen, aber Jakowlew war ohne Unterlass am Besänftigen und sprach: »Wir sind heute irgendwie sehr aufgeregt. Lohnt sich denn das? … Es läuft der normale Umgestaltungsprozess. Das sind die unausweichlichen Schwierigkeiten der Übergangsetappe, und diese Aufregung ist nicht nötig.«

Im Politbüro hatte ich heftig widersprochen: »Sie müssen uns nicht so beruhigen und einlullen. Wir an diesem Tisch leiden nicht an Nervenschwäche. Im Land reift eine Krisensituation heran.«

Aber Jakowlew verharmloste die Widersprüche immer weiter. So lief es in allen akuten Situationen, ob es nun um die antisowjetischen Massenmedien oder aber um Litauen ging. Das war seine Position: Nur keine Aufregung! Sie erinnerte sehr an das alte französische Liedchen »Tout va très bien!« – ansonsten geht alles gut …* An vielen Stellen züngelten die Flammen, doch

---

* In dem Lied »Tout va très bien, Madame la Marquise« wird der Marquise am Telefon nach und nach berichtet, dass die Stute ums Leben gekommen, der Pferdestall abgebrannt, das Schloss abgefackelt ist, der Marquis von seinem Bankrott erfahren und Selbstmord begangen hat – aber, abgesehen von diesen bedauerlichen Kleinigkeiten, geht alles gut.

Alexander Nikolajewitsch blieb unbeeindruckt und kam uns immer wieder mit seinem »Nur keine Aufregung!« Wie soll man das nennen? Realitätsverlust? Mangel an politischer Klarsicht? Oder steckten weitergehende Absichten dahinter? Wohl am ehesten das Letzte. Über seine Beschwichtigungen im Angesicht des allgegenwärtigen starken politischen Radikalismus und heraufziehender extrem kritischer Situationen war ich einfach schockiert.

In vielen prinzipiell wichtigen, zugespitzten Situationen, zu denen Gorbatschow Position zu beziehen schien, gewann letzten Endes Jakowlews Standpunkt Oberhand. Die »graue Eminenz« verstand es, sich durchzusetzen. Einer der offensichtlichsten und aufschlussreichsten Fälle ereignete sich im Vorfeld des XXVIII. Parteitages der KPdSU.

Die Anwesenheit ausländischer Delegationen war eine alte Tradition unserer Parteitage, und in der Umbruchsphase der Perestroika schien mir ihre Teilnahme wichtiger denn je. Über der KPdSU schwebte die Gefahr der Spaltung, und es war notwendig, nach Wegen zur Konsolidierung zu suchen. Außerdem stand uns nun bevor, mit einem Mehrparteiensystem zu leben, und da sollten uns doch die Erfahrung und der Rat derjenigen, die seit langem schon unter solchen Bedingungen agierten, sehr von Nutzen sein.

Doch unerwartet verschickte die Internationale Abteilung des ZK, der Jakowlew vorstand, an die Mitglieder des Politbüros ein Dokument, in dem es ohne irgendwelche Begründungen hieß, dass keine ausländischen Delegationen einzuladen seien. Gleich nachdem ich das gelesen hatte, schrieb ich eine kurze Notiz an Gorbatschow, in der ich meine Position darlegte: Das ist eine sehr wichtige Frage, ich spreche mich ganz entschieden für die Einladung aus, das ist nützlich für uns und für die ausländischen Genossen.

Einige Tage darauf reiste Gorbatschow zu einem offiziellen Besuch in die Vereinigten Staaten ab. Wie üblich hatten sich alle Mitglieder der politischen Führung auf dem Flughafen Wnukowo-2 versammelt. Beim Abschied kam Gorbatschow auf meine Frage zurück: »Also, werden wir ausländische Delegationen einladen oder nicht? Jegor Kusmitsch besteht darauf. Ich denke, er hat recht. Ich unterstütze ihn.«

Alle stimmten dieser Meinung zu. Es kamen auch keine Einwände seitens Jakowlews.

Wieder einige Tage später, als wir im Sitzungssaal des Sekretariats im Haus am Alten Platz zusammenkamen, wandte ich mich an Medwedjew: »Wie steht es um die Einladung der ausländischen Delegationen zum Parteitag?«

Anstelle Medwedjews antwortete Jakowlew: »Das ist teuer, kostet Millionen …«

Sljunkow erwiderte sofort aufgebracht: »Was sagen Sie denn da, Alexander Nikolajewitsch – wie kann man an diese derart wichtige Frage eine solche Messlatte anlegen?«

Sljunkow hatte doppelt recht schon deswegen, weil wir in den letzten Jahren große Mittel ausgegeben hatten, um die zahlreichen ausländischen Gäste des »Hauses Jakowlew« zu empfangen, und noch einmal so viel für die Auslandsreisen unserer Vertreter, durchaus auch solcher mit radikaler Ausrichtung. Kaum kam aber die Sprache auf Delegationen kommunistischer Parteien, führte Jakowlew Geldmangel an. Man hätte gewiss auch einen Kompromiss finden können und im Unterschied zu den früheren Parteitagen die ausländischen Delegationen bescheidener, mit minimalen Aufwendungen empfangen können.

So unterstützte ich Sljunkow energisch: »Das ist eine politische Frage. Wir haben immer Genossen aus dem Ausland eingeladen. Man wird uns nicht verstehen, wenn wir jetzt in der Epoche der Glasnost anders vorgehen.«

Worte waren also genügend gewechselt worden, aber meine bittere Erfahrung aus den letzten beiden Jahren sagte mir, dass Jakowlew schweigend auf seinem Standpunkt beharren und untätig bleiben würde. Genauer gesagt: handeln würde, aber im Verborgenen, vom grünen Tisch aus – das war seine Lieblingsmethode, seine Standardtaktik. Die Tage gingen ins Land … und die Frage der Einladungen wurde schließlich beerdigt. Das erste Mal seit Jahrzehnten fand ein Parteitag ohne Delegationen befreundeter Parteien statt.

Warum widersetzte sich Jakowlew so vehement der Anreise ausländischer Gäste? Ich denke, es lag daran, dass er ihre Diskussionsbeiträge fürchtete. Der Parteitag würde zugespitzt verlaufen. Vermutet wurde, dass die Rechten in der Partei, die sich als »Demokratische Plattform« bezeichneten und von Jakowlew unterstützt wurden, versuchen würden, die KPdSU in ihre Hand zu bekommen oder wenigstens ihre Spaltung zu erreichen. Man brauchte nicht daran zu zweifeln: Die ausländischen Delegationen hätten eine solche Entwicklung nicht begrüßt.

Und noch etwas muss erwähnt werden: Der XX-VIII. Parteitag war der erste Parteitag nach langen Jahren, vielleicht sogar der erste in der ganzen sowjetischen Geschichte, auf dem keine Bewertung der internationalen kommunistischen und Arbeiterbewegung vorgenommen wurde. Früher hatte die Partei selbst in den allerschwersten Zeiten, als sie sich im Untergrund befand, ihre programmatischen Ziele nicht verborgen.

Diese Fragen kamen im Politbüro bei der Behandlung des Entwurfs der Satzung auf. Und jedes Mal, wenn ich das Anliegen einbrachte, diese so wichtige Position beizubehalten, wurde der Vorschlag ohne irgendeine Argumentation abgelehnt.

Die kommunistische Bewegung hatte starke Verluste erlitten und befand sich in einer Krisensituation. Um so mehr bedurfte es einer kollektiven Analyse und der Ausarbeitung von Maßnahmen zur Überwindung der prekären Lage. Unsere Partei besaß ein ausreichendes intellektuelles Potenzial, um gemeinsam mit unseren ausländischen Freunden diese Arbeit leisten zu können. In den ersten Jahren der Perestroika wurden in dieser Richtung ernsthafte Anstrengungen unternommen, auch Gorbatschow selbst beschäftigte sich damit. Aber dann ebbte alles ab. Wieso? Womit soll man erklären, dass das Interesse an den Beziehungen zu den kommunistischen und Arbeiterparteien so drastisch zurückgegangen war? Welche objektiven und subjektiven Faktoren haben dazu geführt?

Ich kann dazu nur eines mit aller Bestimmtheit sagen: Praktisch alle Reden des Generalsekretärs zu internationalen Fragen (und nicht nur zu diesen!) bereitete Jakowlew vor. Gorbatschow gehört zwar zu den Politikern, die ihre Reden persönlich gewissenhaft durcharbeiteten, zog jedoch beständig Jakowlew hinzu, was diesem freilich Einflussmöglichkeiten eröffnete.

Diese konkreten Fälle, in denen Gorbatschow in seiner Meinung umschwenkte, waren aber nur der sichtbare Teil des Eisbergs.

Das Chruschtschow-Syndrom

Das Sekretariat, dessen Sitzungen ich seinerzeit zu leiten hatte, galt aufgrund seiner Zusammensetzung als überaus einflussreich – ihm gehörten sieben Politbüro-Mitglieder an. Wenn man bedenkt, dass das Politbüro insgesamt zwölf Personen umfasste, wird das spezifische Gewicht des Sekretariats klarer.

Irgendwann Mitte 1987 verspürte ich, dass die exakte und streng organisierte Arbeit des Sekretariats bei bestimmten Personen, Gorbatschow eingeschlossen, Argwohn erweckte. Die Anzeichen dafür waren kaum auszumachen, in meinem fast täglichen Austausch mit Gorbatschow fielen sie mir aber ins Auge.

Jedoch: »Böse Zungen sind schlimmer als eine Pistole« – so sagt unser Klassiker Gribojedow. Der wachsende Einfluss und die Autorität des Sekretariats wurden von bestimmter Seite wohl in eigener Weise gedeutet. Dazu beigetragen hatte möglicherweise auch der folgende Umstand.

Im Vorzimmer zu meinem Arbeitsraum warteten von früh bis spät immer Besucher. Aber bestimmt nicht deswegen, weil ich sie so lange »schmoren« ließ. Normalerweise empfing ich alle in der Reihenfolge, in der sie gekommen waren. Eine Ausnahme machte ich nur bei Gästen, die eine lange Anreise hatten – sie wurden schneller zu mir vorgelassen. Aber es meldeten sich zu meiner Sprechstunde immer viele, sehr viele an, und so drängten sich vor meinem Arbeitsraum ständig Wartende. Und natürlich war mein Büro auch Anlaufpunkt für die Ersten Sekretäre der Parteikomitees der Gebiete und Regionen. Wenn sie nach Moskau kamen, steuerten sie auf jeden Fall den Raum № 2 an, und ich empfing sie zu jeder Zeit.

Ich habe eine ganze Reihe von Gründen anzunehmen, dass die rege Betriebsamkeit in meinem Vorzimmer Gorbatschow in ganz bestimmter Weise dargelegt wurde. Ich arbeitete, und zwar mit einem großen Pensum, hart und angestrengt und löste mit meinen Besuchern eine Vielzahl konkreter, lebenswichtiger Fragen. Das war letztendlich mein praktischer Beitrag zur Perestroika. Doch bestimmte Einflüsterer hatten sich daran gemacht, Gorbatschow die Vorstellung zu vermitteln, dass Ligatschow zu vieles an sich ziehe und an einem Netz mit entscheidenden Beziehungen innerhalb der Partei und zu den ZK-Mitgliedern webe. In der Presse brachte man die Rede auf eine »Verschwörung« Ligatschows im ZK.

Man begann, dem Generalsekretär das sogenannte »Chruschtschow-Syndrom« zu suggerieren – Chruschtschow war bekanntlich auf dem Oktober-Plenum 1964 entmachtet worden.

Natürlich gibt es nur indirekte Beweise für die Beeinflussungen, die von Jakowlew ausgingen. Zum einen hat er nie, weder schriftlich noch mündlich, die Unterstellungen zu einer »Verschwörung« Ligatschows im ZK wie auch andere aufgebauschte Verschwörungsenten zurückgewiesen. Zum anderen hat die antisowjetische Presse den Lärm wegen einer Ligatschowschen »Verschwörung« nahezu jedes Mal dann entfacht, wenn Gorbatschow sich außer Landes aufhielt. Diese Frage kam sogar auf dem I. Kongress der Volksdeputierten der UdSSR zur Sprache, als der Schriftsteller Valentin

Rasputin hierzu an Gorbatschow eine direkte Anfrage richtete, auf die er aber keine Antwort erhielt. Allein die Tatsache, dass das Wort »Verschwörung« in der Presse breit gestreut wurde, und zwar eben von jenen Massenmedien, die Jakowlew am nächsten standen, belegt klar: Dieses Wort kreiste durch die politischen Führungsetagen.

Mit diesen Gerüchten wurde im Übrigen ein doppeltes Ziel verfolgt. Zum einen wühlte es die öffentliche Meinung auf (im Trüben fischt es sich besser), andererseits musste das zusätzlich auf die Psyche von Gorbatschow einwirken.

Nicht für einen Augenblick lasse ich den Gedanken zu, dass Michail Sergejewitsch ernsthaft an die Möglichkeit irgendeiner »Verschwörung« von meiner Seite hätte glauben können. Dazu kannte er mich zu gut. Zudem war er kein Mensch, der sich schnell Angst einjagen ließ. Seine Psyche war ziemlich stabil, und so leicht war er nicht zu beeindrucken. Die Zielstellung war augenscheinlich eine andere. Wie ich schon geschrieben habe, hatte Gorbatschow einen Hang zur Rolle des »aufgeklärten Monarchen«. Starkes Interesse hatte er für abstrakt-philosophische und allgemein menschliche Kategorien entwickelt, während er die Aufmerksamkeit für die praktische Führung des riesigen Landes bis zum Äußersten abgeschwächt hatte. Ich war vor allem den realen, praktischen Dinge zugewandt und setzte mich für deren Priorität ein (wenn mir theoretische Fragen auch nicht fremd sind). Angesichts dieser Ausrichtung fügte ich mich nicht mehr organisch in die Mannschaft ein, die mit der Aufnahme Jakowlews und aufgrund der eingeleiteten Neuausrichtung der Ziele der Perestroika neu formiert worden war. Da waren Gerüchte über eine »Verschwörung« einfach willkommen als Wasser auf bestimmte Mühlen.

Zudem war die Perestroika nach ihrer vielversprechenden Startphase 1989 schließlich in große Schwierigkeiten geraten. Sie erwuchsen daraus, dass die starke Radikalisierung der politischen Prozesse im Verbund mit dem Hin und Her in der Wirtschaftspolitik viele Menschen in Verwirrung brachte. Der unabdingbare Prozess der schrittweisen Einführung von Neuerungen, wie sie vom sogenannten konservativen Denken favorisiert wird, ist seinem Wesen nach ein Mechanismus zum Schutz der Gesellschaft vor politischem Extremismus. Anstatt aber diesen Prozess als notwendig und fruchtbar zu erkennen, folgte der rechte Radikale Alexander Jakowlew den schlimmsten Traditionen längst vergangener Jahre und erfand das Bild des Feindes der Perestroika. Auffällig ist, dass dieser Begriff »Feind der Perestroika« zuerst eben auch wieder auf den Seiten der »Moskowskije Nowosti«* erschien. In philosophischer Hinsicht bedeutete ein derartiges Hin-und-Her-Wechseln in der Politik letztendlich, dass der Begriff »Perestroika« unter der Hand durch den Begriff des »großen Sprungs« ersetzt worden war. Diejenigen, die gegenüber einem solchen Sprung Vorsicht an den Tag legten, schrittweises Vorgehen und Kontinuität bevorzugten und einen Prozess der Erneuerung des Sozialismus anstrebten, bei dem dessen Grundlagen nicht in Frage gestellt würden, wurden als Anhänger bürokratischer Kommandomethoden, Bremser und – ein verallgemeinerndes politisches Etikett – als Konservative deklariert.

* Die Zeitschrift erschien in englischer Sprache unter dem Namen »Moscow News« und einige Jahre lang auch auf Deutsch unter dem Titel »Moskauer Nachrichten« bzw. »Moskau News«.

An dieser Stelle kann ich nicht anders, als vorzugreifen und an die Rede Schewardnadses auf dem IV. Kongress der Volksdeputierten der UdSSR im Dezember 1990 zu erinnern. Hier erklärte er seinen Rücktritt und verkündete unvermittelt, dass ein gesunder Konservatismus beileibe keine so schlechte Erscheinung sei, schlecht seien nicht die Konservativen, sondern die Reaktionäre. Gleiches verlautete bald darauf auch von Gorbatschow selbst.

Eine erstaunliche Metamorphose! Warum gab es solche Überlegungen nicht schon zwei Jahre früher? Material, um zu derartigen Erkenntnissen zu kommen, existierte auf jeden Fall ausreichend. Bis dahin war man vom freien Handlungsspielraum für die rechte radikale Presse angetan, ja fasziniert – als höchster Ausdruck der Demokratie wurde er hingestellt. Das aber eben war der Ausgangspunkt für die Manipulation des Massenbewusstseins.

Für diese Manipulationen möchte ich zwei charakteristische Beispiele anführen. In einer seiner Reden hatte Gorbatschow den Gedanken der »verschiedenartigen Realisierungsformen des sozialistischen Eigentums« vorgebracht, was meiner Ansicht nach voll und ganz im Sinne der Perestroika, der Umgestaltung der ökonomischen Verhältnisse war und zweifellos einen Schritt nach vorn darstellte, verglichen mit den Zeiten, da ein vollständig staatliches Eigentum in der Volkswirtschaft als Leitlinie galt (sieht man von den Kolchosen ab). Die Presse griff diese These sofort auf und machte sich daran, sie zu propagieren, was an und für sich nicht schlecht, sondern ein normaler Vorgang war. Im Laufe der Zeit wurde aber aus der Gorbatschowschen Formel das Wort »Realisierung« gestrichen. Das war nur der Anfang der Transformierung.

Im Weiteren verschwand, ohne dass es dafür theoretische Begründungen gegeben hätte, auch das Wort »sozialistisch«. Als Rest verblieben nun nur noch »verschiedene Eigentumsformen«, womit man das gesellschaftliche Bewusstsein ganz eng an das »natürliche« Privateigentum herangeführt hatte.

Gleiche Abwandlungen erfuhr der Begriff des »sozialistischen Pluralismus«, der zum »politischen Pluralismus« wurde. Auch die These vom Vorrang der allgemeinmenschlichen Werte erlitt eine Verballhornung. Gorbatschow hatte diese Prämisse ursprünglich in Bezug auf die von der nuklearen Konfrontation bestimmte Situation in der Welt vorgebracht. Die These hatte zweifellos einen progressiven Gehalt und wurde zu einem wichtigen Element der Politik der friedlichen Koexistenz der Länder unterschiedlicher Gesellschaftsordnung. Jedoch ließen die radikalen rechten Massenmedien und auch Gorbatschow selbst diesen Begriff – wieder einmal für die Öffentlichkeit ganz unauffällig – »migrieren«, und zwar in die Sphäre der sozialen Beziehungen, und brachten ihn so in Gegensatz zu den Klasseninteressen.

Wenn man in den alten Zeitungsjahrgängen von damals blättert, kann man sich mühelos davon überzeugen, dass auch diese »Migration« ohne irgendeine theoretische Begründung vollzogen wurde. Es lief einfach eine Indoktrinierung der Menschen mit abwegigen Postulaten.

Ich möchte aber wieder zum Thema »Verschwörung« zurückkommen. Der Schatten des Oktober-Plenums 1964 mit der Ablösung Chruschtschows hatte sich zweifellos auf das Bewusstsein Gorbatschows gelegt und ihn dazu bewegt, die sogenannte konservative Gefahr für die Perestroika in den Vordergrund zu rücken und sich auf die radikalen rechten Kräfte zu stützen.

Es war ja so, dass auf dem XXVII. Parteitag ein starkes Zentralkomitee der KPdSU gewählt worden war. Meiner Ansicht nach war das ein arbeitsfähiges und klar denkendes Zentralkomitee, das fest für eine sozialistische Perestroika einstand und die radikalen Ideen des »großen Sprungs« in der Politik, die in »demokratischer« Verpackung daherkamen, die ursprünglichen Ziele der Perestroika aber grundlegend revidierten, mit argwöhnischer Vorsicht aufnahm. Auf jedem Plenum flammten scharfe Diskussionen auf. Missbilligt wurden, wie schon erwähnt, die radikalen Massenmedien und das Hin und Her in der Wirtschaft. Und kritisiert wurde nicht selten auch Gorbatschow selbst.

Jedes Plenum verwandelte sich in eine ernsthafte Prüfung für den Generalsekretär. Gorbatschow sagte mehrmals zu mir, dass er zurücktreten müsse. Das wiederholte sich so auf vielen Plenen. Nach der scharfen Kritik gegen ihn äußerte Gorbatschow in den Pausen im engen Kreis des Politbüros: »Die Mitglieder des ZK sind äußerst konservativ, mit ihnen kann man nicht arbeiten. Ich werde mein Amt niederlegen … Ich werde jetzt hinausgehen und das bekanntgeben.«

Die Ereignisse zeigten, dass Gorbatschow trotz der vorgebrachten Kritik die Meinung des ZK in seinem praktischen Handeln kaum berücksichtigte. Deshalb hat auch niemand das Recht, die Schuld an der heraufziehenden Krise den »konservativen ZK-Mitgliedern« und der Partei insgesamt zuzuschieben, wie es Gorbatschow gerade selbst auch tat. Die gespannten Beziehungen des Generalsekretärs zu etlichen Mitgliedern des damaligen ZK trugen dazu bei, so würde ich sagen, dass sich das »Chruschtschow-Syndrom« noch stärker ausprägte. Der Konflikt fand seine Auflösung darin, dass auf dem Mai-Plenum 1989 eine große Gruppe von ZK-Mitgliedern »kollektiv zurücktrat« (so die offizielle Darstellung, in der Realität war es so, dass »man sie zurücktrat«). Offensichtlich räumte das nach Meinung der Führung die Gefahr eines »Umsturzes« aus und schuf Handlungsfreiheit für die Beschleunigung des Prozesses der politischen Reformen.

Wie schon gesagt, es waren die Ersten Sekretäre der Parteikomitees von Gebieten und Regionen, die 1985 fest dafür einstanden, dass Gorbatschow als Generalsekretär gewählt wurde, denn mit seinem Namen verbanden sie ihre Hoffnungen auf Wandlung und Erneuerung. Die späteren Auseinandersetzungen auf den Plenen finden ihre Erklärung darin, dass die Mitglieder des ZK spürten, dass die Perestroika vom ursprünglichen Weg abkam, dass ein Prozess im Gang war, der das von vielen Generationen Geschaffene zerstörte und eine Abwendung vom Sozialismus einleitete, so dass dem Volk Leiden und Entbehrungen drohten.

Das wüste Gezeter der rechten Radikalen über eine »Verschwörung« war erst einmal ein gespieltes Theater um ein künstliches Konstrukt. Aber dahinter stand mehr: Es war ein tückisches Manöver, um von der realen Gefahr abzulenken – von der Gefahr des nationalen Separatismus und des Antikommunismus. Die weitere Entwicklung bestätigte bald diese Schlussfolgerung.

Spricht man vom »Rätsel Gorbatschow«, dann sehe ich eine Erklärung darin, dass seinem Denken listig und gezielt das »Chruschtschow-Syndrom« aufgeprägt worden war, um eine Atmosphäre des Argwohns zu schaffen.

Freilich lässt sich das Hin und Her jenes politischen Kurses, der mit Gorbatschows Namen fest verbunden ist, nicht allein mit dem »Chruschtschow-Syndrom« erklären. Hier wirkte ein ganzer Komplex wechselseitig verbundener und sich gegenseitig bedingender

Gründe. Dabei spielten die Charaktereigenschaften Gorbatschows keine geringe Rolle.

Und hier komme ich nun zur Frage des sogenannten Nachtrabes. Bekanntermaßen war eben das Nachtraben oder, anders ausgedrückt, die verspätete Reaktion auf akute Ereignisse einer der charakteristischen Züge der Gorbatschowschen Politik. Beispiele gibt es dafür viele, angefangen von Nagorny Karabach* und Litauen bis hin zur Preisreform und zu den Wirtschafts- und Finanzmaßnahmen im Nachgang zur Krise. Wegen dieses ständigen Zuspätkommens wurde das Politbüro wiederholt auf den Plenen des ZK der KPdSU kritisiert, und angesprochen wurde das auch in tausenden Briefen, die dem ZK und den Redaktionen der Zeitungen zugingen. Überhaupt war das Zuspätkommen bei der Einleitung konkreter, praktischer Maßnahmen eine Art Merkmal der Perestroika-Periode.

Was ging da vor sich? Warum geschah das so? Warum konnten wir nicht im Vorhinein handeln, rechtzeitig in eine negative Entwicklung eingreifen und agierten im Wesentlichen im Nachgang?

Ohne Anspruch auf eine erschöpfende Antwort zu erheben, will ich doch einige Überlegungen hierzu vorbringen.

Nach dem April-Plenum des ZK 1985 hatten wir mit klarem Kopf eine realistische Einschätzung des Zustands der Volkswirtschaft vorgenommen und auf dieser Grundlage eine Konzeption der Perestroika ausgearbeitet. Niemand kann ernsthaft der sowjetischen

---

* In Deutschland ist diese Region auch als Berg-Karabach bekannt.

Führung vorhalten, sie habe zu jener Zeit falsche Losungen ausgegeben. Im Prozess des Suchens nach dem Weg für die Perestroika gab es Fehler und Fehlschläge, aber vorsätzlich geplante betrügerische Manöver gab es keine.

So standen die Dinge beim prinzipiellen Vorgehen von Staat und Politik. Begibt man sich aber von diesen Höhen hinunter in die Sphäre der konkreten Lösungen, so bietet sich ein ganz anderes Bild. Hier war das Auseinanderklaffen von Wort und Tat nicht nur nicht beseitigt, sondern nahm weiter zu. Allerdings hatten wir es jetzt schon mit einer anderen Facette des Problems zu tun. Früher sagte man das eine und machte etwas anderes. Jetzt wurde geredet und wenig getan. Natürlich spielten die Neuartigkeit und die gewaltigen Dimensionen der Umgestaltungen ihre Rolle, aber auch der Mangel an politischer Erfahrung. Verhängnisvoll wirkte sich der Rückstand der Sozialwissenschaften, die Wirtschaftswissenschaften eingeschlossen, auf die Politik aus. Und hinzu kam als Faktor die verspätete Annahme von Beschlüssen.

Im Zusammenhang damit erinnere ich mich an folgende Meinung über Gorbatschow: »Michail Sergejewitsch ist ein Präsident, der in die Geschichte als Saubermann eingehen will, damit es ja niemand wagt, ihn des Diktats zu beschuldigen.«

Sollte das nun alles gewesen sein? Nachdem ich eine große Anzahl von Fakten und Gesprächen mit Michail Sergejewitsch analysiert habe, bin ich zu folgendem Schluss gekommen: Es handelte sich um eine Taktik, und zwar um eine Taktik besonderer Art.

Gorbatschow gehört zu jenen Politikern, die sich an die Regel halten: Entschiedene Maßnahmen, noch dazu, wenn es sich um unpopuläre handelt, sind erst dann zu ergreifen, wenn die Lage dafür nicht nur reif, sondern überreif ist. Er schien regelrecht darauf zu warten, dass ein Apfel erst heranreift und dann jemandem auf den Kopf fällt, um dann erst Maßnahmen zur Behebung der Folgen einzuleiten.

Gorbatschow war immer darum besorgt, wie die von ihm vorgeschlagenen Lösungen für diesen oder jenen Konflikt im Lande und in der Welt aufgenommen werden würden. Und wartete ab. Anstatt wegen Fehlern beschuldigt zu werden, war es ihm lieber, wenn man ihm Verspätung vorwarf – solche Vorwürfe sind bis zu einem bestimmten Zeitpunkt für die politische Reputation weniger gefährlich. Zudem schuf das Eingreifen »post factum« eine spezielle Art von Nimbus: der »Retter« zu sein, der nach der Katastrophe zur Hilfe geeilt ist. Was aber die kolossalen Aufwendungen für die Konfliktbewältigung und die Verluste an Menschen und Material angeht, die man hätte vermeiden können und müssen, so wurden diese Fragen im Nachhinein schon nicht mehr akzentuiert, da die gesamte Aufmerksamkeit auf die Maßnahmen zur Beseitigung der Konfliktfolgen konzentriert war.

Ja, es kam auch vor, dass Gorbatschow eigene Fehler »korrigierte«. Beispiele gibt es dafür. Zunächst hatte »jemand« die Partei aus der Sphäre der Wirtschaft herausgedrängt und das Prinzip des demokratischen Zentralismus und die Parteidisziplin geschwächt. Danach aber ertönte der Aufruf des Generalsekretärs an die Parteimitglieder, sich mit der Wirtschaft zu befassen und die Disziplin in der Partei zu stärken. »Jemand« hatte die Entwicklung der Wirtschaft übermäßig radikalisiert, hatte schon 1988 versucht, die Marktwirtschaft einzuführen, und war vorangeprescht – mit der Folge der katastrophalen Zerrüttung der wirtschaftlichen Verflechtungen, des Rückgangs der Produktion und der Desorganisation des Geldumlaufs. Und im Anschluss verlangte der Präsident die Wiederherstellung der Vertragsbeziehungen. »Jemand« hatte nicht beizeiten die Gefahr des extremen Nationalismus erkannt und ihm nicht den Kampf angesagt, wodurch letztlich die Existenz unseres Staates in Gefahr geraten war. Und in dieser Situation begann Gorbatschow, »verzweifelt und edel« um die Rettung der Sowjetunion zu kämpfen.

Diese Aufzählung der Fehler dieses »Jemand« und der Maßnahmen zu ihrer Korrektur ließe sich fortsetzen. Die Politik der Perestroika nach 1988 glich im Grunde einer »Jagd des Hundes nach dem eigenen Schwanz«. Im Ergebnis geriet das Land schließlich an den Rand des Abgrunds. Dieser »Jemand« mit dem Namen Gorbatschow handelte unter dem Einfluss der rechten Radikalen, die sich »Vorkämpfer der Perestroika« nannten, tatsächlich aber die Totengräber der sozialistischen Perestroika waren.

Ab 1989 erlitt die ursprüngliche Konzeption der Perestroika unter dem Einfluss der radikalen rechten Ideengeber wesentliche Veränderungen. In der Politik kam es zu Zickzackbewegungen, Improvisationen und zur Zerrüttung der Partei, die Perestroika geriet in die soziale und politische Deformation. Das Land wurde von einem immer stärkeren Fiebertaumel ergriffen, um dann schließlich in einen zerstörerischen Flatterzustand zu geraten.

Ich denke, dass der Begriff »Flattern« sehr gut das wiedergibt, was mit der Sowjetunion in der Endphase ihrer Existenz geschah. Flattern bezeichnet die extremen Vibrationen, die bei einem falsch gewählten Betriebszustand eines Flugzeuges eintreten und zur völligen Zerstörung des Flugzeuges führen können.

Und in dieser überkritischen, wahrhaft grenzwertigen Situation kehrte Gorbatschow eine Zeitlang zu den Ursprüngen der Perestroika zurück. Während einer Reise durch Belorussland im März 1991 kritisierte Gorbatschow nun in einer Rede zu Recht den Radikalismus. Dabei wiederholte er das schon so oft Gesagte: »Jemand« habe den Radikalen freie Hand gegeben und die vernünftigen Kräfte in der Partei ausgebremst. – Er aber werde nun für Ordnung sorgen! Gorbatschow sprach von der Treue zum Sozialismus, der Konsolidierung der gesunden Kräfte der Gesellschaft, vom Bewahren der historischen Traditionen, von der besonderen Sorge für die moralischen Werte des Volkes, vom verstärkten Augenmerk für die Fragen des Patriotismus. Beim Lesen dieser Reden Gorbatschows überkam mich Verwunderung: Ja, genau das hatten viele Kommunisten – und ich unter ihnen – seit 1987 unaufhörlich eingefordert – und dafür den Stempel »Gegner der Perestroika« aufgedrückt bekommen!

In den Reden Gorbatschows in Belorussland war auch seine Position zur KPdSU bemerkenswert. Nachdem er sie lange mit Schweigen übergangen hatte, sprach er nun wieder von der Einheit der Partei, davon, dass die KPdSU ein aktiver und integrierender Faktor in der Gesellschaft sei und dass ein Einvernehmen der gesellschaftlichen Kräfte im Interesse des Vaterlandes und des Volkes nur von der KPdSU hergestellt werden könne.

Aber genau das war es doch gewesen, wofür sich viele Kommunisten eingesetzt und was sie verteidigt hatten. Und was war mit den vielen Tendenzen, die der Partei von oben vorgegeben worden waren und die die Partei in den schwierigsten Etappen der politischen Auseinandersetzungen und des Wahlkampfes gelähmt hatten? Hatte denn nicht die Parteiführung die Partei aus der

Wirtschaft herausgedrängt – und jetzt rief Gorbatschow auf, den Arbeitskollektiven beizustehen? Hatte denn der Generalsekretär nicht etwa selbst veranlasst, dass die Arbeit des Sekretariats eingestellt wurde, so dass die organisatorische und kontrollierende Funktion des ZK in der Partei stark geschwächt wurde?

Gorbatschow hatte wieder einmal seine bekannte Pose eingenommen: »Jemand« habe die Partei geschwächt, er – Gorbatschow – aber mobilisiere sie.

Mich beunruhigte hierbei die Frage: Inwieweit war Gorbatschow aufrichtig? Bekanntlich haben die weiteren Ereignisse bewiesen, dass meine Befürchtungen zu Gorbatschows Aufrichtigkeit nicht unbegründet waren. Im allerschwierigsten Moment sagte er sich von der Partei los.

Eines war klar: Weder Gorbatschow noch seine »Streiter für die Demokratie« konnten ein reales Vorankommen unseres Landes auf dem Weg des Fortschritts sichern. Gleich zu Beginn ihrer Machtübernahme 1991 hatten die »Demokraten« sich binnen weniger Monate in einigen örtlichen Sowjets als hilflos bei der Lösung praktischer Fragen erwiesen, sich diskreditiert und die Menschen gegen sich aufgebracht. Die Kräfte, die sich selbst als »Demokraten« ausgegeben hatten, erwiesen sich in der Realität als Führer eines Meinungsmonopols, die ein Andersdenken nicht akzeptierten, was bis zum Verbot der Herausgabe und des Vertriebs alternativer Zeitungen ging. Um augenblicklicher Vorteile willen hatten sie sich an den Ausverkauf der nationalen Reichtümer Russlands gemacht. Kratzte man etwas am Lack »unserer Pluralisten«, konnte man schnell entdecken, dass sie fast alle aktive Funktionäre der »Stagnationszeit« waren und sich mit dem Lobpreisen des »entwickelten Sozialismus« Wohlleben und Karriere gesichert hatten.

Wer sich auf Wendehälse verlässt, der ist bekanntermaßen verlassen. Haben sie einmal ihre Überzeugung abgelegt, werden sie sich immer weiter drehen und wenden.

Wie auch immer, in einer bestimmten Phase des Perestroika-Prozesses ist es diesen Wendehälsen gelungen, einflussreiche Kreise des Westens davon zu überzeugen, eine reale politische Kraft zu sein, die es vermag, die Macht an sich zu reißen und das Land in ihr Schlepptau zu nehmen. Und so hat der Westen ihnen Hilfe zukommen lassen. Ich möchte hier nun einige Mitteilungen der Auslandspresse zitieren, die sich auf verschiedene Perioden der Perestroika beziehen.

Mitte 1988 hieß es in der japanischen »Asahi Evening News«: »Der 67-jährige Ligatschow wird in den Kreisen der sowjetischen Intelligenz als Konservativer angesehen, dessen vorsichtiges Herangehen an Veränderungen ihn zum Leuchtturm der Reformgegner gemacht hat [...]. Nach dieser Version kontrolliert Jakowlew, einer der engsten Mitarbeiter Gorbatschows, vollständig die Massenmedien, ein anderer – Rasumowski – leitet in der Partei die Organisationsfragen.«

Zur gleichen Zeit war in »Die Welt« (BRD) zu lesen: »Ligatschow entfaltet im Bereich der Politik eine immer aktivere Tätigkeit. Er tritt immer häufiger auf und stellt so die Führungsposition von Michail Sergejewitsch in den Schatten [...] Seine Thesen sind von Härte und Energie geprägt. Er will jedoch vorsichtig vorgehen und lehnt einen radikalen Kurswechsel ab.«*

---

* Rückübersetzung aus dem Russischen. RJ.

Zum Vergleich bringe ich nun Zitate aus der internationalen Presse von 1986. »Die Presse« aus Österreich berichtete am 17. Juni 1986:

»Manche Beobachter halten Ligatschow für den konservativen Bremser an Gorbatschows Seite – ein derartiges Urteil entspricht aber nicht einmal entfernt seiner ganzen Erscheinung. In Woronesh sagte Ligatschow beispielsweise auch: ›Man muss Raum schaffen für initiative, energische, denkende Menschen, die kühn und nicht nach Schablonen handeln. Solche Menschen sind unser großer Reichtum, und man muss sie mit allen Mitteln unterstützen.‹ Und er tadelte jene Funktionäre, ›die versuchen, den von der Partei begonnenen Prozess der Umwandlung zu bremsen und den Aufschwung der Eigeninitiative der Leute zu stoppen‹. So redet kein Konservativer – außer vielleicht zu Tarnungszwecken; aber wenn jemand Doppelzüngigkeit und Verstellung verabscheut, so ist das Jegor Ligatschow. Richtig ist, dass Ligatschow auf eine solide Weise altmodisch wirkt. Er ist die Inkarnation des unerbittlichsten militanten Anstands – eine zunächst befremdlich, bald aber auch wohltuend wirkende Erscheinung in einem Moskau, das es fast 20 Jahre lang mit jener moralischen Unbekümmertheit der Breschnjew-Ära zu tun hatte, die geradewegs in Korruption und Zerrüttung führte. Für Michail Gorbatschow dürfte sich dieser kraftvolle Mann als idealer Weggefährte für einen Neubeginn empfohlen haben: ein selbstloser und bescheidener Kämpfer ohne jede Ambitionen auf den ersten Platz und ein moralisch unanfechtbarer wie unerschütterlicher personalpolitischer Rammbock, der unter der personellen Hinterlassenschaft der Breschnjew-Ära mit den Aufräumungsarbeiten zu betrauen wäre. Die Händler aus dem Tempel zu jagen – das ist für Ligatschow nicht nur politische, sondern auch sittliche Pflicht. [...]«*

Und noch ein weiteres Zitat, dieses Mal aber nicht über mich. Der kanadische Journalist David Levi informierte in »Radio Canada« über eine Pressekonferenz Jakowlews: »Auf der ersten Pressekonferenz Alexander Jakowlews, die der Glasnost gewidmet war, zeugte seine erboste Reaktion auf die Fragen von Journalisten aus dem Westen wohl von dem Einfluss, den die kanadische Demokratie auf ihn während seines langen Aufenthalts in Ottawa ausgeübt hatte. Dieser Einfluss präsentierte sich jedoch im negativen Sinne und war ein klassisches Beispiel dafür, wie man mit Halbwahrheiten operiert. [...] Nach der von Alexander Jakowlew bezogenen Position zu urteilen, hat er wohl nichts gegen eine Rückkehr in diese alten Tage.«

Man sieht, dass sich in gerade einmal anderthalb Jahren die Ansichten der westlichen Presse diametral geändert hatten. Aus dem Jakowlew, der »nichts gegen eine Rückkehr in diese alten Tage« hat, wurde »einer der engsten Mitarbeiter Gorbatschows«. Die Bewertung Ligatschows erfuhr eine Metamorphose in der Gegenrichtung – vom »selbstlosen und bescheidenen Kämpfer ohne jegliche Ambitionen auf den ersten Platz« zum »Schatten« über Gorbatschows Führungsposition.

Die sowjetische Perestroika ist eine wichtige Komponente der neuesten Weltgeschichte, und konzipiert worden war sie nicht nur im Interesse des sowjetischen Volkes, sondern zum Nutzen der gesamten Menschheit. Dass sich der Westen von der Radikalisierung der politischen und ökonomischen Prozesse in der UdSSR verführen ließ, liegt daran, dass er in der internatio-

---

* Deutscher Text aus: »Die Presse« vom 17.6.1986.

nalen und der zwischenstaatlichen Zusammenarbeit nicht auf den ideologischen und propagandistischen Denkansatz verzichtet hat. Zudem hatten die Politiker des Westens und ihre Geheimdienste erkannt, dass sich die Möglichkeit auftat, die Sowjetunion mittels innerer, dem Sozialismus entgegenstehender Kräfte zu vernichten – also das zu erreichen, was über Jahrzehnte hinweg selbst mit Waffengewalt nicht gelungen war.

»Hexenjagd«

Zum Herbst 1987 hin begann sich in der radikalen rechten Presse deutlich jene Linie abzuzeichnen, die sich am zutreffendsten wohl als Verfälschung und Verunglimpfung der sowjetischen Geschichte bezeichnen ließe. Die tiefgehende Auseinandersetzung mit dem schweren geschichtlichen Erbe war eine der wichtigsten Bedingungen des Erneuerungsprozesses, der im April 1985 eingeleitet worden war. Zu viele weiße Flecken hatten sich in unseren Geschichtsbüchern breitgemacht. Der XX. Parteitag der KPdSU mit der Verurteilung des Personenkults hatte erschüttert und eine Wende im Bewusstsein der Menschen eingeleitet. Jetzt stand an, die Pforten in unser Gestern zu öffnen, ja, ganz weit aufzutun, um vor den Augen des Volkes die Lebensleistung der Väter, Großväter und Urgroßväter auferstehen zu lassen, in all ihrer Tragik, aber auch in ihrer Größe.

Blättert man die Zeitungen und Zeitschriften jener Zeit durch, ist leicht zu erkennen, wie schnell sich die Presse mit Publikationen historischen Inhalts zu füllen begann. Dabei drangen die Wissenschaftler und Journalisten immer kühner zu den sogenannten verbotenen Themen aus den dreißiger Jahren vor, die ganz besonders mit tragischen Ereignissen verknüpft waren. Ein solches gesteigertes Interesse war verständlich, gerechtfertigt und, mehr noch, setzte folgerichtig ein.

In der ersten Zeit ging es um die Analyse der historischen Ereignisse und um die Schaffung solcher rechtlicher Mechanismen, mit denen die Möglichkeit der Wiederholung der ungerechtfertigten Repressionen ein für alle Male ausgeschlossen werden konnte. Die Fehler der vergangenen Jahre wurden mit Schmerz und tieferer innerer Bewegung dargelegt. Die Sorge, dass die richtigen Lehren aus der Geschichte gezogen werden müssen, bestimmte diesen Ansatz. Im Weiteren verschoben sich aber die Akzente. Man schrieb nun von der Willkür der früheren Jahre beißend und hämisch, geißelnd und nicht mit dem Ziel der Gesundung, Besserung und der Lehre für die Zeitgenossen und die kommenden Generationen. Die Nöte, die die älteren Generationen zu tragen hatten, wurden sensationsgierig ausgebreitet. Der Leser wurde zu der Sichtweise gedrängt, dass an allem das sozialistische Gesellschaftssystem schuld sei und dieses folglich geändert werden müsse.

Der springende Punkt dabei war, dass der Strom dieser Enthüllungsartikel die historische Retrospektive merklich zu deformieren begann. Die Vergangenheit wurde auf den Seiten der radikalen antisowjetischen Presse nicht mehrdimensional, nicht als widersprüchliche Verquickung von großen Leistungen und schlimmen Fehlern dargeboten, sondern ausschließlich in trüben Tönen. Folgte man diesen Publikationen, so gab es in unserer Geschichte nichts Gutes, haben sich unsere Väter und Großväter nur durch ihr Leben gequält. Ignoriert wurde auch der Zusammenhang der geschichtlichen Zeitabschnitte. Im Fadenkreuz standen die Kommunisten, die KPdSU, die Geschichte der Partei und letzten Endes das Volk und sein geschichtliches Erinnerungsvermögen. Dostojewski bemerkte in seinen Tagebüchern zu Recht, dass wir Selbstachtung brauchen und keine Selbstbespeiung.

Es gab noch einen weiteren Aspekt der Verleugnung der geschichtlichen Wahrheit. Ein trauriges Erbe der Vergangenheit war der Zugang zur Geschichte an sich. Die Zeitrechnung unseres Landes ließ man vorzugsweise mit dem Jahr 1917 einsetzen, dem geschichtlichen Weg aber, den es in über tausend Jahren zurückgelegt hatte, wurde wenig Beachtung zuteil. Die Zunahme des nationalen Selbstbewusstseins, die in der Zeit der Perestroika einsetzte, führte zwangsläufig auch zu einem Aufschwung des Interesses an der Geschichte und der Kultur unserer Vorfahren. Dieser, wie ich denke, wohltuende Prozess war in allen Republiken zu beobachten, und so auch in der Russischen Föderation. Es gab aber Kräfte, die Russland eine Ausnahme verordnen wollten und den wachsenden Drang zu Geschichte und Traditionen nicht billigten.

Dieses Ausbremsen hatte im Grunde schon 1972 mit dem stark diskutierten Artikel A. N. Jakowlews »Über den Antihistorismus« begonnen, in dem er sich heftig gegen das erwachende russische Selbstbewusstsein wandte und dieses zu Unrecht als »patriarchalisch, nationalistisch und chauvinistisch« etikettierte. Diese Linie wurde deutlich sichtbar während der Perestroika fortgesetzt, als Jakowlew ins ZK der KPdSU zurückgekehrt war und wieder der Propagandaabteilung vorstand. In einem Interview für die akademische Zeitung »Poisk« erklärte er zu dieser Zeit sogar, dass er immer noch bereit wäre, jedes Wort seines Beitrages von 1972 zu unterschreiben.

Mit ihrem zerstörerischen Einwirken auf das Geschichtsbewusstsein des Volkes wollten die pseudodemokratischen Radikalen die Gesellschaft ideologisch kraftlos machen und die Menschen davon überzeugen, sich von einer wahren sozialistischen Entwicklung lossagen zu müssen.

Und noch einen anderes Ziel verfolgten sie: Sie machten die Geschichte zu ihrer Geisel, um als Helden die politische Bühne zu betreten.

Die neugebackenen »Perestroika-Vorkämpfer« stellten sich eilends als edle Kämpfer gegen die Folgen des Stalinschen Personenkultes hin und machten sich daran, unsere gesamte Geschichte von vorn bis hinten zu zertrümmern. Dafür, dass sie dieses Ansinnen hatten, gibt es ein bedeutendes Indiz: Überaus selten fand bei diesen »Vorkämpfern« der XX. Parteitag der KPdSU Erwähnung. Dort hatte die Partei den Personenkult entlarvt – das sollte vergessen sein. Das Verdienst wollten sie sich ganz allein aneignen. Ambitioniert und mit ganz bestimmter politischer Zielstellung wollten sie die Geschichte der Auseinandersetzung um den Personenkult völlig neu schreiben. Und viele Massenmedien nahmen das in Angriff, allerdings ohne sich mit der Mühe ernsthafter wissenschaftlicher Untersuchungen, mit sorgfältiger Nachprüfung und Faktenvergleichen zu belasten.

Es waren moderne Herostraten, die sich Hals über Kopf daran machten, alles Wertvolle und Kostbare unserer Geschichte in den Schmutz zu treten, wobei sie selbst ihre eigenen Dissertationen negierten, die sie früher einmal verfasst hatten. (Das herausragendste Beispiel lieferte hier wohl der Historiker Juri Nikolajewitsch Afanasjew).

Bei den Angriffen dieser Geschichtsstürmer kam es zu einem Zusammenspiel ihrer Interessen mit äußeren Kräften, die den sowjetischen Staat zu schwächen und die sozialistische Gesellschaftsordnung zu stürzen suchten, um eine Großmacht in die Rolle eines zweitrangigen Landes hinunterzuzwingen. Bei der verhängnisvollen Unterhöhlung der Fundamente unserer Gesellschaft und bei der Verzerrung unserer Geschichte waren die sogenannten Perestroika-Vorkämpfer aber wesentlich »erfolgreicher« als alle unsere ausländischen Widersacher während der gesamten Existenz der Sowjetmacht. Hier ist ihre Priorität unbestreitbar.

Was dem Leser der radikalen Presse an Verunglimpfung und Verhöhnung der Vergangenheit entgegenschlug, rief den Unwillen von Millionen unserer Bürger hervor. Von allen Seiten kam der Protest gegen die geistige Verelendung und gegen die Verletzung der patriotischen Gefühle der Sowjetmenschen.

Die Geschichtsverunglimpfung deformierte den ursprünglichen Gedanken der Politik der Perestroika und zerstörte ihre historische Kontinuität. Wie wichtig war es doch bei der Überwindung der Schwierigkeiten, die während der Perestroika aufkamen, dass man sich auf die Ruhmesblätter der Geschichte unseres Landes und auf den Stolz unserer Bürger stützen konnte! (So wie das auch früher gewesen war in den Jahren der zurückliegenden Prüfungen, die die Sowjetunion zu bestehen hatte, wie etwa im Großen Vaterländischen Krieg nach dem Überfall Deutschlands). Ich kann klar sagen, dass wir gerade den Patriotismus zu den treibenden Kräften der Perestroika zählten.

Das war unser Ausgangspunkt. Und wohin waren wir Mitte 1987 gekommen? Wir standen inmitten von künstlich in die Gesellschaft hineingetragenen Zwistigkeiten, die als Kampf gegen die vorgeblichen Gegner der Perestroika hingestellt wurden. Wir waren konfrontiert mit der Herabwürdigung von Patriotismus und Internationalismus …

Im Politbüro war in der Zwischenzeit beschlossen worden, ein ZK-Plenum zu den Problemen der Volksbildung abzuhalten. In einer mündlichen Vorabsprache hatte mir Gorbatschow angeboten, das Referat zu halten. Das war ein wichtiger Auftrag, und ich begann, mich darauf vorzubereiten.

Wir sondierten die Lage in den Schulen und Hochschulen, schauten, was nach dem 1984 zum gleichen Thema abgehaltenen Plenum realisiert worden war und was auf dem Papier geblieben ist. Natürlich änderte sich mit den Prozessen der Demokratisierung auch das Herangehen an die Bildung, Erziehung und Ausbildung. Aber für mich war klar, dass neben allen anderen Fragen im Referat unbedingt auch das Problem der Verunglimpfung der Geschichte anzusprechen war. Es hatte ja doch einen ganz direkten, unmittelbaren Bezug zur Erziehung der jungen Generation.

Das Plenum stand noch nicht vor der Tür, aber der Tag des Lehrers nahte. Aus diesem Anlass hatte mich das Gebietsparteikomitee Moskau gebeten, auf der Versammlung des Pädagogischen Aktivs in der Stadt Elektrostal aufzutreten. Die Rede vor diesem pädagogischen Auditorium war für mich eine gute Gelegenheit, das Thema Geschichte anzusprechen, was ich allerdings nur recht kurz tat, um es später im Referat für das ZK-Plenum weiter ausbauen. Da aber eben diese Rede zum Ausgangspunkt aller weiteren Angriffe auf mich wurde und es eben nach dieser Rede zu einem Riss in meinen Beziehungen zu Gorbatschow kam, dürfte es angebracht sein, die »historische« Hauptthese aus dieser Rede zu zitieren:

»Gegenwärtig wird recht oft vom Personenkult gesprochen. Es ist sehr wichtig, sich verantwortungsvoll mit den Gründen dieser Erscheinung auseinanderzusetzen, aber vor allem Bedingungen zu schaffen, unter denen derartiges nicht möglich ist. Das ist unsere Aufgabe, unsere heilige Pflicht. Die Partei und das Volk sind jetzt mit dieser Arbeit befasst, deren Kern die Demokratisierung des Lebens unserer Gesellschaft ist. Man darf aber auch etwas anderes nicht aus dem Blick verlieren. Im Ausland und auch von bestimmten Kräften bei uns im Land wird versucht, den gesamten Weg des Aufbaus des Sozialismus in der UdSSR in Verruf zu bringen und ihn als ununterbrochene Kette schwerster Fehler darzustellen. Mit den Fakten der ungerechtfertigten Repressionen will man die Heldentat des Volkes überdecken, das einen mächtigen sozialistischen Staat geschaffen hat. [...] Für die Ungesetzlichkeiten, die in den dreißiger Jahren begangen wurden, müssen diejenigen einstehen, die damals an der Macht waren. Davon muss man ausgehen, muss der Jugend von der heroischen Geschichte der Partei und des Landes verantwortungsvoll und mit Kompetenz berichten – oder mit anderen Worten: Man muss die Wahrheit achten.«

Das war es im Grunde auch schon. Allerdings fügte ich noch einige Worte darüber hinzu, wie ich in Sibirien in der »Stagnationszeit« gearbeitet hatte: »Zu jener Zeit habe ich in den Gebieten Tomsk und Nowosibirsk gelebt und gearbeitet. Und sollte man mich fragen, wie ich zu dieser Zeit stehe, dann würde ich Folgendes zur Antwort geben: Das war eine unvergessliche Zeit, ein wirklich großartiges Leben. In den Weiten Westsibiriens wurde mit den Anstrengungen des ganzen Landes ein mächtiges Zentrum der sowjetischen Wissenschaft geschaffen, ein Komplex der Erdöl- und Erdgasverarbeitung von Weltrang errichtet. [...] Das ist die eine Seite der Medaille. Daneben breiteten sich im Lande aber auch negative Erscheinungen aus, das Tempo der Entwicklung der extensiven Wirtschaft verlangsamte sich, Machtmissbrauch verbreitete sich [...] Das nun alles zusammengenommen stellt das dialektische Verständnis dieser Zeit dar.«

Wenn ich heute diese Zeilen wieder durchlese, bestehe ich weiterhin auf diesem ausgewogenen Herangehen an die Geschichte. Es ist dialektisch und gestattet in vollem Maße, den Lehren aus der Vergangenheit Rechnung zu tragen, beschönigt nicht die Geschichte, verwandelt sie aber auch nicht in eine Müllkippe.

Zu jener Zeit hielt Gorbatschow sich im Urlaub auf. Ich setzte mich mit ihm zweimal in der Woche telefonisch in Verbindung, um ihn über die laufenden Angelegenheiten zu informieren. Mitunter rief er auch selbst an. In einem der Telefongespräche merkte er wie nebenbei an: »Ich schicke dir einen Überblick der Reaktionen auf deine Rede in Elektrostal.«

Wohl noch am selben Tag bekam ich per Kurier von der Krim einige Seiten geschickt – Übersetzungen aus verschiedenen Sprachen. Auf der ersten Seite stand in großen, ausladenden Zügen, fast über die ganze Seite Gorbatschows handschriftlicher Entscheidungsvermerk – oder genauer gesagt die an mich gerichtete Mitteilung.

Zunächst jedoch einige wesentliche Auszüge aus dieser Presseübersicht. Der »Times«-Korrespondent berichtete: »Jegor Ligatschow erklärte, dass die Umbewertung der Jahre Stalins, die sich derzeit in der Sowjetunion vollzieht, nicht die gesamte Geschichte Russlands nach 1917 in Verruf bringen darf. Die historische Wahrheit bestehe, so sagt er, darin, dass die Partei den Personenkult verurteilt, tausende sowjetische Menschen vom Stigma eines ›Feindes‹ befreit und die sozialistische Gesetzlichkeit wiederhergestellt hat. Ton und Inhalt von Ligatschows Äußerungen unterscheiden sich von der Mehrzahl der jetzt erscheinenden

Kommentare zu sozialen und geschichtlichen Fragen und bekräftigen, wie es scheint, dass Ligatschow ernsthafte Zweifel bezüglich der Grenzen und Folgen der Reformen des Sowjetführers hat.«

Die Quintessenz war, dass ich der Hauptstalinist wäre, der die Reformen Gorbatschows bremste und das Land zurück in die Vergangenheit drängte.

In der Presseübersicht folgte weiter eine Meldung des Korrespondenten von Reuters:»Ligatschow hat eine Änderung in die Debatten im Kreml zur Frage des Strebens von Gorbatschow nach Glasnost eingebracht, indem er eine Reihe von Aspekten der Herrschaft von Leonid Breshnew verteidigt hat, äußern Spezialisten für innenpolitische Fragen. Ligatschow hat eine verblüffend andere Interpretation der Jahre Breshnews gegeben, verglichen mit jenem Bild der Trägheit und des Stillstands, das häufig Gorbatschow zeichnet. Spezialisten äußern, dass die Rede Ligatschows den gezieltesten Versuch dieses Sowjetpolitikers darstellt, die Breshnew-Regierung nicht nur als eine Periode der Misserfolge, sondern auch von Erfolgen darzustellen. Die höchsten Funktionäre wiederholen gewöhnlich den Kreml-Chef und heben die Misserfolge hervor. Zur Breshnew-Ära äußerte Ligatschow: ›Das Nationaleinkommen war auf das Vierfache gewachsen. Das Leben der Menschen wurde sowohl materiell wie auch geistig reicher. Erreicht wurde die militärstrategische Parität der UdSSR mit den USA.‹ In einem Absatz, den Spezialisten als ungewöhnlich emotional einschätzen, hat Ligatschow die Breshnew-Jahre beschrieben, die er in sibirischen Städten verbrachte, und erklärt, dass er keinen einzigen Tag dieser Arbeit bereut. Im Januar sprach Gorbatschow davon, dass die Breshnew-Regierung gekennzeichnet war ›durch Missachtung der Gesetze, Augenauswischerei, Bestechung, Schmarotzertum und Liebedienerei‹. ›Ligatschow ist offensichtlich der Meinung, dass schon genug gesagt sei und den Reden von Schmutz und Stagnation ein Ende gesetzt werden müsse. Er verspüre die Notwendigkeit hervorzuheben, dass, wie seine eigenen Erfahrungen belegen, es auch in der Breshnew-Ära ausgezeichnete Leute gegeben hat‹, sagte ein ausländischer Diplomat.«

Aus meiner Rede hatte man nichts als die positive Bewertung der früheren Jahre herausgefischt, obgleich ich klar und bestimmt nicht nur von den positiven, sondern auch den negativen Seiten und zudem auch vom dialektischen Herangehen an die Geschichte gesprochen hatte. Aus den Mitteilungen der westlichen Agenturen ergab sich, dass Gorbatschow die Stagnation kritisierte, Ligatschow ihr aber Absolution erteilte. Wieder einmal war ich zum Konservativen abgestempelt worden. Wofür? Ich hatte mir erlaubt, die Demagogen zu kritisieren, die die Glasnost für ihre eigenen Zwecke ausnutzten.

Beim Durchlesen dieser von Gorbatschow übermittelten Mini-Presseübersicht – es waren ja gerade einmal drei Quellen – wurde mir sofort klar, dass sich jemand aus Gorbatschows Umfeld gehörig an meiner Rede in Elektrostal zu schaffen gemacht hatte. Die Pressestimmen waren gefiltert, das Ziel dieser Zusammenstellung ganz offensichtlich: Zwischen Gorbatschow und Ligatschow sollte ein Keil getrieben werden. Dass die Arbeit der Presseauswerter nicht ohne Erfolg geblieben war, belegte die schwungvolle Schrift der Notiz auf der erste Seite der Zusammenstellung.

»Jegor Kusmitsch!
Bitte lies dies. Das schließt sich an unser letztes Gespräch an. Unsere ›Freunde‹ im Ausland sind unzufrieden über die Geschlossenheit der sowjetischen Füh-

rung. Das wird dann über die ›Stimmen‹ in Russisch gesendet.*

M. Gorbatschow.«

Zwischen den Zeilen solcher Mitteilungen zu lesen verstand ich natürlich. Es zeigte sich, dass Gorbatschow die zurechtgestutzte Übersicht aus der Auslandspresse für bare Münze genommen hat. Was unser letztes, in der Notiz erwähntes Gespräch betraf, so hatte ich wieder einmal von meinen Überlegungen zur »Geschichtshysterie« in der Presse gesprochen und davon, dass die höchste politische Führung gegen diese Verunglimpfungen geschlossen auftreten müsse.

Bezüglich der Rundfunk-»Stimmen« sollte Gorbatschow recht behalten. Bald darauf wurde im Äther eine gewaltige Propagandakampagne entfacht zur Diskreditierung Ligatschows, der »in die Stalinzeit zurückkehren will und in Konfrontation zu Gorbatschow steht«. Etwas später wurden dann frei erfundene Gerüchte in die Welt gesetzt, dass eine »Verschwörung« für die Zeit geplant sei, da Gorbatschow nicht in Moskau weilte. Und in diesem Geiste sollte es weitergehen.

Anmerken will ich noch, dass ich zu jener Zeit in der Einschätzung der Geschichte mit Gorbatschow im Grunde einer Meinung war. Ich stand dem Personenkult um Stalin und dem Missbrauch immer kritisch gegenüber, war aber der Ansicht, dass man unsere Vergangenheit nicht allein in diesen Rahmen hineinpressen kann. Gorbatschow kritisierte die Fehler der

---

* Gemeint sind die russischsprachigen Sendungen der »Voice of America« und anderer Hörfunksender des Westens.

Vergangenheit gleichfalls scharf, unterstrich aber zugleich: Kein Tag ist umsonst gelebt worden, alle Generationen haben ihre Anstrengungen in die Schaffung des Vaterlands eingebracht.

Hinzuzufügen ist aber auch: Die Worte Gorbatschows, die ihrem Gehalt nach richtig waren, blieben nur Worte und wurden nicht in konkrete Handlungen umgesetzt. Es war in vielen Fällen so, dass richtige Vorgaben gemacht wurden, aus ihnen aber keine praktische Arbeit erwuchs. Und so ist Gorbatschows Ausspruch, dass in unserer Geschichte kein Tag umsonst gelebt worden ist, auch nicht zum Orientierungspunkt für die ideologische Arbeit der Partei und für die Presse geworden. Geht man von diesen Tatsachen aus, so hatte ich mit Gorbatschow zur Frage des Verhältnisses zur Geschichte in der praktischen Umsetzung doch schon zu jener Zeit ernsthafte Meinungsverschiedenheiten.

Es war wie so oft: Gorbatschow stellte in seinen Reden seine Position zu dieser oder jener Frage dar, kämpfte aber in der Realität nicht für ihre Verwirklichung. So rief er zu einem verantwortungsvollen Umgang mit unserer Geschichte auf, demonstrierte aber selbst ein entgegengesetztes Herangehen. Er sagte 1991 in seiner Rede vor den Staatsanwälten des Landes: »In der Vergangenheit wurde im Grunde alles unter der Fuchtel getan, der Mensch war dem Ackerboden, den Produktionsmitteln, der Macht – allem entfremdet [...] In den Regionen, Gebieten und Republiken herrschten die ›Provinzfürsten‹, ungeachtet aller Staatsanwaltschaften und Gesetze.«

Eine derartige Bausch-und-Bogen-Anschuldigung kann man wohl kaum verantwortungsvoll nennen.

In Kiew war Gorbatschow übrigens einmal mit einer beeindruckende Rede über die Partei aufgetreten.

Diese Rede hätte durchaus zum Ausgangspunkt einer aktiven Tätigkeit der KPdSU zur Erneuerung und Reinigung ihrer Reihen werden können. Der Generalsekretär erinnerte sich aber nie wieder an diese Rede. Rede gehalten, Thema abgehakt und ... vergessen. Als ich Gorbatschow dann an seine Kiewer Rede erinnerte und darauf hinwies, dass die Aussagen dieser Rede realisiert werden müssten, wich er dem Gespräch aus. Derartige Fälle gab es, wie gesagt, nicht wenige. Ich kam schließlich zum Eindruck, dass das keine Zufälligkeiten waren, sondern Elemente einer politischen Taktik. Eine These wurde vorgetragen zur Beruhigung bestimmter sozialer Schichten und politischer Strömungen, in der Realität wurde eine andere Linie verfolgt ...

Trotz des Risses in unserer Beziehung ließ Gorbatschow seine Absicht, mich auf dem Plenum zum Thema Bildung referieren zu lassen, nicht fallen. Nach seiner Rückkehr aus dem Urlaub wurde ich auf der Politbüro-Sitzung offiziell als Referent bestätigt. Doch stießen meine Gedanken zum Umgang mit der Geschichte, für die ich Elektrostal als Probelauf genutzt hatte, auf Widerspruch. Da es Gorbatschow nicht für nötig ansah, dazu vor dem Politbüro Kritik vorzubringen, war Jakowlew gezwungen, seine Karten aufzudecken. Ja, es war eben Jakowlew, der nicht einverstanden war. Argumente führte er freilich keine an. Er wand sich hin und her: »Das passt nicht zum Thema des Plenums. Wozu muss man ins Referat historische Reflexionen hineinzwängen? Muss das sein?«

Ich blieb hartnäckig: »Ich bestehe allerdings darauf. Das ist eine prinzipielle Frage, sie hat eine unmittelbare Beziehung zur Erziehung der Jugend.«

Im Referat auf dem Plenum im Februar 1988 legte ich meine Position mit größtmöglicher Deutlichkeit

dar. Ich trat gegen die Verzerrung und die Herabwürdigung der Geschichte und gegen die Zersetzung des
geschichtlichen Gedächtnisses des Volkes auf.

Mit dem Politbüro-Beschluss »Über das Tempo und
den Maßstab der Perestroika«, der ebenfalls im Herbst
1987 angenommen wurde, war es, wie schon berichtet,
anders gelaufen. Jakowlew hatte es trotz meiner Proteste vermocht, aus dem Entwurf die Kritik an den radikalen rechten Massenmedien und an der Geschichts-
besudelung herauszuwerfen.

Was bedeutet das? In der besonders wichtigen Frage
des Verhältnisses zur Geschichte unterstützte Gorbatschow einmal mich, ein anderes Mal Jakowlew, obwohl
unsere Positionen einander ausschlossen. Ein derartiges Lavieren entsprach seiner Wesensart als Politiker …

Nach der Veröffentlichung meines Referats auf dem
Plenum im Februar 1988 in der Presse wuchs der
Strom der Briefe, in denen die destruktiven Aktionen
der radikalen Presse verurteilt wurden. Die öffentliche
Meinung im Lande und die Haltung der Parteimitglieder richtete sich klar gegen die Verunglimpfer. Und ich
beschloss, meine Anstrengungen zu verdoppeln und
zu verdreifachen, damit das Geschichtsthema wieder
ins rechte Gleis käme und von den unterschiedslosen
Schmähungen zu einer ernsthaften Analyse der Fehler
und der erreichten Fortschritte übergegangen würde.

Um mich auf weitere Auftritte zu diesem Thema
vorzubereiten, las ich aufmerksam die Post ans ZK und
bat auch darum, eine Zusammenstellung von Briefen,
die den Zeitungen zu diesem Thema zugegangen waren, anzufertigen.

Am 13. März 1988 veröffentlichte die Zeitung »Sowjetskaja Rossija« einen Leserbrief von Nina Andrejewa, einer Hochschullehrerin aus Leningrad, überschrieben mit dem Satz: »Ich kann meine Prinzipien nicht preisgeben«. In ihrem Brief protestierte Nina Andrejewa gegen die einseitige Darstellung vielschichtiger geschichtlicher Ereignisse, pauschal eingefärbt mit Negativkritik am Sowjetsystem, wie sie in einigen Presseorganen vorzuherrschen begonnen hatte. Sie setzte sich für eine dialektische Sicht ein, die sowohl die Verdienste und Errungenschaften des Sozialismus in der UdSSR einschließlich Stalins Leistungen wie auch die Verurteilung negativer Erscheinungen, insbesondere der Stalinschen Repressionen der 30er und 40er Jahre, erfasst.

Auf der Beratung mit den Chefredakteuren, die ich am 14. oder 15. März durchführte, ging es um viele Fragen, so auch um die Frage der Beteiligung der Presse an der, wie es damals hieß, propagandistischen Absicherung der Lösung in der Probleme in der Wirtschaft und im Agrarsektor. Solche Beratungen fanden entsprechend einer Vorplanung statt, und die ZK-Abteilungen bereiteten sich auf sie vor, indem sie Publikationen studierten, damit die Diskussion sachbezogen geführt werden konnte. So lief es auch dieses Mal. Als die geplanten Themen abgearbeitet waren, schnitt ich jene Frage an, die ich in meiner Rede in Elektrostal und auch in meinem Referat auf dem ZK-Plenum behandelt hatte. Dabei riet ich den Chefredakteuren den eben erst, also am Vortage, in der »Sowjetskaja Rossija« erschienenen Artikel »Ich kann meine Prinzipien nicht preisgeben« zu lesen. Ich hatte schon von vielen bestätigt bekommen, dass Nina Andrejewa mit ihrem Artikel eine Antwort auf die Flut unhistorischer und antisowjetischer Publikationen in unserer Presse gegeben hatte und teilte diese Meinung.

Sehr schnell kam es zu einer lautstarken Kampagne, in der Andrejewas Brief zum »Manifest der Perestroika-Gegner« und der Name der Autorin quasi zum Synonym für »Feind der Perestroika« gemacht wurde.

Vor uns stand – greifbar nah – der Sommer mit der XIX. Parteikonferenz. Es lag auf der Hand, dass ich auf ihr wiederum den Leninschen Blick auf die Geschichte verteidigen und die rechten radikalen Massenmedien kritisieren würde.

Zu dieser Zeit setzten neue Aktionen ein, geplant und ausgeklügelt. Zunächst wurden Gerüchte in Umlauf gesetzt, dass für die Zeit der Abwesenheit Gorbatschows eine »Verschwörung« in Vorbereitung sei. Diese Gerüchte verknüpfte man direkt mit dem »Manifest« Nina Andrejewas und denen, die sie »unterstützten«. Es blieb nicht bei Gerüchten, in der Presse erschienen Publikationen. Die rechte Presse brachte zur gleichen Zeit die These vom wachsenden Widerstand gegen die Perestroika seitens der Konservativen in Umlauf. Ton und Stil der Tag für Tag wieder aufgebauschten These vom »zunehmenden Widerstand gegen die Perestroika« wurden in einem »Prawda«-Artikel vom 5. April 1988 vorgegeben. Er war als »redaktioneller« Artikel erschienen, real hatte jedoch Jakowlew Hand angelegt. Diese Antwort an Nina Andrejewa stempelte den Brief zum »Manifest der Perestroika-Gegner«. Wir waren jetzt soweit, dass missliebige Personen als »Feinde der Perestroika« gebrandmarkt wurden. Im Visier hatte man aber weniger Nina Andrejewa, sondern vielmehr Ligatschow.

Für die These des »wachsenden Widerstands gegen die Perestroika« gab es außer den emotional gehaltenen Passagen in der Presse keinerlei Bestätigungen.

Es wurde im Weiteren sogar eine spezielle Sondierung der öffentlichen Meinung und der Veröffentlichungen in Zeitungen und Zeitschriften durchgeführt, die erbrachte, dass diese irreführende These keine reale Basis hatte. In meinem Archiv habe ich ein Dokument zur Meinungssondierung zu dieser Frage aufbewahrt, aus dem ich hier zitieren möchte:

Am 14. April hieß es in der »Prawda«: »Man muss sagen, dass die Gegner der Perestroika nicht nur einfach auf den Moment warten, da die Perestroika sich festfährt [...] Sie werden jetzt kühner und heben die Köpfe.«

Am 18. April stand dann in der »Prawda«: »Breit angelegtes Programm der offenen und verdeckten Gegner der Perestroika, Aufrufe zur Mobilisierung der konservativen Kräfte [...]«

Die »Sowjetskaja Kultura« wurde am 16. April noch schärfer im Ton: »Ist es nicht an der Zeit, die Anführungsstriche wegzulassen und die beim Namen zu nennen, die sich im Vorfeld der XIX. Parteikonferenz darum bemühen, die Kräfte für den Kampf gegen die Ideen des XXVII. Parteitags und der darauffolgenden ZK-Plenen zusammenzuschließen? Nachdem sie sich vom Schock der ersten Nach-April-Jahre* erholt haben, suchen die Adepten der Konzeption der ›harten Hand‹ [...] Unsicherheit in unseren Reihen zu säen.«

Offensichtlich ist, dass es hier keinen einzigen Fakt, kein einziges konkretes Argument gab. Aber was für ein Stil! Ganz im Stil des Repressionsjahres 1937, da »die offenen und verdeckten Feinde des Volkes ihre Köpfe hoben, kühner wurden und sich bemühten, Unsicherheit zu säen«.

---

* »April« bezieht sich auf den Beginn der Perestroika im April 1985.

Am 24. März 1988 wurde überraschend eine ungeplante Politbüro-Sitzung einberufenen. Auf der Tagesordnung stand ein einziger Punkt: die Erörterung des Briefes von Nina Andrejewa.

Ich möchte anmerken, dass unsere Politbüro-Sitzungen immer in einer freien Atmosphäre als ungezwungener Meinungsaustausch stattfanden, auch im Falle von Meinungsverschiedenheiten. Wir diskutierten die Fragen und nahmen nicht nur Beschlüsse unter dem Diktat des Generalsekretärs an. Diesmal sollte aber alles ganz anders sein. Die Lage war angespannt, nervös, ich würde sogar sagen drückend.

Vor Sitzungsbeginn hatten einige Politbüro-Mitglieder und ZK-Sekretäre ihre Meinungen ausgetauscht und dabei Nina Andrejewas Artikel als ganz positiv bewertet, speziell ihre dialektische Sicht der Geschichte, außerdem sei es gut, angesichts der allgemeinen Verunglimpfung auch eine andere Stimme zu hören. Das sei im Sinne von Glasnost und Demokratie.

Diese Stimmung herrschte auch noch zu Beginn der Diskussion. Schnell wurde aber klar, dass zum ersten Mal in all den Jahren der Perestroika auf einer Sitzung des Politbüros anstelle der bedachtsamen Atmosphäre eine ganz andere getreten war – die einer Abrechnung. Den Ton gab Jakowlew an, der sich mit äußerst scharfen Ausdrücken über Nina Andrejewas Brief und die Zeitung »Sowjetskaja Rossija« hermachte. Es fielen die Worte »Manifest der Perestroika-Gegner«, »Widerstand gegen die Perestroika«, »blockierende Kräfte« – im Grunde die ganze Palette an Etikettierungen, derer sich im Weiteren die antisowjetische Presse für ihre Manipulationen bedienen würde. Medwedjew blies ins gleiche Horn. Sie wollten dem gesamten Politbüro ihre Meinung aufzwingen, und die sah so aus: Andrejewas Artikel sei nicht einfach eine Meinungsäußerung, es handele sich um einen Rückfall in den Stalinismus, um die Hauptgefahr für die Perestroika. Dass der Beitrag in der Rubrik »Polemik« erschienen war, wurde von ihnen völlig ausgeblendet. Wie oft hatten aber eben sie zu Pluralismus und Diskussion aufgerufen!

Es wurde deutlich, dass nun innerhalb der höchsten Parteiführung der Versuch gestartet worden war, die Aufmerksamkeit von der realen Gefahr für die Perestroika abzulenken – vom sich immer offener zeigenden Nationalismus und Separatismus. Zudem wurde gefordert, den bedeutenden politischen Hintermann Nina Andrejewas auszumachen, der das Vorgehen der »Feinde der Perestroika« lenkte und koordinierte, die eine »Verschwörung«, einen »Umsturz« oder was sonst noch im Schilde führten.

Wenn ich mich an jene Politbüro-Sitzung erinnere, wird mir auch heute noch übel. Nein, ich geriet damals nicht in Angst oder Panik. Ich war bereit, meinen Namen entschlossen zu verteidigen. Was mich aber deprimierte, war die Atmosphäre, waren die Methoden, derer man sich bediente. Unwillkürlich erschien mir vor Augen wieder das Bild jener Sitzung des Büros des ZK des Komsomol, auf der ich 1949 des »Trotzkismus« angeklagt worden war. Im Auftreten Jakowlews fand ich vieles von der einstigen Atmosphäre der Repressalien wieder – es war wie eine »Hexenjagd«!

Ein derartiges Vorgehen war typisch für Jakowlew. Vor Jahren, da er die Abteilung für Agitation und Propaganda des ZK der KPdSU leitete, erging er sich nimmermüde in Lobpreisungen des Marxismus-Leninismus und des Sozialismus und richtete den Bannstrahl gegen den Kapitalismus. Rigoros und unversöhnlich hatte er einst aufgerufen: Die Bekämpfung der bürgerlichen Ideologie in allen »ihren Erscheinungen, selbst wenn sie äußerlich anziehend erscheinen mögen, duldet keine

Kompromisse. Keinerlei Zugeständnisse ...« Und mit welchem Zorn war Jakowlew damals über genau jene Ideen hergefallen, für die er und Gorbatschow sich später vehement einsetzen würden! Seinerzeit schrieb er noch so: »Heute stößt man immer wieder auf die aktiven Versuche der Revisionisten, das marxistische Herangehen an die sozialen Erscheinungen als einseitig hinzustellen und dieses Herangehen zu ›ergänzen‹ oder zu ersetzen durch ein abstraktes, ›allgemein menschliches‹ Herangehen [...]. Die abstrakte, nicht klassenmäßige Darstellung der Fragen des Sozialismus, der Demokratie, des Humanismus und der Freiheit bringt im Grunde die Interessen der Bourgeoise zum Ausdruck [...] Die Erfahrung belegt nachdrücklich, dass gerade die konsequente proletarische Klassenposition – und nur sie allein – einen progressiven Gehalt in sich trägt, mit schöpferischen Sinn erfüllt ist.«

Ja, so hatte er einmal geschrieben, bevor er sich um 180 Grad zum Ideologen der Priorität der allgemein menschlichen Werte gewendet hatte. Ich schließe natürlich nicht aus, dass sich bei Politikern die Ansichten ändern können (nicht aber die Prinzipien, die Weltanschauung nach dem Wind gedreht werden). Es war schon befremdend, wie er nun auf der Politbüro-Sitzung eben gegen jene Ideen eiferte, die er früher selbst verfocht.

In der Diskussion zum Andrejewa-Artikel hatte Gorbatschow klar die Seite Jakowlews bezogen und äußerte seine Unzufriedenheit über jene Politbüro-Mitglieder, die sich eher versöhnlich äußerten. Es kam dazu, dass einige Teilnehmer der Sitzung im Lauf der Erörterung gezwungen waren, ihren Position zu wechseln – unter dem Vorwand, sie hätten wohl anfangs Andrejewas Brief nicht aufmerksam genug studiert. Nachdem sie ihn aber wieder und wieder durchgegangen waren, hätten sie schließlich festgestellt, dass es in ihm etwas gäbe, das der Perestroika entgegenstünde. Da keiner dem Hauptansinnen gefolgt war, eine bedeutende politische Figur ausfindig zu machen, die vorgeblich für die »Bedrohung der Perestroika« verantwortlich sei, mussten sie ihre Position zu Andrejewas Brief opfern. Das war nüchterne Berechnung, um die Erörterung nicht in eine direkte Konfrontation münden zu lassen. Es bedurfte politischer Weisheit, um zu vereiteln, dass das wahre Ziel des im Politbüro angezettelten Spiels erreicht wird – eine Neuauflage einer »parteifeindlichen Gruppe«, wie wir sie im Jahre 1957 hatten, durfte nicht zugelassen werden.

Gorbatschow hatte also direkten Druck gegen diejenigen ausgeübt, die den Brief Nina Andrejewas nicht deutlich genug verurteilten. Vom Hauptansinnen Jakowlews schien sich der Generalsekretär zu distanzieren. Ich weiß nicht, ob Gorbatschow dabei aufrichtig auftrat oder ob er sich nur aus Vorsicht heraus so verhielt, weil er sich bei dieser extremistischen Aktion nicht hervortun wollte. Fakt ist, dass er sich an der Suche nach einem »Feind« im Kreis der obersten politischen Führung nicht beteiligt hat. Ohne diese Unterstützung konnte Jakowlew sein Ziel aber nicht erreichen, hatte aber freilich seine Absichten gänzlich offen gelegt.

Diese ungewöhnliche Politbüro-Sitzung dauerte übrigens nicht nur einen, sondern zwei Tage, mit Sitzungen von jeweils sechs bis sieben Stunden.

In all den Jahren der Perestroika war dies der einzige Fall, da auf einer Politbüro-Sitzung eine Presseveröffentlichung diskutiert wurde. Dabei war allen gut bekannt, wie viele wütend eifernde Artikel gegen die Sowjetordnung und gegen den Sozialismus in den Massenmedien erschienen. Kein einziger von ihnen rief eine wie auch immer geartete Reaktion bei Jakowlew,

Medwedjew und Gorbatschow hervor – Glasnost und Meinungspluralismus! Es brauchte aber nur ein polemischer Artikel zur Verteidigung der sozialistischen Ideale zu erscheinen (der vielleicht auch Überspitzungen enthielt), da wurde in der Presse im wahrsten Sinne des Wortes ein Sturm gegen ihn entfacht. Der Artikel Andrejewas wurde nicht diskutiert und nicht kritisiert – nein, er wurde öffentlich an den Pranger gestellt, wurde exekutiert, man erklärte ihn zum »Manifest« und machte ihn zum Schreckgespenst, um ihn dann zum Kampf gegen all diejenigen auszunutzen, die sich der radikalen, zerstörerischen Idee des Antisowjetismus widersetzten.

Bei antisowjetischen Publikationen wirkte das Pluralismusprinzip unabänderlich, gegen einen weitgehend prosowjetischen Artikel hingegen wurde ein wüstes Kesseltreiben eröffnet – woher kam dieser politische Doppelstandard?

Eines war inzwischen klar: Man hatte die politischen Akzente verschoben. Zur Hauptgefahr für die Perestroika wurde der Konservatismus erklärt. Antikommunismus, Separatismus und Nationalismus hingegen bekamen freie Fahrt.

Bald darauf wurde in einigen Pressebeiträgen behauptet, dass Nina Andrejewas Brief mir direkt zugegangen wäre und ich ihn an den Chefredakteur der »Sowjetskaja Rossija« Valentin Tschikin weitergeleitet hätte mit der Anweisung, ihn abzudrucken. Das entsprach nicht der Wahrheit. Wie jeder andere Leser bekam ich den Brief erst zu lesen, als er in der »Sowjetskaja Rossija« erschienen war. Aber man wünschte sich sehnlichst, dass ich Tschikin beeinflusst hätte.

Die »Hexenjagd« entwickelte sich zu einem regelrechten Politkrimi – auch eine Ermittlergruppe sollte zum Einsatz kommen! Gleich am nächsten Morgen nach der Politbüro-Sitzung erschien in der Redaktion der »Sowjetskaja Rossija« eine Kommission aus dem ZK der KPdSU, die sich daran machte, das Original des Briefes von Nina Andrejewa und die gesamte Technologie seiner Druckvorbereitung zu untersuchen, wozu sie auch die Redaktionsmitarbeiter genauestens befragte. Ausgeklügelt hatte man schon das Eintreffen der Kommission. Der Chefredakteur erhielt einen Anruf aus dem ZK, in dem ihm die Absicht mitgeteilt wurde, eine Kontrollkommission zu entsenden. Kaum hatte er den Hörer aufgelegt, als die Kontrolleure schon sein Arbeitszimmer betraten – sie hatten in seinem Vorzimmer bereitgestanden. Das war eine »klassische« Verfahrensweise, mit der verhindert werden sollte, das »Spuren beseitigt« werden, damit man die Schuldigen »auf frischer Tat« stellen konnte.

Es gab jedoch keine »zu beseitigenden Spuren«, und es gab auch nichts »sicherzustellen«. Auf dem Brief von Nina Andrejewa standen keine handschriftlichen Anweisungsvermerke von mir – das war es, wonach man suchte! –, und die Kontrolleure mussten mit leeren Händen abziehen. Im Verlaufe der Untersuchungen stellte sich lediglich heraus, dass Andrejewa ihren Brief an die Redaktionen von drei Zeitungen zugleich gesandt hatte: an die »Prawda«, die »Sowjetskaja Rossija« und an die »Sowjetskaja Kultura«.

In den Vorgängen hatte sich gezeigt, dass die rechten Radikalen hinter dem Nebelvorhang schönfärberischer Losungen bereit zu beliebigen Einschränkungen der Demokratie waren, ja sogar zum Einsatz von ganz und gar antidemokratischen, totalitären Methoden. Ein Beispiel habe ich angeführt – eins von vielen möglichen.

Wie auch immer man sich zu Andrejewas Artikel stellen mochte, die verkündeten Prinzipien der Perestroika Offenheit und Pluralismus verpflichteten zur Wiedergabe des gesamten Spektrums der Lesermeinungen. Aber dazu kam es nicht. Der »Sowjetskaja Rossija« wurde kategorisch untersagt, Briefe zur Unterstützung Andrejewas abzudrucken, mehr noch: Zustimmende Briefe hatte die Redaktion abzugeben, sie wurden eingezogen.

Wo blieb da die Offenheit? Was sollte das für ein Pluralismus sein? Diese Losungen waren der Vorhang, hinter dem die gefährliche Tendenz wuchs, die öffentliche Meinung zu usurpieren und zu monopolisieren. Was sind das für »Demokraten«, wenn sie bereit sind, das Hauptprinzip der Freiheit des Worts zu unterdrücken?

Nach der Durchsuchung der Redaktion der »Sowjetskaja Rossija« hatte mich Gorbatschow zu sich gerufen. Als ich in sein Arbeitszimmer gekommen war, sagte er, ohne abzuwarten, dass ich an seinen Tisch trat: »Jegor, ich muss dir sagen, dass ich mich mit der Frage der Veröffentlichung des Andrejewa-Artikels beschäftigt habe. Ich habe lange mit Tschikin gesprochen. Er hat mir alles erklärt und mir gesagt, wie es war. Du hattest wirklich mit dieser Veröffentlichung nichts zu tun!«

In diesem Moment überkamen mich ganz widersprüchliche Gefühle. Einerseits war es natürlich angenehm zu sehen, dass sich die Verdächtigungen in nichts auflösten und der Versuch Jakowlews, aus mir einen »Perestroika-Gegner« zu konstruieren, gescheitert war. Andererseits war mir nicht wohl bei dem Gedanken, wie wir denn weiter arbeiten sollten, wenn wir einander nicht vertrauen?

Wenn dies alles innerhalb der obersten politischen Führung möglich war, was würde man dann mit einem einfachen Bürger tun, der sich radikalen Sowjetfeinden in den Weg stellte? Ich kann mir vorstellen, was Nina Andrejewa durchmachen musste. Auf einer Beratung der Leiter der Massenmedien im ZK stellte der Schriftsteller Wladimir Karpow Michail Sergejewitsch die Frage: »Wann hört denn endlich die Hetzjagd gegen Nina Andrejewa auf? Hat sie denn etwa kein Recht auf eine eigene Meinung?«

Die Frage blieb unbeantwortet.

Und wie viele derartige Fragen wurden in Briefen gestellt, die an das ZK und die Redaktionen der Zeitungen gerichtet waren! Unbeantwortet blieben auch sie.

Und wie viele voreingenommene und unbegründete Angriffe musste der Chefredakteur der »Sowjetskaja Rossija«, Valentin Tschikin, ein Kommunist und kämpferischer Patriot, erdulden, weil er es »gewagt« hatte, die Meinung der Leningrader Hochschullehrerin zu veröffentlichen! Als dann versucht wurde, die »Sowjetskaja Rossija« zu schließen, standen tausende Russen auf, um ihre Zeitung und den Chefredakteur zu verteidigen. Und sie konnten ihre Zeitung bewahren.

Auf den Artikel in der »Prawda« folgte ein regelrechtes Kesseltreiben gegen die sogenannten Perestroika-Gegner. Das, was Jakowlew und Medwedjew auf der Politbüro-Sitzung nicht gewagt hatten – meinen Namen zu nennen –, das tat nun die Presse, die nun ganz unbeschwert die unwahrscheinlichsten Gerüchte, Mutmaßungen und Redereien in Umlauf brachte. Die »Perestroika-Vorkämpfer« machten sich daran, die »Konservativen«, die angeblich hinter dem Rücken Nina Andrejewas standen, zu brandmarken. Ihre Worte erinnerten in erstaunlicher Weise an Jakowlews Thesen.

Zu dem »redaktionellen« Artikel sagte mir der Chefredakteur der »Prawda« Viktor Afanasjew später einmal voll Bitternis: »Sie haben mich einfach dazu gezwungen, dass ich den Artikel in die Ausgabe setze, mein Leben lang kann ich mir das nicht verzeihen.«

Trotz des denkwürdigen Gesprächs im Arbeitszimmer Gorbatschows hatte er – ungeachtet der Verleumdungen gegen mich – nicht ein einziges Mal öffentlich erklärt, dass ich mit der Veröffentlichung nichts zu tun hatte. Er beschränkte sich auf ein Gespräch unter vier Augen – und Schluss. Genauso wenig setzte er sich für die Verteidigung von Nikolai Ryshkow ein, als der Vorsitzende des Ministerrats eine Flut ungerechtfertigter Angriffe über sich ergehen lassen musste. Gorbatschow war sich also wieder einmal treu geblieben …

Die Machenschaften Gdljans
und Iwanows

Im Mai 1989 erschien in der »Literaturnaja Gaseta« ein Artikel von Olga Tschaikowskaja unter dem Titel »Mythos«. In diesem Artikel war zum ersten Mal lautstark die Wahrheit über die Methoden der Untersuchungsrichter Gdljan und Iwanow bei der sogenannten »Baumwoll-Affäre« zu lesen. Unter anderem wurde ein Brief des Sowchos*-Direktors A. Radshapow angeführt. Ihm sollte ein Geständnis abgezwungen werden, dass er einem Sekretär des Gebietskomitees der Karakalpakischen Autonomen Sowjetrepublik Bestechungsgelder gegeben habe. Die Untersuchungsführer »drohten mir«, schrieb Radshapow, »dass sie mich zu Kriminellen sperren, denen man sagt, dass sie mit mir machen können, was sie wollten. Sie können dich treten, dich fertigmachen (ihre Worte kann ich hier einfach nicht wiedergeben). Dann wirst du ganz brav alles aufschreiben, was von dir verlangt wird. Übler, primitiver Jargon, unflätige Flüche und schamlose Redensarten waren die Norm für die Umgangssprache des Untersuchungsrichters. Hätte man mir früher gesagt, dass derartiges in unserer Zeit möglich ist, ich hätte es nicht geglaubt.«

Olga Tschaikowskaja berichtete von Fällen, da die in Untersuchungshaft Gezwungenen die Drohungen

---

* Sowchos: landwirtschaftlicher Staatsbetrieb.

und Misshandlungen nicht aushielten und alles unterschrieben, was ihnen die Untersuchungsrichter vorlegten. Einige hatten im Verlauf der Ermittlungen Selbstmord begangen.

Im Herbst 1990 hatte Olga Tschaikowskaja noch einen weiteren drastischen Artikel zur Entlarvung der Methoden von Gdljan und Iwanow verfasst. Die nun von Burlazki geleitete »Literaturnaja Gaseta« lehnte den Abdruck ab, der Beitrag erschien in den Mitteilungen der Akademie der Wissenschaften der UdSSR* (№ 8/1990) in geringer Auflage.

Gdljan und Iwanow bewegten sich auf dem Schachbrett der Politik wie Bauern, denen dünkte, dass sie in eine Dame-Figur aufgewertet würden. Dass die von Gdljan und Iwanow erhobenen Anschuldigungen nicht kritisch geprüft wurden, dafür müssen die Massenmedien, die in ihrer Sensationsjagd oder aus politischem Partikularinteresse heraus den Mythos der »Helden-Untersuchungsrichter« geprägt hatten, ihren Teil der Verantwortung übernehmen. Dieser Mythos wurde zu einem Potjomkinschen Dorf, hinter dessen Fassaden das Elend der zu Unrecht in Untersuchungshaft gezwungenen Usbeken verborgen blieb. Die Presse hatte sogar eine Attacke geritten gegen die Sonderkommission, die das Präsidium des Obersten Sowjets der UdSSR zur Überprüfung der Beschwerden aus Usbekistan gebildet hatte.

Diese Praktiken waren nichts anderes als ein Rückfall in weit zurückliegende Zeiten, wenn auch kaschiert mit dem neuen Aushängeschild der Glasnost und der Demokratie. Als Gdljan und Iwanow gewahr wurden, dass es für sie brenzlig wird, zimmerten sie als zentrale These ihres Wahlkampfprogramms die Behauptung,

---

* russ.: Вестник Академии наук СССР.

181

dass Moskau die Entlarvung der usbekischen Mafia behindere – im ZK und in der Staatsanwaltschaft der UdSSR habe sich eine korrumpierte Spitze eingenistet.

Das Land geriet in Aufruhr: Wie kann das sein – in Moskau?! Im Kreml?! Im ZK-Apparat?! Das primitive Manöver der Untersuchungsrichter mit Abgeordnetenambitionen war erfolgreich. Mit Anspielungen, lauttönenden Anwürfen gegen die Parteispitze und wilden Rundumanklagen wegen Bestechlichkeit machten sie sich populär. Auf der Welle dieser Gunst wurde Gdljan im Moskauer Bezirk Tuschino in der ersten Wahlrunde zum Abgeordneten gewählt. Iwanow musste in Leningrad einen Fehlschlag hinnehmen – er bekam keine Stimmenmehrheit. Er blieben ihm allerdings noch Chancen für den zweiten Wahlgang am 14. Mai.

Und Iwanow hatte im Leningrader Fernsehen am 12. Mai einen TV-Auftritt!

Hier lief ganz offensichtlich ein unsauberes Wahlkampfmanöver. Iwanow entpuppte sich als gerissener Bursche – drei Treffer landete er auf einmal. Sein Fernsehauftritt war am Freitagabend, die Wahlen standen für Sonntag an, am Sonnabend würde niemand mehr irgendetwas aufklären können, nicht einmal ein Dementi käme mehr durch. Zum Zweiten hatte er spektakuläre Namen in die Runde geworfen. Der psychologische Effekt, den sein Auftritt auf die Wähler haben sollte, war genau vorberechnet. Drittens schließlich hatte er auch den Namen Ligatschow ins Gespräch gebracht, was meinen politischen Opponenten gefallen und die Unterstützung einiger Massenmedien sichern sollte.

Am Montagmorgen machte ich mich an die Suche nach dem Wortlaut von Iwanows Rede. Ich rief da und dort an, aber keiner wusste Genaues. Mir wurden nur Ausschnitte aus Meldungen westlicher Rundfunkstationen vorgelegt, die die Vorgänge sofort in alle Welt gebracht hatten. Der französische Auslandssender »Radio France Internationale« meldete zum Beispiel: »Der sowjetische Staatsanwalt Nikolai Iwanow teilte mit, dass einige hohe Funktionäre, unter ihnen der Führer der Konservativen im Politbüro Jegor Ligatschow sowie Grigori Romanow und Michail Solomenzew, in einen großen Skandal verwickelt sind und dass die Behörden versuchen, die Untersuchung zu blockieren. Heute ist die ›Prawda‹ zum Gegenangriff gegen Iwanow übergegangen.«

Zwei Dinge waren mir an dieser Meldung aufgefallen. Hatte Iwanow in seinem Auftritt an erster Stelle Romanow genannt, so stürzten sich die Franzosen gleich auf den »Führer der Konservativen, Jegor Ligatschow«. Iwanow war hier offenkundig die Rolle des Ballholers zugedacht worden. In welche Richtung dann der Ball ins Spiel gebracht würde, das sollten schon politisch bedeutendere Spieler entscheiden.

Und dann stellte sich mir die Frage nach dem Wort »verwickelt«. Was sollte das heißen? Was steckte hinter diesem Wort?

Interessant war auch der Verweis auf die »Prawda«. Iwanow war auf Sendung am Abend des 12. Mai, die »Prawda« hatte, wie auch andere zentrale Zeitungen, am Morgen des 13. Mai eine Mitteilung abgedruckt, übertitelt »Im Präsidium des Obersten Sowjets der UdSSR«, in der es hieß, dass eine Sonderkommission zahlreiche Beschwerden und Anzeigen gegen Gdljan und Iwanow wegen schwerem Amtsmissbrauchs untersuchte. Ganz klar war, dass die beiden Ereignisse zufällig zeitlich zusammenfielen. Die ausländischen Sender griffen das aber sofort auf: »die ›Prawda‹ ist zum Gegenangriff gegen Iwanow übergegangen.« Das klang nach was, so macht man echte Propaganda!

Noch bemerkenswerter erschien mir die Meldung der »Stimme Amerikas«: »Der Staatsanwalt Nikolai Iwanow gab bekannt, dass im Verlauf der von ihm durchgeführten Untersuchung zur Korruption in den Staatsorganen der Name des Politbüro-Mitglieds Ligatschow in Erscheinung getreten ist. Iwanow teilte keine Details mit. Jegor Ligatschow, der ein Politiker konservativer Prägung ist, wird mitunter als Rivale Gorbatschows angesehen.«

Schließlich gelang es, ein Band mit dem Mitschnitt von Iwanows Statement aufzutreiben. Abgetippt ergab es gerade einmal eine knappe Seite Text. Ich denke, es ist angebracht, ihn hier in Gänze anzuführen, und dies auch angesichts der später folgenden Ereignisse, die das Land wie ein Wirbelsturm überzogen.

Hier nun Iwanows Worte:

»Viele Wähler fragen, warum in Leningrad der Kampf gegen die Mafia nicht geführt wird und wer von den höchsten Rängen in Moskau in Strafsachen in Erscheinung tritt. Es ist so, dass der Kampf nicht geführt wird, weil die Staatspolitik heute die Politik der völligen Einstellung des Kampfes gegen das organisierte Verbrechen ist. Kämpfen kann man aber überall. Zur Kenntnis der Leningrader kann gesagt werden, dass unter jenen, die in unserem Straffall in Erscheinung treten, auch die Person des früheren führenden Funktionärs von Leningrad, des Genossen Romanow, vertreten ist. Abgesehen von allem anderen, tauchten in dem Fall beiläufig auch solche Persönlichkeiten aus dem Politbüro wie der Genosse Solomenzew und der Genosse Ligatschow sowie der frühere Vorsitzende des Obersten Gerichts Terebilow auf. Besonders beunruhigt heute die Situation, die sich um Ligatschow herausgebildet hat. Wir sind sehr in Sorge über die Stärkung der Positionen dieses Mannes angesichts des Rechtsrucks, den wir in der gegenwärtigen Politik beobachten, man kann hier nicht anders als ernsthaft beunruhigt sein. Ich spreche nicht von Schuld oder Unschuld dieser Personen. Zum heutigen Tag spreche ich davon, dass der Fall im Weiteren eingestellt wird. Ich bin mir sehr bewusst darüber, wovon ich jetzt rede. Ich bin bereit, die volle Verantwortung für meine Worte zu übernehmen. Danke.«

Ich las das Ganze in einem Zug und, ehrlich gesagt, meine Stimmung besserte sich. »Ich spreche nicht von Schuld oder Unschuld« – Nein, so etwas aber auch! Erst begießt er einen mit Schmutz, und dann spricht er gar nicht von Schuld oder Unschuld … Was für ein Untersuchungsrichter und Gesetzeshüter – einfach ein Meister seines Fachs!

Ich las den Text wieder und wieder und untersuchte jedes Wort. Warum hatte er der politischen Seite meiner Person ein derart besonderes Augenmerk gewidmet? Ja, Korruption und Bestechung – das ist sein Thema. Aber was sollte hier die »Verstärkung der Position dieses Mannes angesichts des Rechtsrucks«? Und wer war »wir«? In den Jahren der Perestroika war viel, sehr viel darüber geschrieben worden, wie schädlich der Einfluss der Politik auf die Rechtsprechung sei und dass Ermittlung und Gericht politisch unbefangen zu sein haben. Und dieser »progressive« Untersuchungsrichter stürzte sich nun mit Vehemenz auf das Feld der Politik.

Da blieben keine Zweifel: Hinter ihm standen bedeutende Akteure, deren politischen Auftrag er erfüllte.

Ein Jahr später, als die sozialökonomischen Prozesse im Lande stark krisenhafte Züge annahmen, verstand ich, dass die Untersuchungsrichter nicht nur einen politischen Auftrag erfüllten, der verlangte, Ligatschow von der Macht zu entfernen, sondern zugleich auch eine Art von Ablenkmanöver vollführten, das der neuen Mafia schnelle Wachstumsmöglichkeiten sichern sollte. Hier ist auch die Frage berechtigt, die mir J. I. Shukow, ein alteingesessener Leningrader, der die Zeit der Blockade der Stadt durchgemacht hatte, in einem Brief stellte: »Wer hat einem nicht besonders bekannten Untersuchungsrichter die riesigen Mittel gegeben, um die ganze Stadt mit hunderttausenden Plakaten zuzukleben [...]? Ihm gab man eine glänzende Presse, das Fernsehen und die besten Säle der Stadt. Wer hat das bezahlt?«

Mit seinem Auftritt im Leningrader Fernsehen hatte Iwanow noch einen weiteren Treffer gelandet: Er vermochte die Arbeit der Kommission des Obersten Sowjets der UdSSR zu stören. Der Aufhänger dazu war: Ihr da oben seid ja selbst in Korruption verstrickt, deshalb fängt jetzt die Jagd gegen uns Untersuchungsrichter an.

Schon damals war mir endgültig klar geworden, dass Gdljan und Iwanow beileibe keine unerschrockenen Einzelkämpfer waren, die sich gegen das »korrumpierte System« auflehnten. Sie waren vielmehr in eine Operation großen Ausmaßes eingebunden, in der ihre Ambitionen und ihre politische Gewissenlosigkeit von Nutzen waren.

Und dabei hatte Iwanow nichts, rein gar nichts dazu gesagt, womit er seine Anschuldigungen begründen könnte – aber die ganze Welt wusste nun schon, dass Ligatschow in Korruption »verwickelt« und »in einer Strafsache in Erscheinung getreten« war.

Ich wurde das Gefühl nicht los, dass hier eine Art von verschwiegener Allianz agierte. Jedes der Mitglieder dieser Allianz wusste auch ohne besondere Anweisung sehr gut, wie es gegenüber dem »Konservativen Ligatschow« zu handeln hatte. Der Fall nahm eine stürmische Wendung ganz und gar nicht ins Strafrechtliche, sondern geradewegs in Richtung Politik. Hier wollte jemand ausnutzen, dass die Bevölkerung die Realitäten nicht kannte, um einen politischen Effekt zu erzielen – eine andere Dividende war hier nicht zu holen.

Wenn die Dinge so standen, war es an mir, schnell zu handeln. Vor allem musste ich eine offene Untersuchung verlangen. Ich beschloss, keine Zeit zu verlieren und setzte umgehend folgendes Schreiben auf:

»An die Kommission des Präsidium
des Obersten Sowjets der UdSSR
An den Generalstaatsanwalt der UdSSR

Die Erklärung des Untersuchungsrichters Iwanow, dass im Strafverfahren neue Personen ›beiläufig aufgetaucht‹ seien, bei Nennung meines Namens stellt eine Provokation und üble Lüge dar. Diese Erklärung lässt auf mich allerwenigstens den Schatten des Verdachts fallen, Straftaten begangen zu haben. Abgegeben wurde diese Erklärung vor allem aus karrieristischen Zielen heraus, aber auch, um die Verantwortlichkeit für die zahlreichen Beschuldigungen, die Bürger in ihren Briefen gegen Iwanow selbst vorgebracht haben, von sich zu wälzen. Ich bitte um Behandlung meiner Eingabe und um Veröffentlichung der Ergebnisse in der Presse.«

Darunter setzte ich meine Unterschrift und das Datum 15. Mai 1989. Bald erfuhr ich, dass sich auch Michail

Solomenzew an die Generalstaatsanwaltschaft der UdSSR gewandt hatte. Ich tauschte mich mit ihm aus, und da die schädlichen Gerüchte zunahmen und auf das Politbüro als Ganzes der Schatten der Verdächtigungen fiel, beschlossen wir aus Achtung den anderen Politbüro-Mitgliedern gegenüber, sie mit dem endgültigen Text der Eingabe bekannt zu machen.

Einwände oder Anmerkungen gab es keine. Aber plötzlich rief mich Medwedjew an. »Jegor Kusmitsch«, sagte er, »vielleicht sollte man nichts übereilen mit der Veröffentlichung dieser Mitteilung? Wozu die Stimmung aufheizen? Warten wir doch bis zur Rückkehr von Michail Sergejewitsch und beraten alles gründlich.«

»Wozu noch warten?«, erwiderte ich Medwedjew heftig. »Meine Ehre ist hier verletzt worden, die Ehre des ZK und des Politbüros. Warum sollen wir schweigen und damit die Gerüchteküche zum Brodeln bringen?«

Medwedjew zog die Angelegenheit lange hin, gab aber kein Einverständnis. Doch die Kanäle zu TASS und zur Presse liefen über ihn. Ich kannte das System gut, das auch bei Medwedjew im Grunde unverändert geblieben war, und mir war bewusst, dass die Chefredakteure der Zeitungen – wenn sie die Mitteilungen von mir und Solomenzew erhielten – Medwedjew anrufen und nach seiner Order fragen würden.

Die Zeit verging, und ich sollte nach Iwanows Auftritt immer noch zum Schweigen verurteilt sein? Nein, ich musste jetzt mit Gorbatschow sprechen. Von der Allgemeinen Abteilung wurde ich informiert, dass er auf dem Heimweg von seiner Chinareise war. Das Flugzeug würde spätnachts landen. Wenn ich seine Rückkehr abwarten würde, würden die Zeitungen die Mitteilung über meinen Protest in der morgigen Ausgabe nicht mehr abdrucken können. Gut, noch ein oder zwei Tag länger zu warten wäre nicht sehr schlimm. Medwedjews Anruf hatte mich aber hellhörig werden lassen. Und dann war mir noch die verschwommene Äußerung Gorbatschows auf dem Flughafen im Ohr. Meine politische Intuition sagte mir, dass ich entschlossen vorgehen musste.

Ich griff zum Hörer des Telefons der Vermittlung für geheime Regierungsgespräche.

Unter Gorbatschow war übrigens das Telekommunikationssystem auf ein hohes technisches Niveau gebracht worden. Das musste auch einfach so sein – in einem Land mit so riesigen Dimensionen wie dem unseren musste der Generalsekretär und Vorsitzende des Verteidigungsrates einfach zu jedem Augenblick erreichbar sein.

Ich fragte die Telefonistin in der Vermittlung: »Wo ist Michail Sergejewitsch im Moment? Versuchen Sie doch bitte, mich mit ihm zu verbinden – so schnell es geht.«

Die Satellitenverbindung arbeitete zuverlässig, nach drei Minuten schon bekam ich das Gespräch. So, wie ich es überschlagen hatte, musste das Flugzeug im Anflug auf unsere Grenze sein. Ich erklärte Gorbatschow mein Anliegen und las ihm den kurzen Text der Erklärung vor.

»Ich habe alles verstanden«, antwortete Michail Sergejewitsch. »Das muss natürlich veröffentlicht werden. Bis bald in Moskau!«

Am 19. Mai erschien in der »Prawda« und in der »Iswestija«* eine Mitteilung mit dem Titel »Entschiedener Protest«. In ihr hieß es unter anderem: »J.K. Ligatschow hat am 15. Mai im Zusammenhang mit dem

---

* Der Titel der Zeitung lautet auf Deutsch »Nachrichten«, der volle Titel »Nachrichten des Sowjets der Volksdeputierten«.

Auftritt des Untersuchungsrichters Iwanow im Leningrader Fernsehen der Generalstaatsanwaltschaft der UdSSR eine Erklärung zugeleitet.« Und weiter: »J. K. Ligatschow hat diesen Äußerungen entschieden widersprochen und bewertet sie als Verleumdung und Provokation. Er bittet um Untersuchung dieser Angelegenheit und um Veröffentlichung der Ergebnisse in der Presse.«

Nachdem Gdljan, Iwanow und die zu ihnen gestoßene Ökonomin Korjagina die »Ligatschow-Karte« ausgespielt hatten, versuchten sie, das Interesse mit Angriffen auf Gorbatschow auf sich zu ziehen. Auf Meetings beschuldigten sie ihn öffentlich, in die sogenannte »Stawropol-Korruptionsaffäre« verwickelt zu sein. Gleich nach den ersten Angriffen riet ich Michail Sergejewitsch auf einer Politbüro-Sitzung, sofort zu reagieren und die Verleumder zu widerlegen. Gorbatschow entschied sich anders. Er wollte die Anwürfe mit Stillschweigen übergehen, um das Interesse an den Auftritten der Untersuchungsrichter nicht anzustacheln.

Ich denke, dass das falsch war. Derartige Aktionen politischer Gegner sind keineswegs nur eine persönliche Angelegenheit.

Am 22. Mai 1989 fand ein planmäßiges Plenum des ZK der KPdSU statt. Zu diesem Zeitpunkt war die Verleumdungskampagne in den Massenmedien schon auf Touren gekommen. Zu meiner Person wurde das Gerücht lanciert, dass mir Usmanchodshajew im Büro dreißigtausend Rubel in einem Diplomatenkoffer übergeben habe.

So entschloss ich mich zu einem weiteren Gegenschritt, diesmal auf der Parteilinie.

In der Satzung der KPdSU war vorgesehen, dass jedes Parteimitglied das Recht hat, sich mit Fragen, Erklärungen und Vorschlägen an jede Parteiinstanz bis hin zum ZK zu wenden und eine Antwort zur Sache zu verlangen. Ich beschloss, dieses Recht zu nutzen, und wandte mich mit einer Erklärung an das ZK der KPdSU. In ihr hatte ich geschrieben, dass die von den Untersuchungsrichtern Gdljan und Iwanow gegen mich vorgebrachten Anschuldigungen eine Provokation gegen das Politbüro als Ganzes seien. Sie zeugten von der im Lande zunehmenden Tendenz des politischen Karrierismus. Weiter schrieb ich, dass leider einige Medien ihre Seiten für die Verleumdung von Bürgern hergäben, sie bereits vor einer gerichtlichen Untersuchung beschuldigten, Verbrechen begangen zu haben, und so die öffentliche Meinung gegen sie aufwiegelten. Anstatt dem Rechtsstaat zuzustreben, glitten wir damit in die Gesetzlosigkeit ab.

Dass sich ein Mitglied des Politbüros mit einer derartigen Erklärung an das Plenum wandte, sollte im Grunde nichts Außergewöhnliches darstellen, war ja verbrieftes Recht. Und doch handelte es sich um einen beispiellosen Fall – fünfzig Jahre hatte es derartiges nicht gegeben! Trotzdem zeigte sich bei der Verlesung meiner Erklärung durch Gorbatschow wenig Regung. Ich hatte gedacht, dass sie Anlass dafür gäbe, über die sich zuspitzende innenpolitische Lage und den sich verschärfenden Antisowjetismus zu sprechen. Doch nein, die Gelegenheit wurde wieder einmal ausgelassen. Zu meiner Erklärung nahm Gorbatschow in keiner Weise Stellung. Er verlas lediglich den zuvor abgefassten Beschluss mit der Beauftragung des Generalstaatsanwalts zur Prüfung der Fakten.

Bald darauf begann der I. Kongress der Volksdeputierten der UdSSR*. Indem mich Gdljan und Iwanow mit ihren Korruptionsverdächtigungen in ein schlechtes Licht stellten, banden sie mir quasi die Hände, um mich am politischen Kampf zu hindern. Auf dem Kongress wurde mir nicht einmal das Wort erteilt.** Erstaunlich, wie einfach es den beiden gemacht wurde, mit ihren Manövern ihr Ziel zu erreichen!

Ein Trauerspiel war es, die Redebeiträge einiger Abgeordneter zu hören, die von scharfen Beleidigungen geprägt waren. Besonders tat sich dabei der Journalist Juri Tschernitschenko hervor, den die Presse zu dieser Zeit als »progressiv« hinstellte. Er hatte eine ideologische Kehrtwende vom Propagandisten des Kolchoslebens*** zu einem bitteren Feind des Kolchossystems vollbracht. Wie ich ihn so reden hörte, auffallend bemüht, mit Kritik gegen Ligatschow zu punkten, entsann ich mich, dass dieser sich jetzt so kritisch gebärdende Tschernitschenko einst ein getreuer Adlatus eines Medunow**** war …

Er trat mit brüskierendem und hysterischem Ton auf. Seine Auftritte vollzogen sich im Wechselspiel mit den verleumderischen Attacken Gdljans. Das ganze Geschehen erzeugte einen ganz bestimmten starken Druck nicht nur auf mich, sondern auch auf das Polit-

---

* Der Kongress der Volksdeputierten der UdSSR war in den Jahren 1989–1991 das höchste Organ der Staatsmacht der UdSSR. Zu seinen Kompetenzen gehörten u. a. die Annahme und die Änderung der Verfassung, die Festlegung der Hauptrichtungen der Innen- und Außenpolitik der UdSSR, die Wahl des Obersten Sowjets und seines Vorsitzenden, die Bestätigung des Vorsitzenden des Ministerrats.
** Den Vorsitz auf dem Kongress der Volksdelegierten führte M. S. Gorbatschow. In dieser Eigenschaft erteilte er das Wort und konnte auch das Wort entziehen.
*** Kolchos: Kollektivwirtschaft - großer landwirtschaftlicher Betrieb auf der Basis genossenschaftlichen Eigentums.
**** Siehe Seite 92.

büro und die Kommunistische Partei generell. Ich ließ mehrfach Redeanträge ins Präsidium reichen, um dagegen Stellung zu nehmen, und wandte mich auch schriftlich an Gorbatschow persönlich. Anfangs vermutete ich noch, dass Gorbatschow selbst Klarheit schaffen und persönlich auf die derben Zuspitzungen einer Reihe von Rednern reagieren würde. Verschiedene Redebeiträge führten im Saal zu empörten Ausrufen. Das wären passende Momente zum Eingreifen gewesen, um die Dinge ins rechte Licht zu setzen. Aber Gorbatschow schwieg. Er schwieg sogar weiter, als der Schriftsteller Valentin Rasputin ihn von der Tribüne aus direkt ansprach. Unter Beifall aus dem Saal fragte er Michail Sergejewitsch, wie er Behauptungen aus der Presse und einzelner Redner kommentieren könne, dass Ligatschow während der Auslandsreisen des Generalsekretärs nahezu den Umsturz vorbereitet habe. Warum reagiere Michail Sergejewitsch in keiner Weise auf die beweislosen Angriffe? Ob denn nicht klar sei, wer zur nächsten Zielscheibe würde?

Die Worte Rasputins waren mutig, ungemein offen und politisch genau. Aber auch bei dieser direkten und unzweideutigen Anfrage enthielt sich Gorbatschow einer Reaktion.

Wie sollte ich das Schweigen Gorbatschows zu den verleumderischen Angriffen gegen mich werten? Als Taktik oder als Strategie? Wenn es eine Taktik sein sollte, dann wollte er wohl möglichst wenig Augenmerk auf die »Ligatschow-Affäre« gelenkt sehen. Aber war nicht jedem klar, dass eine solche Taktik nicht funktionierte? Sie bewirkt keine Abkühlung der aufgeheizten Emotionen, sondern arbeitet im Gegenteil ganz klar den Verleumdern zu. Dann war es also eine Strategie? Aber was sollte ihr Sinn sein?

Zu diesem Zeitpunkt fand ich noch keine klare Antwort auf diese Fragen und verstand nicht, was ablief. Das sollte erst später, im Kontext der allgemeinen politischen Entwicklung im Lande, geschehen. Auf meine Einschätzungen komme ich noch zurück.

Was Valentin Rasputin auf dem Kongress vorhergesagt hatte, sollte sich als wahrhaft prophetisch erweisen. Gdljan und Iwanow sahen von Seiten Gorbatschows keine Abwehr und hatten ihr Repertoire an Anschuldigungen gegen mich bald erschöpft. Ihr Auftreten war jetzt zugegebenermaßen ziemlich vorsichtig. Als das Interesse an ihnen, den »heldenhaften Untersuchungsrichtern«, abzuebben begann, nahmen sie sich schließlich Gorbatschow selbst vor.

Auf einer Politbüro-Sitzung brachte Michail Sergejewitsch dann die Sprache schließlich darauf, dass die Hetze gegen das Politbüro nicht aufhöre, sondern sich vielmehr verstärke.

Ich entgegnete: »Wissen Sie, wie es dazu kommt?«

»Ja wie denn?«, fragte Gorbatschow zurück.

Ich antwortete mit aller Deutlichkeit: »Weil wir Lenin nicht unter uns haben. Er hat diejenigen, mit denen er zusammenarbeitete, immer vor ungerechtfertigten Angriffen verteidigt.«

Totenstille trat ein. Gorbatschow blätterte in den vor ihm liegenden Papieren und ging dann zum nächsten Tagesordnungspunkt über.

Es war eine wirklich sonderbare Situation entstanden. Unter den Politbüromitgliedern gab es nun einen Mann, der unter Korruptionsverdacht stand. Und alle machten dazu eine Miene, als wäre überhaupt nichts. Natürlich spürte ich deutlich das Mitgefühl von Seiten Ryshkows, Worotnikows, Tschebrikows, Krjutschkows, Jasows, Birjukowas und anderer. Medwedjew und Jakowlew gaben sich mir gegenüber ausgesprochen gleichgültig.

Es gab übrigens nicht wenig Verwunderung darüber, warum Gdljan und Iwanow ohne Ende das Politbüro inklusive Gorbatschow kritisierten, zugleich aber Jakowlew lobten. Auf einem Meeting im Moskauer Bezirk Tuschino beschuldigte Gdljan die Sicherheitsorgane, »sie stellen nicht die richtigen Politbüro-Mitglieder bloß«. Und weiter: »Wir vertrauen Jakowlew. Wir haben uns an ihn gewandt, er unterstützt uns«, erklärte der Untersuchungsrichter.

Trotz allem hielt ich auf den Politbüro-Sitzungen an meiner Linie fest. Das heißt, ich schlug Alarm und warnte, dass diese Entwicklung das Land in eine tiefe Krise führt, zum Wirtschaftsverfall, zu einem Aufreißen der wirtschaftlichen Verflechtungen, zu politischer Instabilität und zum Zerfall der Sowjetunion. Eine solche Entwicklung wäre durchaus abzuwenden gewesen. Unser starkes Land besaß genügend Reserven und Ressourcen und hätte ohne Erschütterungen und ohne große Verluste den Übergang zu neuen ökonomischen Verhältnissen im Rahmen des Sozialismus vollziehen können. Zu jener Zeit bekamen aber politische Erwägungen ganz offensichtlich Oberhand über die ökonomischen.

Im September 1989 gab Generalstaatsanwalt Alexander Sucharew auf dem ZK-Plenum eine ausführliche Information mit einer Vielzahl von Beispielen und Fakten zum Amtsmissbrauch der Untersuchungsrichter. Ich schaute auf die Tagungsteilnehmer und spürte, dass viele von ihnen ein und derselbe Gedanke beunruhigte: Warum spielt sich ein solches empörendes Unrecht ab? Was spielt sich überhaupt im Lande ab? Sollte das etwa Perestroika sein? Ganz offen werden das Politbüro, führende Persönlichkeiten in der Hauptstadt und im Lande, Wissenschaftler, Kulturschaffende und verdienstvolle Parteimitglieder verleumdet. Die Methoden Gdljans gleichen ja den furchtbaren Tatsachenverdrehungen aus der Zeit der Stalinschen Repressionen …

Während Sucharew sprach, wechselte ich im Präsidium mit Gorbatschow einige Worte. Er neigte zu der Meinung, dass hier nichts zu erörtern sei. Es müsse ein Beschluss angenommen werden und dann Schluss. Das wollte ich nicht akzeptieren, sagte ihm, dass ich um das Wort bitten werde.

»Ja wozu? Es ist doch auch so alles klar. Wir müssen den Beschluss angehen«, erwiderte Gorbatschow.

»Nein, Michail Sergejewitsch, ich bin damit nicht einverstanden«, widersprach ich. »Wenn Sie mir nicht das Wort geben, gehe ich trotzdem ans Rednerpult.«

Ich spürte die Stimmung im Saal und wusste, dass ich unbedingt reden musste. Es war schon genug gewesen, dass ich auf dem Kongress der Volksdeputierten zum Schweigen gezwungen wurde. Viele hatten doch gedacht, dass ich von mir aus geschwiegen hatte, denn sie wussten ja nichts von den Anträgen, die ich beim Präsidium des Kongresses eingereicht hatte. Gorbatschow hatte offensichtlich begriffen, dass er mich dieses Mal nicht aufhalten konnte. Schließlich wurde mir das Wort erteilt. Ich sprach offen das aus, was sich an quälenden Problemen angehäuft hatte. Der Saal nahm meine Besorgnisse mit Anteilnahme auf. Alle verstanden, dass es hier nicht um mich ging, sondern um das Schicksal des Landes. Physischer Gewalt gehen immer Verleumdung und moralischer Terror voraus, das hatte unser Land in seiner Geschichte schon durchgemacht.

Ich versuchte, die Wurzeln des gegenwärtigen Geschehens bloßzulegen und vor kommendem Unheil zu warnen, sagte, dass wir es mit einer überaus gefährlichen politischen Erscheinung zu tun hatten – mit dem politischen Karrierismus – und man drauf und dran sei, einen Keil zwischen Partei und Volk, zwischen Parteimitglieder und Parteilose zu treiben, Funktionäre zu kompromittieren, um die eigenen Leute an die Macht zu hieven. Am Ende meiner Rede widersprach ich Gorbatschow, der am Vortag, zu Beginn des Plenums, zwar die Schwierigkeiten im Lande angesprochen, aber dabei wieder einmal dazu aufgerufen hatte, nicht die Nerven zu verlieren.

Ich warnte vor der Gefahr des Separatismus, dem Ausbruch nationalistischer Ausschreitungen, dem Zerfall der Wirtschaft und des Staates, schlug die Annahme einer speziellen Resolution zur Einheit der Partei vor und rief dazu auf, zu verhindern, dass das Land an den Abgrund geriete.

Gorbatschows Aufruf in der gleichen Situation lautete: »Nicht die Nerven verlieren«.

Auch auf dem September-Plenum 1989 wurde wiederum auf eine ernsthaften Analyse der Lage im Lande verzichtet, das Heft des Handelns nicht ergriffen. Lediglich ein Beschluss wurde angenommen, in dem es hieß, dass die gegen mich erhobenen Anschuldigungen der Korruption völlig haltlos seien. Mit anderen Worten: Das Problem wurde auf meine Person reduziert.

Hatte der ursprüngliche Entwurf des Beschlusses nur diesen einen Punkt umfasst, so hatte der erfahrene Politiker Gorbatschow verstanden, dass das Plenum auf meiner Seite stand, und selbst einen zweiten Punkt vorgeschlagen: »Das Plenum beauftragt das Stadtkomitee Moskau der KPdSU mit der Klärung der Frage der parteilichen Verantwortlichkeit von T. Ch. Gdljan und N. W. Iwanow entsprechend den Schlussfolgerungen der Staatsanwaltschaft der UdSSR.«

Die Presse nahm den Beschluss des Plenums mit

Sperrfeuer auf. Zugleich gingen nun dem ZK der KPdSU Briefe an mich zu, in denen die Verfasser mich ihrer Unterstützung versicherten und mich aufforderten standzuhalten. Angesichts der negativen Haltung der ultraradikalen antisozialistischen Presse mir gegenüber dachte ich, dass unter meiner Post unbedingt auch böse Briefe sein müssten. Dem war aber nicht so. Beim Nachdenken über dieses eigenartige Phänomen komme ich heute zu dem Schluss, dass die sogenannte linke, real aber ausgesprochen rechte Presse der Perestroika-Zeit die Stimmung der Menschen falsch wiedergab.

Ich kann nichts anderes sagen – diese hunderte zu Herzen gehenden Briefe waren Balsam für mich. Sie kamen von Arbeitern und Ingenieuren, von Militärs und Lehrern, von Menschen aller Altersstufen und vieler Nationalitäten – von Russen, Ukrainern, Aserbaidshanern, Armeniern, Tataren … von Freunden, Genossen und alten Bekannten. Alle Briefe bewahre ich sorgsam auf als wichtige politische Zeugnisse.

Am 27. Juni 1988, am Vorabend der XIX. Parteikonferenz erhielt ich den folgenden Brief:

»Sie sind jetzt vor der Konferenz sehr beschäftigt, und es ist sehr schwer, Sie zu erreichen […] Deshalb bitte ich Sie inständig, meinen Brief zu lesen, der vielleicht mein letzter ist. Meine Ehre steht auf dem Spiel. Ich werde jetzt von einem ehemaligen Leiter zu einem Verbrecher. Eine derartige öffentliche Meinung schaffen einige Zeitungen und Zeitschriften. Ich bitte Sie immer und immer wieder, mir als einem Kommunisten zu glauben, dass ich nie irgendwelche Bestechungsgeschenke und -gelder angenommen und sie auch niemandem gegeben habe. Das alles ist Verleumdung! Ein gezielter Schlag gegen mich. Es gibt eine Gruppe von Leuten, die sich durch mich herabgesetzt sehen. Sie wollen mich vernichten und sich für all das rächen, was ich im Kampf gegen die negativen Erscheinungen in der Republik mit der starken Unterstützung des ZK der KPdSU getan habe. Ich bitte Sie sehr, mein Ersuchen zu prüfen und meine Fragen gerecht zu entscheiden. Ich schaue mit großer Hoffnung nach vorn und warte darauf, dass unser Zentralkomitee einen Kommunisten vor Verleumdung schützt.

Mit großer Hochachtung Ihnen gegenüber –

Usmanchodshajew«

Usmanchodshajew war auf Vorschlag Tschernenkos 1983 für das Amt des Ersten Sekretärs des ZK der KP Usbekistans nominiert worden. Andropow lag zu jener Zeit schon im Krankenhaus, und die Kaderfragen gingen mehr und mehr auf Tschernenko über. Auch Gorbatschow, der schon merklich an Einfluss gewonnen hatte, nahm aktiv Anteil an der Erörterung der Kandidatur.

Soweit die Vorgeschichte. Später wurde dann von Seiten Usmanchodshajews bekannt, dass Gdljan ihn dazu gebracht hatte, Aussagen gegen mich zu machen, in denen es hieß, er, Usmanchodshajew, habe Ligatschow Dank dafür abgestattet, dass er zum Ersten Sekretär der Kommunistischen Partei Usbekistans ernannt worden war.

Vor der XIX. Parteikonferenz, als ich den Brief von Usmanchodshajew erhielt, war ich der Ansicht, dass das alles die Untersuchungsführung zu klären habe, und konnte nicht ahnen, dass mir Usmanchodshajew noch einen Brief schicken würde. Und der hatte es in sich!

Usmanchodshajew war am 19. Oktober 1988 verhaftet worden und hatte im ersten Verhör ausgesagt, nichts mit Bestechungen zu tun zu haben. In einem weiteren Vernehmungsprotokoll tauchten »beiläufig« die Namen von elf leitenden Mitarbeitern der Partei, des Apparats des ZK der KPdSU und der Staatsanwaltschaft der UdSSR auf, in der nächsten Vernehmung am 25. Oktober dann auch meiner. Zugleich schickte Usmanchodshajew eine Erklärung an den Generalstaatsanwalt der UdSSR, in der er darum bat, mit der Untersuchung seines Falles nur Gdljan und Iwanow sowie deren unmittelbaren Vorgesetzten Karakasow zu beauftragen, denen er »absolut vertraue«. Nachdem diese die Untersuchung voll und ganz in ihre Hände bekommen hatten, überspannten sie wohl den Bogen. Usmanchodshajew begriff, welchen Fehler er begangen hatte, indem er sich auf ihre Versprechungen einließ. Bereits im nächsten Verhör am 1. November, in dem die Aussagen auf Tonband aufgezeichnet wurden, nahm er seine Aussagen in Bezug auf mich zurück.

Zu diesem Zeitpunkt wusste ich allerdings nichts von den Vernehmungen Usmanchodshajews. Alles, was ich hier anführe, wurde mir erst aus der Rede des Generalsstaatsanwalts Sucharew auf dem September-Plenum 1989 bekannt. Sucharew teilte auch mit, dass Usmanchodshajew am 8. März 1989, also fünf Monate später, dem Generalstaatsanwalt eine Erklärung übermittelte, mit der er auch seine Aussagen zu den anderen Mitarbeitern der zentralen Organe zurücknahm. Aufgrund dieser Erklärung befragte Sucharew am 8. April den Beschuldigten persönlich im Beisein zweier seiner Stellvertreter. Usmanchodshajew erklärte, dass er auf Forderung von Gdljan und Iwanow ehrliche Menschen in Verruf gebracht habe.

Meiner Ansicht nach erwies sich als erstes klares Symptom der ernsten Krise der Perestroika der II. Kongress der Volksdeputierten der UdSSR*, auf dem viel Zeit aufgewendet wurde, um solche Fragen zu klären wie die Gdljan-Affäre, die Tbilissi-Ereignisse** und den Molotow-Ribbentrop-Pakt. Alle warteten darauf, dass Gdljan endlich konkrete Beweise für meine Schuld vorlegen würde.

Als der Bericht der Kommission diskutiert wurde, die Gdljans Untersuchungsgruppe kontrolliert hatte, wurde Gdljan selbst das Wort erteilt. Doch er hatte wieder keine konkreten Fakten zur Hand, was eine starke Erregung im Saal auslöste. Die Deputierte Ella Pamfilowa rief ihm vom Mikrofon aus empört zu: »Telman Chorenowitsch, Sie als Jurist müssen die volle Verantwortung tragen für die Erklärungen, die Sie im Fernsehen und auf den Meetings abgeben. Ich habe selbst im Leningrader Fernsehen gehört, wie Sie Ligatschow beschuldigt und gesagt haben, dass Ihnen persönlich Materialien vorliegen, die die Beweise für die Beschuldigungen enthalten. Ich bitte Sie, diese hier auf dem Kongress vorzulegen. Sie haben gewusst, dass heute die Anhörung zum Material Ihres Falles stattfindet. Sie müssen verstehen, dass das ganze Land darauf wartet. Wenn Sie etwas haben, legen Sie es vor. Falls nicht, dann lassen Sie die Demagogie, dann hören Sie auf, das ganze Land in Aufruhr zu versetzen!«

Gdljan brachte dazu freilich nichts vor, und die Perspektive verschob sich klar in Richtung des Amtsmissbrauchs durch Gdljan und Iwanow.

Im April 1990 wurden auf der Tagung des Obersten Sowjets der UdSSR die Schlussfolgerungen der vom Kongress berufenen Kommission zur Prüfung der

---

* Der II. Kongress der Volksdelegierten der UdSSR fand vom 12.12. bis 24.12.1989 statt.
** Tbilissi (georgisch): Tiflis. Zu den Ereignissen von Tbilissi siehe Kapitel »Die Ereignisse von Tbilissi« ab S. 207.

Materialien zur Tätigkeit der Untersuchungsgruppe Gdljans behandelt. Die »unbewiesenen Äußerungen der Volksdeputierten der UdSSR T. Ch. Gdljan und N. W. Iwanow, die dem Ansehen des Obersten Sowjets der UdSSR sowie einzelner Volksdeputierter und Amtspersonen schaden«, wurden verurteilt. Außerdem stimmte der Oberste Sowjet der Entlassung der Untersuchungsrichter aus der Staatsanwaltschaft zu.

Im Grunde hätte ich jetzt triumphieren können. Meine Stimmung war aber mehr als schlecht, spürte ich doch, dass sich das Land auf eine Katastrophe zubewegte.

Oft ist mir vorgeschlagen worden, eine Klage gegen Gdljan und Iwanow wegen Verleumdung einzureichen. Ich sehe mich durchaus nicht als Hasenherz, aber unbedacht draufloszuschlagen ist auch nicht meine Art. Ich bat zunächst erst einmal Moskauer Juristen darum, mich bei der rechtlichen Analyse der Lage zu unterstützen. Sie machten sich daran, die öffentlichen Äußerungen der Untersuchungsrichter sorgfältig, Wort für Wort zu prüfen und stellten nicht ohne Verwunderung fest, dass sie … nichts Strafbares enthielten. Während die Presse alle Register zog und laut über »Korruptionsanklagen« tönte, redeten die Untersuchungsrichter immer um die Sache herum, sprachen davon, dass mein Name »in dem Fall beiläufig auftauchte« und dergleichen mehr. Aber ganz direkt bezeichneten sie mich kein einziges Mal als bestechlich!

Wirklich, die reinsten politischen Schlitzohren … Im Grunde war daran nichts Verwunderliches. Denn sie waren ja Untersuchungsrichter für besonders wichtige Strafsachen, die in Rechtsfragen bewandert waren und sehr gut begriffen, was sie sich mit falschen Beschuldigungen einhandeln konnten.

Nach eingehender Analyse kamen die Juristen zum Schluss, dass die Äußerungen Gdljans und Iwanows keinen Tatbestand erfüllten, der ihre strafrechtliche Verfolgung wegen Verleumdung meiner Person begründet hätte.

Nachdem ich alles gründlich durchdacht hatte, beschloss ich damals, keinen Gerichtsprozess anzustrengen. Ich besaß jedoch ein Dokument, dass die gesamte Kampagne Gdljan gegen Ligatschow in einem völlig anderen Licht erscheinen ließ.

Dieses Dokument lag in meinem Safe und wartete auf seine Stunde.

Ich denke, dass der Moment zu seiner Veröffentlichung gekommen ist. Es handelt sich um den zweiten Brief, den ich von Usmanchodshajew erhielt.

»An das Mitglied des Politbüros und
Sekretär des ZK der KPdSU
Gen. J. K. Ligatschow (persönlich)

Sehr geehrter Jegor Kusmitsch!
Es schreibt Ihnen der frühere Erste Sekretär des ZK der KP Usbekistans Inamshon Busrukowitsch Usmanchodshajew, derzeit verurteilt zu 12 Jahren Freiheitsentzug.

Vor allem möchte ich Sie tausendmal um Entschuldigung bitten dafür, was mit mir passiert ist. Sie müssen wissen, und ich sage das aufrichtig, dass ich niemals auch nur im Sinn hatte, Sie irgendeiner Sache zu beschuldigen, Sie herabzusetzen oder Sie eines Verbrechens zu bezichtigen. Dies wollten die Untersuchungsrichter Gdljan und Iwanow, und dieses Ziel haben sie erreicht.

Ich wurde zum Opfer der politischen Intriganten Gdljan und Iwanow, die versuchten, eine Anklage zu fabrizieren zu einem Verbrechen einer Reihe von Staats- und Parteifunktionären, das nicht existierte. Infolge der gesetzwidrigen Handlungen Gdljans und Iwanows, und zwar Erpressung und Androhung, mich zu erschießen und meine Familienmitglieder und Verwandten zu verhaften, geriet ich wie von Sinnen. Um die Ehre der Familie und der Verwandten zu retten und aus Angst um ihr Schicksal sah ich mich gezwungen, andere Menschen, die sich nichts zu Schulden haben kommen lassen, und auch mich selbst in Verruf zu bringen. Im Weiteren kam ich zur Besinnung, und nach nur wenigen Tagen nahm ich meine falsche Aussage, Ihnen und anderen Bestechungsgelder gegeben zu haben, zurück. Und trotzdem toben die genannten Untersuchungsrichter weiter und bewerfen vollkommen unschuldige Menschen mit Schmutz. Ich erkläre noch einmal im vollen Bewusstsein meiner Verantwortung, dass das alles eine Lüge ist! Es ist längst an der Zeit, diese Untersuchungsrichter und Abenteurer, die ihr Gewissen verloren haben, zur Ordnung zu rufen und sie die Kraft des Gesetzes spüren zu lassen.

Sehr geehrter Jegor Kusmitsch!

Schon über ein Jahr bin ich in Haft und habe sehr viel durchgemacht. Noch nie war ich in einem solchen Zustand wie jetzt. Mein Gewissen hört nicht auf, mich zu quälen, ich habe immer wieder schlaflose Nächte, und es bedrückt mich im Innersten, dass ich unter dem Druck der Untersuchungsrichter den Weg des Betrugs betreten und unschuldige Menschen und auch Sie, verehrter Jegor Kusmitsch, in ein schlechtes Licht gerückt habe. Mein Leben lang werde ich jenen Tag verfluchen, an dem ich mich darauf eingelassen habe. Daher bitte ich Sie noch einmal und von ganzem Herzen, mir zu verzeihen. Ich bitte auch zutiefst um Entschuldigung bei K. N. Mogilnitschenko, W. I. Bessarabow, I. J. Ponomarjow und allen Mitarbeitern des Sektors, die mit mir sehr einvernehmlich zusammengearbeitet haben und mir eine große Achtung entgegenbrachten. Ich bitte noch einmal um Verzeihung.

Mit Hochachtung – Usmanchodshajew

23. 1. 90«

Man muss der Wahrheit ins Auge sehen. In unserem Leben und in der Kommunistischen Partei gab es Menschen, die eine Doppelmoral pflegten. Sie umgaben sich mit pathetischen Worten, verfolgten aber in Wirklichkeit eigennützige Ziele. Die Menschen dachten unwillkürlich über sie: Wenn es diesen hier erlaubt wurde, dann dürfen es die anderen Funktionäre heute genauso halten. So konnten Gdljans Lüge und Verleumdung auf fruchtbaren Boden fallen und wurden als Wahrheit aufgenommen.

Am Vorabend des Referendums über die Erhaltung der UdSSR* unterhielt sich ein Korrespondent der »Prawda« mit dem Moderator der Sendung »600 Sekunden« des Leningrader Fernsehens Alexander Newsorow. Newsorow war dafür bekannt, dass er wiederholt die KPdSU und die »Prawda« angegriffen hatte. Darauf angesprochen, erwiderte der populäre TV-Journalist nun aber: »Jetzt ist nicht der Zeitpunkt, Überlegungen dazu anzustellen. Jetzt muss man sich zusammenschließen für die gemeinsame Sache. Die Heimat ist in Gefahr, und wir haben nur die eine! Ja, ich habe stark

---

* Fand am 17. März 1991 statt.

auf die Kommunisten eingeschlagen. Aber, pardon, sie haben sich selbst dafür »angeboten«. Vielleicht habe ich auch irgendwo den Bogen überspannt, aber mich quält in diesem Fall kein schlechtes Gewissen. Doch etwas anderes kann ich mir nie verzeihen – das ist meine nicht wiedergutzumachende Sünde: Ich habe mit eigenen Händen bewusst den heutigen »Demokraten« geholfen, in Leningrad an die Macht zu kommen. Wenn nicht allen, so doch der Mehrheit von ihnen. Ich habe mich sogar flegelhaft aufgeführt [...] Erinnern Sie sich daran, wie ich Nikol Iwanow meinen Sendeplatz abgetreten hatte? [...] Ich war betrogen worden wie wir alle. Ihr Wesen ist mir endgültig klargeworden, als sie sich über das Allerheiligste hermachten – die Heimat –, dazu aufriefen, das Referendum am 17. März zu boykottieren oder mit ›nein‹ gegen die Sowjetunion zu stimmen. Das ist Verrat!«

Ich denke, dieses Bekenntnis muss nicht kommentiert werden, es spricht überzeugend für sich selbst.

Ich habe über all das viel nachgedacht. Die Ereignisse der Jahre 1989/1990 bin ich in Gedanken immer wieder durchgegangen. Warum hatte Gorbatschow eine derart seltsame Position bezogen? Es war doch völlig klar, dass es nicht nur um mich ging, sondern vielmehr um das Politbüro, um ihn selbst und um die Partei insgesamt. Wieso hat er hier geschwiegen?

Das Schicksal von Gdljan und Iwanow ist mir gleichgültig. Mohren, die ihre Schuldigkeit getan haben ... Ich empfinde ihnen gegenüber keinen Hass. Die Mitglieder ihrer Parteigrundorganisation schlossen sie aus der KPdSU aus ... Um ihren Platz in der Geschichte sind sie nicht zu beneiden. Aber es geht hier nicht um sie. Das Unglück liegt anderswo: 1989/1990 stürzte die Sowjetunion in eine allumfassende Krise, die innenpolitische Situation wurde bedrohlich.

Die Ereignisse von Tbilissi

Mit den Ereignissen von Tbilissi sind jene tragischen Vorfälle gemeint, zu denen es in der Nacht auf den 9. April 1989 kam. Kurz gefasst, ohne Details und politische Wertungen anzuführen, kann zu diesen Ereignissen das Folgende gesagt werden: In der georgischen Hauptstadt lief vor dem Haus der Regierung über mehrere Tage ein nicht zugelassenes Meeting, das durch den Einsatz von Militär beendet wurde. Als die Demonstranten vom Platz gedrängt wurden, verloren 19 Menschen ihr Leben, es gab zahlreiche Verletzte. Schusswaffen kamen nicht zum Einsatz.

Die nächtliche Tragödie in Tbilissi und der Tod von Menschen wühlten das Land auf. Besonders beklagt werden muss, dass das in der Zeit der Perestroika nicht die ersten und nicht die letzten Opfer von Massenunruhen waren. Kurz vor den Ereignissen in Tbilissi kam es zu Pogromen in der aserbaidshanischen Stadt Sumgait, bei denen Dutzende Menschen schuldlos ums Leben kamen. Nach Tbilissi erschütterten unser Land Ausschreitungen im usbekischen Fergana, die weitaus mehr Opfer forderten. Im kirgisischen Osch kam es zu blutigen Zusammenstößen in einem Ausmaß, wie es bisher nicht vorgekommen war.

Von diesen tragischen Vorfällen – so schmerzlich sie alle waren und so sehr sie die Situation in den verschiedenen Regionen des Landes auch verschärften – erfuhr keiner eine derart starke politische Resonanz wie die Ereignisse von Tbilissi. Auf den Kongressen der Volksdeputierten wurde als einziger Zwischenfall der von Tbilissi diskutiert, kein anderes Ergebnis wurde von einer derart großen Anzahl von Kommissionen untersucht.

Warum hatten gerade die Ereignisse von Tbilissi eine besondere politische Tragweite erlangt? Was stand hinter diesen Ereignissen und wie beeinflussten sie den Gang der Ereignisse im Land insgesamt? In jenen Tagen, da in den Massenmedien und auf den Deputierten-Kongressen die Wogen der Emotionen um die nächtliche Tragödie von Tbilissi hoch schlugen, war es schwer, eine zuverlässige Antwort auf diese Fragen zu geben.

Durch die Umstände dieser Zeit sah ich mich ins Zentrum jenes politischen Taifuns gestellt, der nach den Tbilissi-Ereignissen unser Land durchzog. Schon in jenen Tagen begriff ich vieles, wenn auch bei weitem nicht alles. Aber bald konnten die Lücken der spektakulären Ereignisse von Tbilissi aufgefüllt und die weißen Flecken getilgt werden.

Zunächst muss ich noch vorausschicken, dass ich nicht ganz zufällig in die Sphäre der Tbilissi-Ereignisse geriet. Im März 1989 hatte das ZK-Plenum zu Agrarfragen stattgefunden. Hier waren die Grundlagen der Agrarpolitik festgelegt worden, und es ergab sich sofort die Aufgabe, diese Beschlüsse den Bauern umfassend zu vermitteln. So flog ich bald dienstlich nach Brest, wo sich die Vertreter der Landwirtschaft der Ukraine, Belorusslands und der baltischen Republiken versammelten. Aus Brest kam ich am Abend des 6. April zurück, und gleich darauf am Sonnabend, dem 8. April, sollte ich einen Kurzurlaub antreten.

☆

Für den Leser dürfte es sicher nicht ganz ohne Interesse sein, wenn ich hier einige Anmerkungen zur Arbeitszeit der Politbüro-Mitglieder einschiebe. Zu Breshnews Zeiten, nachdem Leonid Iljitsch erkrankt war, hatte das Politbüro den Beschluss gefasst, die Dauer seines Arbeitstags zu begrenzen. Diese Lockerung wurde im Weiteren auch auf die anderen Mitglieder des Politbüro ausgedehnt. Der Freitag galt als Tag der Arbeit mit den Unterlagen auf der Datsche, der Sonnabend und der Sonntag waren freie Tage. Außerdem war auch der Arbeitstag verkürzt worden. Als dann Andropow Generalsekretär wurde, löste sich diese Arbeitsordnung von selbst, ohne dass es besonderer Festlegungen bedurft hätte, ganz einfach in Luft auf. Vom verkürzten Arbeitstag wurde sofort übergangslos zum verlängerten Arbeitstag gewechselt. Nicht wenige saßen immer wieder bis abends um neun, ja auch bis elf Uhr am Schreibtisch. Kurz gesagt, es herrschte im ZK die gleiche Atmosphäre wie in den Gebiets- und Rayonkomitees, wo keiner seine Arbeitsstunden nachzählte.

Der Urlaub der Politbüro-Angehörigen wurde in einem Urlaubsplan festgelegt. Üblicherweise machten Gorbatschow, Jakowlew, Schewardnadse, Medwedjew und Lukjanow zur gleichen Zeit Urlaub. Gorbatschow und ich gingen immer zu unterschiedlicher Zeit in den Urlaub.

Zurück zu den Ereignissen im April 1989. Der 7. April war für mich ein angespannter Tag. Am Vortag war ich von der Dienstreise zurückgekommen, am nächsten Tag wollte ich in Urlaub fliegen. Viele Dinge waren zu erledigen. Nach meinen Dienstreisen war mein Notizblock immer angefüllt mit Fakten, Beobachtungen und Bitten der lokalen Funktionäre. Ich hatte mich also mit unterschiedlichsten Dienststellen in Verbindung zu setzen, die einen waren zu überzeugen, bei anderen musste Druck gemacht werden. Die Praxis jener Jahre sah so aus, dass die Mitglieder der obersten Parteiführung die Bitten der Genossen vor Ort aufnahmen und ihnen über die zentralen Ministerien und Dienststellen die erforderliche Hilfe zukommen ließen. Meist ging es dabei um Wirtschaftsfragen.

Von jeder Reise brachte ich einen Berg von Unterlagen mit. Diesmal musste das alles innerhalb eines Tages erledigt werden. Deshalb bat ich am Morgen meinen Sekretär, keine Telefongespräche durchzustellen, und sagte ihm auch, dass ich niemanden empfangen könnte. Dann konzentrierte ich mich darauf, jene Fragen zu durchdenken, die dem ZK in Brest gestellt worden waren.

In meinem Vorzimmer arbeiteten als Sekretäre Viktor Agapow und Anatoli Starzew, sehr erfahrene und gewissenhafte Genossen. Mein Arbeitszimmer hatte die Nummer 2. Von der »Übersiedelung« in diese Räumlichkeiten, an die ich Erinnerungen noch aus der Zeit Suslows habe, hatte ich ja bereits berichtet. Es war übrigens ein helles und geräumiges Eckzimmer im 4. Obergeschoss mit Blick auf den Alten Platz. Außer dem Schreibtisch stand dort noch ein langer Tisch, an dem ich mich mit meinen Besuchern unterhielt. Von den westlichen Korrespondenten, die bei mir gewesen waren, hatten einige anschließend in dem Stil berichtet: »Ich spreche mit Herrn Ligatschow in dessen düsterem Kabinett im ZK-Gebäude gegenüber vom KGB.« Ja, wieso denn »düster«? Mein Arbeitsraum war wie gesagt hell. Wieso denn »gegenüber vom KGB«? Das Gebäude des Komitees für Staatssicherheit lag ein ganzes Ende weg von hier. Aber natürlich kann man die Realität verfälschen, um eine »besondere« Atmosphäre heraufzubeschwören. Für mich jedenfalls war der Raum komfortabel und recht ruhig, so dass ich konzentriert arbeiten konnte. Vertieft in die zu erledigenden Dinge, merkte ich nicht, wie die Morgenstunden dahinflogen. Dann öffnete sich aber plötzlich die Tür, und mein Sekretär trat ein.

»Jegor Kusmitsch, Genosse Tschebrikow ist am Telefon. Er bittet dringend, dass ich ihn durchstelle.«

Tschebrikow war wie ich Politbüro-Mitglied und Sekretär des ZK der KPdSU, sein Aufgabengebiet waren die Leitungsgremien und die Nationalitätenpolitik. Viktor Michailowitsch war ein zurückhaltender und feinfühliger Mensch, der ohne besondere Notwendigkeit nicht hartnäckig auf etwas bestehen würde. Ich vermutete gleich, dass ihn wohl außergewöhnliche Umstände dazu zwangen. An diesem 7. April 1989 war Gorbatschow auf Staatsbesuch in London. Die Allgemeine Abteilung hatte aber schon informiert, dass die Rückkehr Gorbatschows für den Abend geplant war. Das verstärkte nun aber meine Befürchtungen angesichts Tschebrikows Anruf. Es musste wohl etwas wirklich Dringendes, besonders Wichtiges anliegen. Ich bat also, mich mit Tschebrikow zu verbinden. Viktor Michailowitsch ging gleich nach der Begrüßung zur Sache über: »Die Lage in Georgien* gestaltet sich immer komplizierter ...« – und schlug vor: »Jegor Kusmitsch, am besten ist es, wenn ich gleich zu Ihnen komme.«

Während ich auf Tschebrikow wartete, erinnerte ich mich an die Ereignisse vom November 1988. Damals war es nur durch eine Botschaft Gorbatschows und

---

* Die Bezeichnungen »Grusinien« und »Grusien« sind vom Russischen abgeleitete Synonyme.

das schnelle Erscheinen Schewardnadses in Tbilissi möglich gewesen, eine bedenkliche Entwicklung der Ereignisse zu verhindern. Offensichtlich drohte die Lage wieder außer Kontrolle zu geraten. Diese Vermutung bestätigte Tschebrikow gleich mit seinen ersten Worten.

»Die Dinge in Tbilissi stehen schlecht«, begann er. »Sind Sie nicht informiert worden?«

»Ich bin erst gestern Abend aus Belorussland zurückgekommen. Ich bin überhaupt nicht auf dem Laufenden …«

»Die Ereignisse entwickeln sich noch schärfer als im November und im Februar. Permanent werden Meetings abgehalten. Drohungen werden laut, mit den Kommunisten abzurechnen. Der Austritt Georgiens aus der UdSSR wird gefordert. Ein Appell an die UNO zur Entsendung von UN-Truppen ist vorbereitet worden.«

»Von wem stammen diese Informationen, Viktor Michailowitsch?«

»Von Patiaschwili*. Ich bin mit ihm im ständigen Telefonkontakt. Michail Sergejewitsch kommt heute Abend zurück, aber Patiaschwili sagt, dass sich die Stimmung von Stunde zu Stunde weiter aufheizt. Wir müssen zusammenkommen und die Lage besprechen und auch Empfehlungen ausarbeiten, damit bis zur Rückkehr des Generalsekretärs aus London klar ist, was zu tun ist. Jegor Kusmitsch, ich bitte Sie, rufen Sie eine Beratung ein.«

Üblicherweise wurden derartige Beratungen vom Generalsekretär selbst einberufen oder aber von demjenigen, den er damit beauftragte. War der Generalsekretär abwesend, führte die Beratungen derjenige

---

* Dshumber Iljitsch Patiaschwili war der damalige Erste Sekretär des ZK der KP Georgiens.

durch, der mit der Weiterführung der Geschäfte be-auftragt war. Diese Beratungen unterschieden sich von den offiziellen Sitzungen des Politbüros dadurch, dass keine Beschlüsse gefasst werden durften. Es wurden nur Empfehlungen ausgearbeitet, die anschließend zu bestätigen waren.

Diese Praxis hatte sich schon vor Jahrzehnten he-rausgebildet. Aber im Frühjahr 1989 wurde diese Ord-nung der Arbeit des ZK schon in vielem nicht mehr eingehalten. Als Gorbatschow zum Treffen mit Pre-mierministerin Thatcher flog, hatte er entgegen der üblichen Praxis niemanden mit der Weiterführung der Geschäfte beauftragt. Daher empfand ich es als unpas-send, wenn ich in Abwesenheit von Michail Sergeje-witsch nun eine Beratung der obersten Parteiführung einberufen und durchführen sollte, was ich Tschebri-kow auch ganz offen sagte. Viktor Michailowitsch blieb aber hartnäckig: »Ich bitte Sie, Jegor Kusmitsch. Die Situation bedarf einer sofortigen Erörterung.«

Ich wusste, dass Tschebrikow ein Mann mit großer Erfahrung und großem Verantwortungsgefühl war. Wenn er schon so drängte, hieß das, dass es wirklich notwendig war. Aber warum sollte ich die Beratung leiten? Wie schon berichtet, hatte mich Gorbatschow von der Leitung des Sekretariats entbunden. Doch da ich die Sitzungen des Sekretariats zuvor geleitet hatte, richtete Tschebrikow seine Bitte wohl aus dieser Tradi-tion heraus an mich.

Aber auch für die dienstlichen Beziehungen besteht eine Ethik. Und die wollte ich streng einhalten, um keinen Anlass zu provokanten Gerüchten zu geben und um nicht etwa den »Demokraten« zuzuarbeiten, die laut in aller Öffentlichkeit verkünden würden, dass Ligatschow in Gorbatschows Abwesenheit einen Um-sturz vorbereitete.

Ließ man aber diese persönlichen Beweggründe beiseite, stellte sich die Situation ganz anders dar. Im April 1989 waren die Sitzungen des Sekretariats des ZK der KPdSU, auf denen man eine solche Frage hätte erörtern können und müssen, schon lange eingestellt. Zu berücksichtigen war auch, dass die Wahlen der Volksdeputierten der UdSSR schon stattgefunden hatten – Wahlen, die in einer prinzipiell neuen Weise abgelaufen waren. Dadurch hatte sich das bisherige Präsidium des Obersten Sowjets der UdSSR praktisch erledigt. Zugleich befand sich auch die Regierung in einer unklaren Lage, sie sollte bald ihre Vollmachten niederlegen.

Ich begriff in diesem Moment, welche seltsame Situation sich im Land herauszubilden begann. Der Generalsekretär war im Ausland, einen Stellvertreter hatte er nicht benannt. Das Sekretariat des ZK arbeitete nicht. Der Oberste Sowjet hatte de facto seine Vollmachten niedergelegt. Die alte Regierung war aufgrund der bisherigen Führung des Staates durch die Partei nicht daran gewöhnt, politische Entscheidungen zu treffen. Das riesige Land sah sich in einer äußerst komplizierten Phase seiner Entwicklung mit dem Problem der Machtschwäche konfrontiert – unvereinbar mit einem normalen Lauf des Lebens in unserem großen Land. Die aktuelle Lage kündete von kommenden bedrohlicheren Zuständen der Machtlosigkeit. In jenem Gespräch mit Tschebrikow wägte ich persönliche und gesellschaftliche Interessen gegeneinander ab. Es liegt mir fern, mich zu brüsten, aber nach dieser Abwägung entschied ich: kein Schwanken mehr, Handeln ist angesagt!

Wir legten schnell den Teilnehmerkreis fest, um die Einladung der Teilnehmer bat ich Viktor Michailowitsch. Wenige Minuten nachdem Tschebrikow gegangen war, rief Medwedjew an: »Jegor Kusmitsch, haben Sie von den Ereignissen in Tbilissi gehört?«

»Viktor Michailowitsch hat mich informiert.«

»Versammeln wir uns also, Jegor Kusmitsch?«

Ich merkte, dass Medwedjew bereits von Tschebrikows Gespräch mit mir wusste, fragte aber trotzdem: »Ist das denn unbedingt nötig, eine Beratung?«

»Doch, wir müssen darüber unbedingt beraten«, erwiderte Medwedjew.

Bald darauf kamen alle, die Tschebrikow benachrichtigt hatte, im Beratungssaal des Sekretariats des ZK im vierten Obergeschoss zusammen. Als ich die Arbeitsberatung eröffnete, stieg in mir kurz die Erinnerung an die letzte Politbüro-Sitzung auf, die ich noch leiten durfte. Im September 1988 war das gewesen. Auch damals war Gorbatschow nicht anwesend, weilte im Urlaub auf der Krim. Bevor er aber in den Urlaub gefahren war, hatte er mich offiziell mit der Geschäftsführung beauftragt. Es gab wie immer viel zu beraten. Und zu all dem wurde mir noch eine Information des Komitees für Staatssicherheit zur Destabilisierung der Lage in Litauen gebracht. Diese Information ließ es angeraten sein, sich mit den Vorgängen in der Ostseerepublik genauer auseinanderzusetzen.

Als gerade einmal ein paar Tage danach das Politbüro-Mitglied Jakowlew aus Litauen zurückkehrte, fragte ich ihn nach der Lage in Litauen. Jakowlew antwortete: »Es gibt nichts Besonderes. Da laufen die ganz gewöhnlichen Perestroika-Prozesse.«

Eine derart eklatante Divergenz zwischen der Meinung eines Politbüro-Mitglieds und der Information des Komitees für Staatssicherheit frappierte mich. Ich rief unverzüglich Tschebrikow an, damals noch KGB-Vorsitzender: »Sie melden, dass die Entwicklung in Litauen in eine gefährliche Richtung läuft. Jakowlew aber, der gerade von dort zurückkommt, sagt, dass dort nichts Besonderes geschehe, es seien keinerlei besondere Maßnahmen notwendig.«

»Wie denn – nichts Besonderes?«, wunderte sich Tschebrikow. »Ich kann das, was in unserer Information an das ZK der Partei steht, überall wiederholen. Die Lage ist unruhig, alarmierend, die nationalistischen Kräfte beginnen sich zu konsolidieren.«

Kurzum, ich rief Gorbatschow in seinem Urlaubsort im Süden an: »Michail Sergejewitsch, ich bitte um Ihre Zustimmung, dass wir in die Tagesordnung Fragen zur Reise von Genossen Jakowlew nach Litauen aufnehmen. Nach Information des KGB entwickelt sich dort eine ungünstige Lage.«

Gorbatschow gab sein Einverständnis, und bald darauf fand jene Politbüro-Sitzung statt. Als Erster trat Jakowlew auf. Hier seine Worte: »In der Republik läuft nichts Gefährliches. Auch nicht in der Tätigkeit der Kommunistischen Partei Litauens. Ja, es gibt Schwierigkeiten, die dadurch hervorgerufen sind, dass das Zentrum übermäßig zuungunsten der Republik diktiert hat. Die Union hat Litauen zu viel Industrie aufgeladen, wodurch die ökologische Situation kompliziert geworden ist. Es strömen Russen zu, leider nicht die besten, die Migration in die Republik wächst an. Auf dieser Basis kommt es zu Reibungen, seitens der russischsprachigen Bevölkerung liegen Fakten über eine Missachtung der Stammbevölkerung vor. In diesem Zusammenhang schlage ich Folgendes vor. Erstens: Die Arbeit der örtlichen Gremien mit der zugewanderten Bevölkerung muss verstärkt werden. Zweitens: Die Migration muss gestoppt werden. Insgesamt ist die Lage in Litauen nicht einfach, aber auch nicht kritisch. Da muss die Republik im Prozess der Perestroika durch.«

Später, als die Ereignisse in Litauen einen bedrohlichen und schließlich einen katastrophalen Charakter annahmen und zu einem Katalysator für die zerstörerischen separatistischen Prozesse insgesamt wurden, die die Existenz der UdSSR in Frage stellten, erinnerte ich mich nicht selten an die Worte Jakowlews.

Nach Jakowlew erteilte ich das Wort Tschebrikow. Der KGB-Vorsitzende sagte: »Ich schätze die Lage in Litauen als kritisch ein. Wir haben es mit einer Aktivierung der nationalistischen Kräfte zu tun, die in die Reihen der litauischen kommunistischen Partei eingedrungen sind und sie zur Spaltung führen.«

Die Spaltung der Kommunistischen Partei Litauens hat sich dann tatsächlich vollzogen und zwar recht schnell. Eben diese Spaltung zog alle weiteren Ereignisse nach sich.

Am selben Tag noch rief ich Gorbatschow auf der Krim an und informierte ihn. Unter anderem sagte ich ihm: »Von Jakowlew haben wir nichts Neues erfahren. Seine Informationen hatten meiner Ansicht nach einen einlullenden Charakter. Sie haben keine Klarheit über die Lage in der Kommunistischen Partei Litauens gebracht.«

Gorbatschow zeigte keinerlei Reaktion. Danach tauchte das litauische Problem kein einziges Mal mehr auf den Sitzungen des Politbüros auf – bis zu dem Zeitpunkt, da die Spaltung der Kommunistischen Partei Litauens zu einer realen Gefahr wurde. Dann erst wurden Treffen der Mitglieder des Politbüros mit den führenden Vertretern der KP Litauens sowie eine Reihe von Gesprächen mit Brazauskas* durchgeführt, und

---

* Algirdas Brazauskas, 1988 zum Ersten Sekretär der Kommunistischen Partei Litauens gewählt, die sich unter seiner Führung 1989 von der KPdSU löste; wurde 1990 Vorsitzender der Litauischen Demokratischen Arbeiterpartei und war 1993–1998 Präsident Litauens.

Gorbatschow trat eine Reise nach Litauen an. All diese verspäteten Maßnahmen haben bekanntlich keinen Erfolg erbracht. Es kam schließlich in der Republik zum Zerfall der kommunistischen Partei, die Macht übernahmen Landsbergis* und seine Gesinnungsgenossen, die sich das Ziel gestellt hatten, in Litauen mit aller Kraft die bürgerliche Ordnung wiederherzustellen und die Republik aus der Sowjetunion herauszutrennen. Danach wurde der Teil der KP Litauens, der nach der Spaltung in der KPdSU verblieben war, in Litauen für ungesetzlich erklärt.

Hätte man diese Entwicklung der Ereignisse verhindern können? Und wieder bekräftige ich: Das wäre nicht nur möglich gewesen, sondern hätte getan werden müssen! Während die Abteilungen des ZK die Lage in der litauischen KP aufmerksam analysierten und wahrheitsgemäße Informationen nach oben gaben, spielte Jakowlew mit seiner abwiegelnden Einschätzung eine böse Rolle. Die klassenmäßige Analyse der sozialen Prozesse in Litauen hatte er ersetzt durch Schönfärberei und Lavieren. Für diese seelenruhige Unbekümmertheit bei der Bewertung der Situation in Litauen hatte die Sowjetunion schließlich einen teuren Preis zu zahlen. Jakowlew agierte zu jener Zeit in der Politik in der Rolle des Beschwichtigers. Ohne Unterlass besänftigte er und rief auf, ruhig zu bleiben. Das erinnerte mich sehr an Luka aus Gorkis »Nachtasyl«, der immer wieder den Tröster gespielt hatte.

* Vytautas Landsbergis war 1988 einer der Begründer der litauischen Unabhängigkeitsbewegung Sajūdis und 1990–1992 Präsident Litauens.

An diese Politbürositzung, auf der Jakowlew von seiner Litauenreise Bericht erstattet hatte, erinnerte ich mich auf der Arbeitsberatung im ZK zu Tbilissi ganz und gar nicht zufällig. Zwischen der Lage in Georgien und Litauen bestanden zweifellos enge Parallelen – in beiden Republiken war es zu dieser Situation durch das Ausbrechen nationalistischer Exzesse gekommen.

Die Lage in Litauen im April 1989 war weiter »gediehen« als in den anderen Republiken, sie gab für die Aktionen der nationalistischen Kräfte dieser Republiken quasi das Szenarium vor. Im Februar 1990 brachte das ZK-Plenum die Sprache auf die litauischen Ereignisse. In seinem Beitrag auf dem Plenum sagte der Sekretär des provisorischen ZK der KP Litauens (KPdSU)* Vytautas Kardamavičius: »Wir möchten den Genossen noch einmal übermitteln, dass der Aufenthalt Jakowlews in Litauen wirklich eine Reihe unschöner Dinge in unsere Republik hineingetragen hat. Sie, Genosse Jakowlew, haben wohl indirekt auch die Beschlüsse des XX. Parteitags der Kommunistischen Partei Litauens aufs Korn genommen. Davon wird in der Republik weithin geredet. Das spiegelt sich auch in Ihren Treffen mit verschiedenen Intellektuellen Litauens wider. Lassen Sie uns das den Kommunisten offen sagen.«

Aus diesem Beitrag wurde klar, welche Lage sich zu dieser Zeit in Litauen und in den Kommunistischen Parteien Litauens herausgebildet hatte. Aber seltsamerweise enthielt der Entwurf des Beschlusses zu Litauen, der dem Plenum vorgelegt wurde, keine politische Einschätzung der Ereignisse in der Republik.

---

* Nach der Spaltung der KP Litauens bestanden zwei Parteien – die selbständige KPL(s) unter A. Brazauskas (im Weiteren in die sozialdemokratische Litauische Demokratische Arbeitspartei transformiert) und die im Verbund der KPdSU verbleibende KP Litauens (KPdSU) unter Prof. Mykolas Burokevičius.

Es wurde vielmehr der Versuch unternommen, einer Verschärfung der Situation aus dem Weg zu gehen. Die Kommunistische Partei Litauens war bereits gespalten, im Entschließungsentwurf aber wurde dazu aufgerufen, alles gütlich »ins Reine zu bringen«. Er enthielt kein Wort der Verurteilung von Brazauskas' Spaltertätigkeit, kein Wort der Unterstützung für jene Kommunisten, die den Positionen der KPdSU treu geblieben waren. Diesen Entwurf anzunehmen hätte bedeutet, Nachsicht gegenüber den oppositionellen Kräften in der Partei zu üben und die Partei einzulullen, die Meinungsverschiedenheiten zu vertuschen und dem Opportunismus freie Bahn zu geben. Nicht zufällig begann der Saal, als das Papier verlesen wurde, regelrecht zu grollen vor Unverständnis und Unmut.

Hier hat sicher auch die Haltung Gorbatschows ihre Rolle gespielt, der sich zu jener Zeit in der Hoffnung wiegte, das schon alles gut ausgehen, ins rechte Gleis kommen werde. Ich bat ein zweites Mal ums Wort, um meine entschiedene Ablehnung vorzutragen. Ich schlug vor, die auf die Spaltung gerichtete Tätigkeit der damaligen Führung der Kommunistischen Partei Litauens zu verurteilen und die Kräfte zu unterstützen, die für eine einheitliche KPdSU auftraten. Von den Mitgliedern des Politbüros war ich der einzige, der sich in dieser Frage geäußert hatte. Viele ZK-Mitglieder unterstützten mich entschieden, die Atmosphäre des Plenums begann sich aufzuladen. Der Rektor der Moskauer Universität, Anatoli Logunow, sagte: »Das ist ein äußerst verantwortungsvoller Moment! Was soll jetzt eine solche Eile? Wir müssen alles sorgfältig durchdenken«, mahnte er.

Gorbatschow hatte mit einem Blick die Stimmung der ZK-Mitglieder erfasst und sich in der Lage orientiert und schlug eine einstündige Pause vor, um die

Entschließung zu überarbeiten. An dieser Arbeit waren Michail Sergejewitsch selbst, Lukjanow und ich beteiligt. Es entstand ein neuer, prinzipiell anderer Entwurf, der Brazauskas verurteilte und Mykolas Burokevičius unterstützte. Das Plenum nahm ihn einstimmig an.

Da Jakowlew für die drastische Verschärfung der Lage in Litauen als verantwortlich angesehen wurde, war er gehalten, Rechenschaft abzulegen.

»Sich zu rechtfertigen ist immer schlecht und peinlich«, sagte er. »Trotzdem muss ich Klarheit schaffen [...] Was denke ich in diesem Zusammenhang und was habe ich in Litauen gesagt? [...] Ist die Situation in Litauen verloren? Ich denke nicht. Drohen Gefahren? Auf jeden Fall. Auf die Gefahren wurde hier im Grunde zu Recht hingewiesen. Aber außer Gefahr gibt es auch noch etwas anderes. Man muss zugeben, in der Republik hat sich das uns allzu gut bekannte Bild der Handlungsunfähigkeit der Parteiorganisation herausgebildet. Die Führung hat Kurzsichtigkeit an den Tag gelegt.«

Als ich diese Worte Jakowlews – »Kurzsichtigkeit der Führung der Kommunistischen Partei der Republik« – vernahm, wurde mir doch etwas übel. Es hatte ja die Sitzung des Politbüros im September 1988 gegeben, auf der eben Jakowlew uns besänftigt hatte. »Kurzsichtigkeit« (und zwar vorsätzliche) hatte gerade er an den Tag gelegt, zuallererst er und nicht die litauischen Genossen, von denen viele schon damals Alarm schlugen.

Ich erhob mich vom Tisch des Präsidiums und ging zum Leiter der Allgemeinen Abteilung des ZK der KPdSU Boldin, der an einem gesonderten kleinen Tisch saß, um ihn zu fragen: »Valeri Iwanowitsch, Sie erinnern sich, dass ich im September 1988 die Politbüro-Sitzung geleitet habe. Jakowlew berichtete damals von seiner Litauenreise. Gibt es diese Information noch?«

Boldin nickte: »Natürlich ist sie noch da.«

»Danke.«

Ich kehrte an meinen Platz zurück und sagte laut, damit man es im Saal hören konnte, zu Gorbatschow: »Michail Sergejewitsch, können Sie das Plenum mit Jakowlews Bericht über seine Litauenreise bekannt machen?«

»Wozu willst du das wieder aufrollen?«, erwiderte Gorbatschow.

Der Frage wurde nicht weiter nachgegangen. Als mir dann das Stenogramm des Plenums zur Korrektur gebracht wurde, beschloss ich, meinen Einwurf zu Jakowlews Bericht zu streichen. Wieso? Auf dem gleichen Plenum kam es zu einem Streit zwischen mir und Schewardnadse wegen der Ereignisse in Tbilissi. Man konnte das Plenum nicht in ein dauerndes Geplänkel eines Ligatschow mit den anderen Politbüro-Mitgliedern verwandeln. Es reichte, wenn die ZK-Mitglieder meinen Einwurf gut vernommen hatten.

Jakowlews Litauen-Reise wurde noch oft angesprochen. Im November 1990 sagte der Dramatiker Asat Abdullin: »Nehmen wir doch einmal die Rolle Jakowlews bei den litauischen Ereignissen. Selbst im Februar vergangenen Jahres – ein halbes Jahr nach seiner Litauen-Reise – versicherte er uns wortwörtlich: ›Ich sehe nichts Schlimmes in der Volksfront-Bewegung im Baltikum. Ich war in Betrieben, die Stimmung ist hervorragend, Probleme gibt es keine. Ich denke, dort wird alles ins Lot kommen. Wir müssen das überstehen und nicht in Panik verfallen.‹ Welcher Optimismus! Und alles ist ins Lot gekommen. Litauen hat seinen Austritt aus der Sowjetunion erklärt. Das ist Optimismus auf dem Niveau von Narretei.«

Eine weitere Parallele zwischen Tbilissi und der Entwicklung in Litauen drängte sich unweigerlich auf. Während der Litauen-Reise Gorbatschows waren in den Fernsehübertragungen seiner Treffen mit der litauischen Intelligenz Lobesworte der Sajudis-Anhänger* an Jakowlews Adresse zu hören. Man registrierte dieses Lob in einer ganz bestimmten Weise – eben so, wie es Vytautas Kardamavičius auf dem ZK-Plenum darstellte.

Und genauso kann man auch die Worte Eldar Schengelajas** auf dem I. Kongress der Volksdeputierten der UdSSR werten, der während der Bildung der Kommission zur Aufklärung der tragischen Ereignisse des 9. April sagte: »Und schließlich denke ich, dass es sehr richtig wäre, wenn die Leitung dieser Kommission das Mitglied des Politbüros, der Sekretär des ZK der KPdSU Alexander Nikolajewitsch Jakowlew übernehmen würde. Das ist deswegen wichtig, weil er vor einiger Zeit, im Februar – auch zu einer schwierigen und angespannten Zeit –, in Tbilissi war und bei seinem Auftritt im Fernsehen eine bestimmte Position bezogen hat, und dieser Auftritt wurde von allen formellen und informellen Kräften***, von der gesamten

---

* Sajūdis: litauisch »die Bewegung«, Vollbezeichnung »Lietuvos Persitvarkymo Sajūdis« –»Erneuerungsbewegung Litauens«. Am 3. Juni 1988 gegründete politische Organisation, die das Ziel der Autonomie Litauens außerhalb der UdSSR verfolgte.
** Eldar Schengelaja, Filmregisseur und -produzent; 1980–1985 Abgeordneter des Obersten Sowjets der Georgischen SSR, 1989–1991 des Obersten Sowjets; nach der Unabhängigkeit Georgiens Parlamentsabgeordneter.
*** Als »formelle« Organisationen (russ.: формалы) wurden in der Zeit der Perestroika die bereits zuvor etablierten gesellschaftlichen Organisationen bezeichnet, die »informellen« Organisationen (russ.: неформалы, wörtliche Bedeutung »formell nicht organisiert«) waren die neuentstandenen Organisationen ganz unterschiedlicher Prägung, neben Gruppen oder Organisationen mit sozialer Zielstellung oder Subkulturszenevereinigungen u. a. standen auch separatistische Organisationen.

Gesellschaft sehr gut aufgenommen. Daher wäre es richtig, wenn er sich einverstanden erklären würde, diese Kommission zu leiten.«

Wozu diese »bestimmten Positionen« geführt haben, ist am Beispiel Georgiens und Litauens zu sehen.

Auf der Beratung am 7. April nun berichtete Viktor Michailowitsch Tschebrikow über die Situation in Georgien, legte ausführlich den Inhalt seiner Gespräche mit Patiaschwili dar, charakterisierte die Lage und trug die Bitte der georgischen Führung an das Zentrum vor, Sofortmaßnahmen einzuleiten.

Dann sprachen die Teilnehmer der Beratung, einige ergriffen mehrmals das Wort. Und jeder von ihnen ging auf die Ereignisse von Sumgait ein. Über der Beratung lag der tragische Schatten dieser Stadt, in der infolge der Untätigkeit der Behörden Dutzende Menschen das Leben verloren hatten. Das hielt uns dazu an, die Warnungen Patiaschwilis sehr ernst zu nehmen. Im Mittelpunkt stand die Frage, welche prophylaktischen Maßnahmen ergriffen werden müssten, um eine dramatische Entwicklung der Ereignisse auszuschließen.

Die entschiedenste Position bezogen Sljunkow und Lukjanow, die aus der Befürchtung heraus, ein Sumgait könnte sich wiederholen, vorschlugen, militärische Einheiten vorzubereiten, damit es in keinem Falle zu Massenunruhen käme. In seinem Lagebericht hatte Tschebrikow auch darauf hingewiesen, dass auf den nicht sanktionierten Meetings solche Losungen vorgebracht wurden wie »UdSSR – Völkergefängnis«, »Russische Interventen – geht nach Hause«, »Die Dis-

kriminierung der Georgier beenden!« – Losungen aus-
geprägt nationalistischen Charakters.*

Daher bestanden die Teilnehmer der Beratung auch
entschieden auf einer präventiven Truppenverlegung
nach Georgien. Das Wichtigste war, keinen Konflikt
zwischen verschiedenen Nationalitäten und keine
neuen Opfer zuzulassen!

Medwedjew konstatierte in seinem Beitrag nur die
Fakten, brachte keine Vorschläge. Rasumowski, der
wie Tschebrikow im ständigen Telefonkontakt mit Patiaschwili stand, unterstützte die Schlussfolgerungen
Tschebrikows voll und ganz.

Zum Abschluss der Beratung fasste ich die Meinungen zusammen: »Wir können keinerlei verbindliche
Festlegungen treffen, solange wir nicht die Meinung
der gesamten georgischen Führung erfahren. Bis jetzt
kennen wir nur den Standpunkt Patiaschwilis. Ihm ist
zu empfehlen, die Situation im ZK der KP Georgiens,
im Obersten Sowjet der Republik und im Ministerrat
zu erörtern.« Dann fügte ich noch hinzu: »Die georgischen Genossen sollen die Lage erörtern und ihre
Meinung umgehend ans ZK telegrafieren.«

Ich war mir bewusst, dass nur die kollektive Meinung die entstandene Situation richtig widerspiegeln
konnte.

Alle stimmten mir zu. Die Beratung nahm die folgenden Empfehlungen an: Erstens sollten die Partei-
und Staatsfunktionäre nicht in ihren Büros bleiben,
sondern unverzüglich auf die Meetings gehen, zur Bevölkerung sprechen und ihre Position darlegen. Zweitens war angesichts der Gefahr von Massenunruhen

---

* Autorenfußnote von Ligatschow: Die vom Kongress der Volksdeputierten gebildete Kommission und im Folgenden auch die staats-
anwaltschaftliche Untersuchung hatten bestätigt, dass derartige
Losungen verwendet wurden.

die Bewachung der wichtigsten, lebensnotwendigen Wirtschaftsobjekte zu verstärken und die Bevölkerung zu schützen vor möglichen unvorhersehbaren Ereignissen, die zu einem Ausbrechen von Feindseligkeiten zwischen den Nationalitäten führen könnten. Zu diesem Zweck waren Truppenteile nach Tbilissi zu verlegen, wozu auch Soldaten aus Armenien zurückzuführen sind.

Soweit die Empfehlungen der Arbeitsberatung. Davon, wann und in welchem Umfang Militärkontingente entsendet werden sollten, war keine Rede. Diese Fragen wurden nicht besprochen. Angenommen wurden rein politische Empfehlungen.

Genau mit diesem Gedanken hatte ich übrigens die Beratung abgeschlossen: »Wir können also sagen, dass wir die politischen Empfehlungen ausgearbeitet haben. Heute Abend werden wir sie Michail Sergejewitsch vorlegen, sobald er eintrifft.«

Diesen Beschluss billigten alle, wonach wir auseinandergingen. Es war etwa fünfzehn Uhr.

An diesem Tag gingen mir keine weiteren Mitteilungen aus Tbilissi zu. Ich hatte ja noch meinen Berg von Agrarproblemen, die ich von meiner Reise mitgebracht hatte, abzuarbeiten.

Daran saß ich bis zum späten Abend, weil Gorbatschows Eintreffen dreimal verschoben wurde. So fuhr ich erst nach zweiundzwanzig Uhr zum Flughafen »Wnukowo-2« los.

Das Zeremoniell nach Auslandsreisen unterschied sich in einigem von dem der Verabschiedung. Es hatte sich der Brauch entwickelt, dass alle Mitglieder des Politbüros und Sekretäre des ZK nach der Begrüßung des

Generalsekretärs in der Empfangshalle oder in einem der Räume des Regierungsflughafens »Wnukowo-2« zusammenkamen, um die Meinung Gorbatschows zu den Spitzengesprächen zu erfahren, aber auch, um ihn gleich bei der Rückkehr in die Heimat mit dem Stand der Ereignisse vertraut zu machen. Nicht selten nahm das ein bis zwei Stunden in Anspruch.

Und so berichtete Gorbatschow nun von seinen Verhandlungen mit Premierministerin Thatcher, um anschließend zu unseren Problemen überzugehen.

Ich hatte mich zuvor mit Tschebrikow abgesprochen, dass er auf dem Flughafen von den Ereignissen in Georgien und von unserer Beratung berichten würde.

»In Tbilissi herrscht eine komplizierte Situation«, begann Tschebrikow. Nachdem er kurz die Lage umrissen hatte, fügte er hinzu: »Patiaschwili bittet das Zentrum beharrlich um Hilfe. Wir haben uns versammelt, Jegor Kusmitsch hat die Beratung geleitet. Wir haben die möglichen Vorgehensvarianten erörtert. Die ausgearbeiteten Empfehlungen möchten wir Ihnen vortragen.«

»Bitte sehr …«

Tschebrikow legte die Schlussfolgerungen der Arbeitsberatung dar, und Gorbatschow stimmte ihnen sofort entschieden zu: »Richtig!«

Danach wurden zusätzliche Maßnahmen erörtert, woran sich Ryshkow, Schewardnadse, Jakowlew, Jasow, Medwedjew und die anderen Mitglieder der politischen und der Staatsführung beteiligten.

Im Ergebnis waren sich alle darüber einig, dass vernünftige Empfehlungen ausgearbeitet worden waren, die prophylaktischen Charakter trugen und Zeit zur Umsetzung der politischen Maßnahmen verschafften. Zu den zusätzlichen Maßnahmen fasste Gorbatschow zusammen: »Es ist notwendig, dass gleich morgen früh die Genossen Schewardnadse und Rasumowski nach Tbilissi fliegen. Verschafft euch Klarheit zur Lage vor Ort. Ich verstehe, es gibt viel zu tun. Es ist aber notwendig, dorthin zu fliegen. Wir müssen alle Kraft daran setzen, den Konflikt mit politischen Mitteln zu entschärfen. Falls es sich als notwendig erweist, muss man sich auch mit Teilnehmern des Meetings treffen.«

Ohne Zweifel hatte der Generalsekretär eine absolut richtige, vielleicht sogar die einzig richtige Entscheidung getroffen. Gorbatschow gab auch Tschebrikow einen Auftrag. Er sollte am nächsten Morgen eine Arbeitsberatung einberufen, um die Entwicklung der Lage anhand von inzwischen eingegangenen Chiffrefernschreiben erneut einzuschätzen.

Im Gedächtnis ist mir noch, dass Michail Sergejewitsch hinzufügte: »Wie vereinbart, tritt Jegor Kusmitsch seinen Urlaub an.« …

Am nächsten Morgen fuhr ich nach Sotschi, und dort erfuhr ich aus dem Zentralen Fernsehen von der nächtlichen Tragödie in Tbilissi. Ich rief umgehend Gorbatschow in Moskau an: »Was ist in Tbilissi passiert, Michail Sergejewitsch?«

»Bis jetzt ist alles noch ungewiss, ist noch in der Klärung. Da ist Patiaschwili wohl etwas aus dem Ruder gelaufen«, antwortete Gorbatschow.

Später, nach meiner Rückkehr aus dem Urlaub, begann sich das Bild allmählich zu klären. Ohne jetzt auf die Frage einzugehen, ob zur Auflösung der nichtsanktionierten Kundgebung Truppen eingesetzt werden mussten oder ob das nicht hätte sein dürfen, verweise ich auf die politischen Hintergründe der Geschehnisse, die der Ausgangspunkt der Tragödie, des Todes unschuldiger Menschen waren. Die Leiter einiger »informeller Bewegungen« Georgiens, die an der Spitze des Meetings standen, nahmen stark ausgeprägte nationalistische, antisowjetische Positionen ein und forderten den Austritts Georgiens. Wir hatten es also mit offen staatsfeindlichen Aufrufen zu tun.

Im Bericht Sobtschaks an den II. Kongress der Volksdeputierten der UdSSR hieß es hierzu direkt: »Die politische, moralische und sonstige Verantwortung – einschließlich der juristischen Verantwortung – für ihre Handlungen haben die Organisatoren des nichtsanktionierten Meetings vor dem Haus der Regierung zu tragen.« Und weiter nannte Sobtschak sie namentlich: »Zereteli, Gamsachurdia, Tschanturia und andere Führer der informellen Organisationen, die während des Meetings diverse Verletzungen der öffentlichen Ordnung zugelassen haben, riefen zur Nichtbefolgung der legitimen Forderungen der Behörden auf, ergriffen keine Maßnahmen zur Einstellung des Meetings und haben somit nicht versucht, einen tragischen Ausgang der Ereignisse zu verhindern.«

Der Abgeordnete Schengelaja nannte die Ereignisse in Tbilissi eine »militärische Strafaktion« und verlangte, dem Befehlshaber des Transkaukasischen Militärbezirks Rodionow sein Deputiertenmandat zu entziehen. Am selben Tag trug der Deputierte Gamkrelidse Folgendes vor: »Am 9. April um 4 Uhr morgens wurde unter dem Vorwand der Auflösung des nicht genehmigten Meetings und der friedlichen Demonstration in Tbilissi eine von ihrer Brutalität her völlig beispiellose Massenprügelaktion gegen unschuldige Menschen durchgeführt, die Todesopfer forderte [...] Diese Militäroperation, die vom Befehlshaber des Transkaukasischen Militärbezirk Generaloberst I. N.

Rodionow geleitet wurde, war offensichtlich nicht als Operation zur Auflösung eines friedlichen Meetings, sondern als im Vorhinein geplante Strafaktion zur Vernichtung von Menschen gedacht [...]

Eine geplante Aktion diesen Ausmaßes, mit solchen politischen Folgen hätte der obersten Führung des Landes vorher bekannt sein müssen.«

Ich hörte diese Worte und konnte es nicht fassen. »Militärische Strafaktion«, »unter dem Vorwand des Auseinandertreibens«, »im Vorhinein geplante Strafaktion zur Vernichtung von Menschen« ... Was sollte das heißen? Was lief auf dem Kongress ab? Ja, die Tragödie in Tbilissi musste wirklich sorgfältig aufgeklärt werden. Diejenigen, deren unüberlegte Handlungen zum Tod der Opfer geführt hatten, waren zu bestrafen – daran gab es keine Zweifel. Zur Besserung der politischen Lage in Georgien war es zudem auch nötig, sich in Ruhe darüber Klarheit zu verschaffen, welche Ziele die Organisatoren des Meetings verfolgten. Hier aber es wurde eine Kompromittierung der Armee in Gang gesetzt, wurde die oberste Führung des Landes attackiert, während die politischen Ziele der Protestbewegung von vornherein als heilig erklärt wurden. Die tragischen Vorfälle von Tbilissi wurden nun ganz offensichtlich einen politischen »Fall Tbilissi« verwandelt.

Die hemmungslose Attacke auf die Armee wurde von der »demokratischen« Presse unisono aufgegriffen. Die Versuche von General Rodionow, seine Sicht zu den tragischen Ereignissen darzulegen, stießen auf heftige Abwehr.

Mir wurde immer deutlicher bewusst, dass der »Fall Tbilissi« – nicht die nächtliche Tragödie, sondern eben der politische »Fall« – als eine Art Deckmantel für bestimmte sogenannte informelle Kräfte diente, die zur Macht strebten. Es waren die gleichen nationalistischen Kräfte, die die Meetings in Tbilissi organisiert hatten, um Georgien aus der Sowjetunion herauszureißen und die Kommunistische Partei Georgiens zu zerschlagen.

Schließlich nahm die Kommission zum »Fall Tbilissi«, die auf dem I. Kongress der Volksdeputierten der UdSSR gebildet worden war, ihre Arbeit auf. Eines Morgens rief mich ihr Vorsitzender Sobtschak an und sagte mir, dass die Mitglieder der Kommission sich mit mir treffen wollten.

Das folgende Gespräch hatte sich mir besonders deswegen eingeprägt, weil sie weniger nach den Umständen des »Falls Tbilissi« fragten und sich mehr für meine Haltung gegenüber dem Separatismus und zur Nationalitätenpolitik interessierten. Sie wollten auch wissen, wie ich zur Verunglimpfung unserer Geschichte, zur Schändung von Denkmälern der Revolution und zur Herabwürdigung der Heldentaten der Sowjetarmee stehe. Ein Kommissionsmitglied erklärte: »Jegor Kusmitsch, wir möchten einfach die Gelegenheit dieses Treffens nutzen, um Ihre politische Position als Mitglied des Politbüros besser kennenzulernen.«

Unmittelbar zu den Vorgängen um Tbilissi wurden nur zwei Fragen vorgebracht:

»Wer leitete die Beratung am 7. April?«

»Die Beratung leitete ich.«

»Wurde die Beratung protokolliert?«

»Nein, das war eine Arbeitsberatung. Solche Beratungen werden nicht stenografiert und protokolliert, so ist die allgemein übliche Ordnung im ZK.«

Der Justizminister Weniamin Fjodorow fügte allerdings hinzu: »Diese Fragen hätten in den Staatsorganen und nicht in den Parteigremien behandelt werden müssen.«

Ich stimmte ihm zu: »Natürlich! Aber zu diesem Zeitpunkt bestand noch das System der Führung des Staates durch die Partei, das war die Realität.«

Das ganze Gespräch hinterließ bei mir den Eindruck eines ruhigen, analytischen Herangehens an die Untersuchung des »Falls Tbilissi«.

Auf dem I. Kongress der Volksdeputierten musste ich mich befremdet fragen, wozu sich einige georgische Abgeordnete mit Hysterie daran machten, einen politischen »Fall Tbilissi« zusammenzuzimmern? Wozu stürzte die antisowjetische Presse gleich los, die öffentliche Meinung dementsprechend zu manipulieren, sie gegen die Armee zu lenken?

Ich muss es noch einmal hervorheben, dass die vom Politbüro am Abend des 7. April bestätigten Empfehlungen der Arbeitsberatung darauf abzielten, den Konflikt mit friedlichen Mitteln zu regeln. Die Aufträge, die Gorbatschow an diesem Abend zusätzlich erteilt hatte, waren vernünftig und weitsichtig gewesen. Sie boten die Vorraussetzung, die Situation unter Kontrolle zu bekommen. Es ist meiner Meinung nach wohl auch von niemandem zu bezweifeln, dass – wäre Schewardnadse, wie von Gorbatschow festgelegt, nach Tbilissi geflogen – es nicht zur Tragödie des 9. April gekommen wäre.

Entsprechend Gorbatschows Vorschlag fand am 8. April unter dem Vorsitz von Tschebrikow eine weitere Beratung zur Lage in Georgien statt. Der Teilnehmerkreis war der gleiche wie am Vortag, »mit Ausnahme von Gen. J. K. Ligatschow, der in Urlaub gefahren war«, wie im Bericht der Kommission des

Kongresses der Volksdeputierten der UdSSR vermerkt war. Außerdem nahmen an der Beratung der Innenminister der UdSSR Bakatin sowie das Mitglied des Politbüros Schewardnadse teil. Mit anderen Worten hatte Schewardnadse trotz der Weisung Gorbatschows keine Eile daran gesetzt, gleich am Morgen nach Tbilissi zu fliegen, sondern war in Moskau geblieben. In diesem Kontext ist es von Interesse, hier den Text des Chiffrefernschreibens zu zitieren, das von Patiaschwili am Abend zuvor eingegangen war:

»Die Lage in der Republik hat sich in letzter Zeit stark verschärft. Sie gerät praktisch außer Kontrolle. Die extremistischen Elemente treiben die nationalistischen Stimmungen hoch, rufen zu Streiks und zu Ungehorsam gegenüber den Behörden auf, organisieren Unruhen und diskreditieren die Partei- und Staatsorgane. In der entstandenen Situation müssen Krisenmaßnahmen ergriffen werden.

Wir halten es für erforderlich:

1. die Extremisten, die mit sowjet-, sozialismus- und parteifeindlichen Losungen und Aufrufen auftreten, unverzüglich straf- und verwaltungsrechtlich zur Verantwortung zu ziehen (Rechtsgründe liegen vor);

2. unter Entsendung zusätzlicher Kräfte des Innenministeriums und des Transkaukasischen Militärbezirks in Tbilissi ein Sonderregime zu verhängen (Ausgangssperre);

3. mit den Kräften des Partei-, Staats- und Wirtschaftsaktivs einen Komplex von politischen, organisatorischen und administrativen Maßnahmen zur Stabilisierung der Lage zu realisieren;

4. in den Massenmedien der Union und der Republiken keine Publikationen zuzulassen, die die Situation verkomplizieren.« [...] »Für die Punkte 1, 2 und 4 bitten wir um Zustimmung.«

Am 7. April fand im ZK der KP Georgiens ein Treffen mit Vertretern der Intelligenz statt, auf dem Dshumber Patiaschwili »die entstandene Lage als katastrophal einschätzte«. Am 8. April wurde eine Versammlung des Parteiaktivs der Republik abgehalten, auf der Patiaschwili feststellte, dass »sich in der Republik eine außerordentlich gespannte und explosive politische Atmosphäre herausgebildet hat. Die Extremistenführer rufen zum Sturz der Sowjetmacht und der sozialistischen Ordnung auf.« Auf der Versammlung des Aktivs wurde der Beschluss gefasst, Truppenteile einzusetzen, um die Protestierenden vom Platz zu drängen. Am Morgen des 8. April wurde eine Demonstration militärischer Stärke abgehalten – die Stadt wurde von Hubschraubern überflogen, durch die Straßen fuhren drei Kolonnen von Schützenpanzern. Anstelle einer erwarteten Beruhigung der Lage rief diese Aktion eine drastische Vergrößerung der Zahl der Demonstranten vor dem Gebäude der Regierung hervor.* Am 8. April verschärfte sich also die Lage in der Stadt rapide weiter.

Aber am selben 8. April trafen in Moskau optimistisch gehaltene Chiffrefernschreiben ein: »Insgesamt beherrschen das ZK der KP Georgiens, die Regierung und die örtlichen Partei- und Staatsorgane die Situation und ergreifen die erforderlichen Maßnahmen

---

* Autorenfußnote von Ligatschow: Wie aus dem »Informationsbericht« der Generalstaatsanwaltschaft der UdSSR hervorgeht, bewarfen Meetingteilnehmer die Schützenpanzer mit Steinen. Sechs Militärangehörige wurden dabei verletzt. Am Filmtheater »Rustaweli« hatte sich eine Gruppe jugendlicher Gewalttäter eines Patrouillenfahrzeugs der Miliz bemächtigt und es quer auf die Straße gestellt. Sie hatte den Fahrer des Fahrzeugs, den Hauptfeldwebel der Miliz Metaldadse, zusammengeschlagen und wollte ihn dazu zwingen, dass er sich unter einen Schützenpanzer legt. Der Bericht, der 140 Bände Untersuchungsmaterial umfasst, enthält zahlreiche weitere Fakten, die belegen, dass sich die Ereignisse am Morgen des 8. April immer mehr auf einen gefährlichen Kulminationspunkt zuentwickelten.

zur Stabilisierung der Lage [...] Irgendwelche zusätzlichen Maßnahmen über die zuvor getroffenen hinaus sind seitens des ZK der KPdSU und der Regierung der UdSSR zum gegenwärtigen Zeitpunkt nicht erforderlich.« Dieses Fernschreiben war am 8. April um 20.50 Uhr abgesandt worden – nachdem Gruppen randalierender Jugendlicher Schützenpanzer angegriffen hatten, sechs Soldaten verletzt worden waren und die Situation explosiv geworden war ...

Am Morgen, nachdem in Tbilissi die Tragödie schon eingetreten war, übermittelte Patiaschwili ein Telegramm folgenden Inhalts: »Am 8. April nach 21 Uhr kam es trotz aller von den Partei-, Staats- und Rechtsschutzorganen ergriffenen Maßnahmen beim Meeting vor dem Haus der Regierung der Republik mit 15 000 Teilnehmern wie auch in anderen Stadtteilen zu einer maximalen Verschärfung der Lage durch die Extremisten, die Lage begann außer Kontrolle zu geraten. Die Anführer der sogenannten nationalen Befreiungsbewegung machten sich daran, Pläne zur Machtergreifung in der Republik zu verkünden [...]«
 Was haben wir hier für ein Bild? Um 20.50 Uhr wird die »Situation beherrscht«, es vergehen wenige Minuten bis nach 21 Uhr – und »die Lage begann außer Kontrolle zu geraten«.

Interessant ist es doch, der Frage nachzugehen: Wieso hat Schewardnadse gegenüber Gorbatschow Ungehorsam gezeigt? Ich kann mich nicht entsinnen, dass Schewardnadse dem Generalsekretär ein einziges Mal auch nur in irgendetwas widersprochen hätte. Für ihn eine langgeübte Tradition. Bekanntermaßen wurden seinerzeit dem kranken Leonid Breshnew nicht wenige Lobpreisungen zugedacht. Schewardnadse stand unter diesen Virtuosen an erster Stelle.

Es ergab sich aber in der Folge vor allem eines: Auf der Welle des nationalistischen Taumels kamen in der Republik eben jene Kräfte an die Macht, die zuvor das Meeting vor dem Haus der Regierung mit Durchtriebenheit gesteuert hatten. Was hat dies begünstigt und warum wurden sie von niemandem daran gehindert?

In komplizierten Umbruchssituationen ist es unbedingt erforderlich, die Hauptgefahr zu ermitteln, die dem Land und seiner Gesellschaft droht. Wenn der Umgestaltende stattdessen eine imaginäre oder zweitrangige Gefahr bekämpft, werden die Ursachen eintretender Schwierigkeiten unzuverlässig bewertet und ergeben sich unvermeidlich Fehler bei der Überwindung dieser Schwierigkeiten. Charakteristisch für die Anfangsetappe der Perestroika war eine Auseinandersetzung zwischen den Kräften der Umgestaltung, die die Mehrheit des Volkes umfasste, und jenen Kräften, die Veränderungen in der Gesellschaft ablehnten. Die Mehrheit des Volkes nahm die Perestroika mit Enthusiasmus auf. Aber die destruktiven, antisozialistischen Kräfte, die sich als Demokraten, als »Vorkämpfer der Perestroika« ausgaben, nutzten ihre Dominanz in den Massenmedien und begannen all jene, die ihre Ansichten nicht teilten und die bei den gesellschaftlichen Umgestaltungen schrittweise, folgerichtig und mit Kontinuität vorgehen wollten, als Schreckgestalten – als »Feinde der Perestroika« und »Konservative« – hinzustellen und ihnen die Schuld für die Fehlschläge der Perestroika aufzulasten.

Ich lasse den Sinn dieser politischen Etikettierungen dahingestellt, und erlaube mir gegenzufragen: Waren denn die »Konservativen« an der Zerrüttung des Binnenmarktes und des Geldumlaufes in den Jahren 1990/1991 beteiligt? Hatten die »Konservativen« den Zerfall der UdSSR, die katastrophale Zunahme der Spekulation und der Kriminalität und die Herausbildung einer bourgeoisen Schicht gefördert? Hatten sie die Kampagne der Verunglimpfung und Diskreditierung der Sowjetarmee organisiert? Hatten sie das Aufflammen der Nationalitätenkonflikte und die Wellen von Kundgebungen organisiert, mit denen die Menschen von den zu lösenden Aufgaben abgehalten wurden? Natürlich nicht! Das war das Werk der antikommunistischen und national-separatistischen Kräfte und der Revisionisten aller Spielarten und Schattierungen. Die als konservativ Verunglimpften unternahmen dagegen maximale Anstrengungen, um es nicht zu einer derart negativen Entwicklung kommen zu lassen.

Als die hauptsächlichste und schlimmste Gefahr für das Land haben sich schließlich Nationalismus und Separatismus herausgestellt. Von Gorbatschow und einigen anderen führenden Politikern war später häufig zu hören: Wir haben die Gefahr der nationalistischen Bewegungen unterschätzt. Es ist aber angebracht zurückzufragen: Wen meinte er mit »wir«? Man muss begreifen, dass die Manie des politischen Kampfes gegen die »Konservativen« und die Nachsicht gegen die anfangs mit demokratischen Losungen drapierten nationalistischen Bewegungen zwei Seiten einer Medaille waren – der verhängnisvolle Fehler der Perestroika.

Generell konnte im Prozess der Perestroika-Umgestaltungen die Gefahr der Zunahme des Nationalismus nicht ausbleiben, was die Erfahrungen aus der Weltgeschichte belegen. Die Nutzung des nationalen Faktors war das einfachste Verfahren, das Interesse der Massen auf sich zu ziehen, und zwar umso mehr, als man es in den vorangegangenen Jahren zu nicht wenigen Verzerrungen hatte kommen lassen, insbesondere bei der Entwicklung der nationalen Kulturen und Sprachen. Alle tonangebenden »informellen« Bewegungen in den Unionsrepubliken machten sich am Anfang die nationale Idee zunutze. Sie ist es, die immer vorangeht; der sozialen Idee tritt sie ihren Platz nur in dem Maße ab, wie die Werktätigen politische Erfahrungen gewinnen.

Ich persönlich sehe nichts Schlechtes darin, dass nationale Ideen als eine Art Katalysator bei der Wiederbelebung der politischen Aktivität der Menschen dienen. Es kommt nur darauf an, dass das wachsende nationale Selbstbewusstsein nicht zur Vorstellung der nationalen Ausschließlichkeit oder der Priorität einer Nation entartet. In der politischen Situation des Jahres 1988, als überall in den Republiken »Volksfronten« beträchtliche Aktivität entfalteten, stand für mich diese Frage so: Die politische Dynamik der Menschen war zu fördern, aber ohne dabei zuzulassen, dass sie in eine nationalistische, antisowjetische Bewegung abgleitet.

Zu einem ersten Alarmsignal in dieser Hinsicht wurden die Ereignisse in Nagorny Karabach. Zu Beginn des Jahres 1988 hatten wir in den Sitzungen des Politbüros wiederholt die Lage in Nagorny Karabach sowie die Forderungen Armeniens und Aserbaidshans behandelt. Dabei waren wir zur einzig richtigen Entscheidung gekommen: Eine Änderung der nationalen Gebietsgrenzen durfte nicht zugelassen werden! Das war eine Prinzipienfrage. Geht man auch nur ein einziges Mal von diesem Grundsatz ab, öffnet man das Tor für blutige Konflikte in großer Zahl.

Etwas später, im Mai 1988, wurden dann auch weitere, nun schon taktische Fragen entschieden. Insbesondere wurde beschlossen, die Parteiführungen in Aserbaidshan und Armenien auszuwechseln. Zur Durchführung von ZK-Plenen wurden Politbüro-Mitglieder vor Ort geschickt, ich in Begleitung von Rasumowski nach Baku. Jakowlew und Dolgich nach Jerewan. Das war ein Vorschlag von Gorbatschow gewesen.

Da sich die Situation in Baku nicht einfach darstellte, beschloss ich, mich mit Gorbatschow telefonisch zu beraten.

»Michail Sergejewitsch, ich möchte den Kern meiner Ansprache auf dem morgigen Plenum mit Ihnen abstimmen.«

»Ja, nur zu …«

»Ich lege den Beschluss des Politbüros zum Autonomen Gebiet Nagorny Karabach zugrunde. Es geht darum, dass man nationale Fragen mittels Grenzänderungen nicht ohne Zustimmung der Republiken lösen darf. Der Status quo muss bewahrt bleiben. Es muss gesichert werden, dass die legitimen Ansprüche aller nationalen Bevölkerungsgruppen und jedes Menschen gleich welcher Nationalität vollständig befriedigt werden …«

»Ja, das ist die prinzipielle Position«, stimmte Gorbatschow zu.

Als ich am nächsten Tag diese Position den Teilnehmern des Plenums des ZK der KP Aserbaidshans vorlegte, zweifelte ich nicht daran, dass Jakowlew in Jerewan genauso vorgehen würde, denn es ging ja um einen prinzipiellen Beschluss des Politbüros. Als ich mich dann mit Jakowlews Ansprache auf dem Plenum des ZK der KP Armeniens bekannt machte, stellte ich aber mit Verwunderung fest, dass er das Problem von Nagorny Karabach stillschweigend übergangen hatte. Jakowlew hatte viel gesprochen von Konservativen, die sich in der Gesellschaft festgesetzt hätten, und von den Gefahren des Konservatismus. Nicht ein einziges Mal aber fielen bei ihm die Worte »Nagorny Karabach«. Die feste Position des Zentrums zur Frage der Grenzen der nationalen Territorien ließ er unerwähnt. Das war im Mai 1988.

Im September 1988 dann gingen, wie schon beschrieben, seine und meine Bewertung der baltischen Nationalisten endgültig auseinander.

An der politischen Front der Perestroika lief ein erbitterter Kampf der sogenannten »Vorkämpfer der Perestroika« gegen die echten Kommunisten, die zu Konservativen gestempelt wurden. Die »Vorkämpfer« – Renegaten und Revisionisten – wechselten schleunigst die Farbe und verwandelten sich nun von Kommunisten in »Nationaldemokraten«. Ans Revers steckten sie sich Symbolik in den nationalen Farben, um auch künftig nicht auf Macht und Einfluss verzichten zu müssen und ihre Privilegien nicht zu verlieren.

In Litauen und Estland wurden frühere hochgestellte Parteifunktionäre Anführer der nationalistischen Kräfte. In Litauen kam das besondere »Verdienst« an der Spaltung der Kommunistischen Partei und der Schaffung aller Voraussetzungen für das Aufblühen des Nationalismus dem früheren Ersten Sekretär der KP Litauens, Brazauskas, zu, einem klassischen Liquidator*.

Die nationalistische Welle in den baltischen Republiken wuchs besonders stark nach dem II. Kongress der Volksdeputierten der UdSSR Ende 1989 an. Breiten Raum eingenommen hatten auf diesem Kongress scharfe Debatten zur Rede Jakowlews über den Molotow-Ribbentrop-Pakt und die geheimen Protokolle zu

---

* Als Liquidatoren wurden die Anhänger einer Strömung in der Sozialdemokratischen Arbeiterpartei Russlands (SDAPR) 1907–1912 bezeichnet, die die illegale revolutionäre Partei auflösen und an ihre Stelle eine legale reformistische Partei setzen wollten.

diesem. Ich erinnere mich an die prophetischen Worte eines Redners, der voll Bitternis ausrief: »Was tun Sie hier? Kommen Sie zur Besinnung! Sie schalten doch die Ampel auf grün für den Zerfall der Sowjetunion!«

Die aufgeheizte, skandaldurchsetzte Atmosphäre des II. Kongresses der Volksdeputierten der UdSSR wurde zum Vorzeichen der heraufziehenden Krise der Perestroika.

Bis etwa Ende des Jahres 1988 »genierten« sich Gorbatschow und Jakowlew einfach, das Wort »Nationalismus« auszusprechen, und ersetzten es durch den Begriff »Extremismus«. Die Worte »Internationalismus« und »internationale Solidarität« verschwanden ganz und gar aus dem politischen Wortschatz. Dieser Wechsel im Sprachgebrauch ging einher mit der Tendenz zur Verharmlosung der Gefahr des Nationalismus. Eine vom Nationalismus infizierte Partei – da kann es keine Zweifel geben – ist eine untergehende Partei.

Die »Prawda« begann dann endlich mit der Veröffentlichung von Materialien, die das nationalistische Wesen der »Volksfronten« bloßlegten. Gegen die »Prawda« und ihren damaligen Chefredakteur Afanasjew setzte nun eine wütende Attacke der litauischen Ex-Kommunisten ein.

Als aus den baltischen Republiken schon ein Strom schlechter Nachrichten über die Diskriminierung der zugewanderten Bevölkerung und die drastische Zunahme der Spannungen zwischen den Nationalitäten einsetzte, trat im Sommer 1989 das ZK der KPdSU mit einer speziellen Erklärung vor die Öffentlichkeit. Man hoffte, dass sie zu einem Wendepunkt in der Entwicklung der nationalen Prozesse werden könnte. In ihr war die Rede davon, dass die Verkrustungen der Vergangenheit beseitigt werden müssen, der Entwicklung der nationalen Kulturen und Sprachen ein breiter

Raum zu gewähren sei, den nationalen Traditionen und Bräuchen die volle Freiheit eingeräumt werden solle und den legitimen Ansprüchen der alteingesessenen Bevölkerung entsprochen werden müsse. Dabei wies man auf die Sicherung der Interessen aller im Baltikum lebenden Nationalitäten hin.

Hätten das Zentrum und die Massenmedien damals weiter im Geiste dieser Erklärung gearbeitet, dann – davon bin ich überzeugt – wären die weiteren Ereignisse nicht in die politische Krise im Baltikum gemündet. Aber leider war dieser Erklärung des ZK der KPdSU ein trauriges Schicksal beschieden. Die Anführer der »Nationalen Fronten« belegten sie mit Feuer aus allen Rohren, und das ZK der KPdSU legte nun wieder eine unverzeihliche Passivität an den Tag.

Da ich sah, in welche Richtung sich die Ereignisse entwickelten und wie ungemein passiv sich die zentralen Gremien verhielten, beschloss ich im Mai 1990 erneut, mich mit einem Schreiben an das Politbüro des ZK der KPdSU zu wenden. Mir blieb wieder einmal kein anderer Weg, denn alle meine Versuche in den Jahren 1988 und 1989, auf den Plenen des ZK und den Politbüro-Sitzungen ein ernsthaftes Gespräch zu Nationalismus und Separatismus, zur Lage in der Partei und zu ihrer Einheit in Gang zu bringen, waren erfolglos geblieben. Hier einige Passagen aus meinem Schreiben.

»In Litauen haben die bürgerlichen Nationalisten die Oberhand gewonnen, die Republik driftet in Richtung Westen ab. In gleicher Richtung bewegen sich Estland und Lettland. In verschiedenen Gebieten der Westukraine haben radikale Nationalisten die Führung in den Sowjets übernommen. In Transkaukasien tobt ein Bruderkrieg, in einer Reihe von Regionen besteht eine Doppelherrschaft. Die sozialistische Staatengemeinschaft in Europa ist zerfallen. Unser Land verliert seine Verbündeten. Die Positionen des Imperialismus haben sich verstärkt.

Es wird klar, dass unter den heutigen Bedingungen, da im Lande politische Instabilität herrscht, eine tiefgehende Reformierung der Gesellschaft, ihre Umgestaltung nicht durchgeführt werden kann. Das ist unmöglich.

Die Konflikte zwischen den Nationalitäten und die im Lande wirkenden Kräfte des Auseinanderdriftens, die Streiks, die Nichteinhaltung von wichtigen Präsidentenerlassen und Gesetzen des Obersten Sowjets der UdSSR sowie der Rückgang der Disziplin in der Volkswirtschaft lassen die Realisierung des Programms der Regierung zur Sanierung der Wirtschaft scheitern und machen die Durchführung der Wirtschaftsreform faktisch unmöglich. Urteilt man ausgehend von der realen Lage, ist die Politik der Erneuerung unter dem Ansturm der nationalistischen und separatistischen Kräfte in einer Reihe von Republiken in vielen Positionen am Scheitern. [...]

Ich sehe es als notwendig an, ein erweitertes Plenum des ZK unter Beteiligung des Parteiaktives des Landes einzuberufen und die aktuelle Situation zu diskutieren, den Verlauf der Diskussionen im Vorfeld des Parteitages und die Vorbereitung des XXVIII. Parteitages sowie die Realisierung der Empfehlungen des Briefes des ZK an die Kommunisten des Landes zu erörtern. [...]

Das Wichtigste ist, auf dem Plenum des ZK konkrete Maßnahmen zur Abwehr der sozialismusfeindlichen national-separatistischen Kräfte, für die Geschlossenheit der Reihen der Partei und die Stärkung der

Integrität der Sowjetunion auszuarbeiten und zu verwirklichen. Viele Gebiets- und Rayon-Parteikomitees fordern die Einberufung eines Plenums. Dem muss Rechnung getragen werden. [...]«

Dieser Brief war im Mai 1990 geschrieben worden, ein offizieller Brief, den ein Mitglied des Politbüros an den Generalsekretär des ZK der KPdSU gerichtet hatte. Aber mit diesem offiziellem Brief geschah etwas Verwunderliches, ja ganz Unglaubliches. Während in der Öffentlichkeit immer wieder lauthals Pluralismus, Offenheit und Demokratisierung der KPdSU verkündet wurden, erinnerte die tatsächliche Situation in der Führungsspitze der Partei mehr und mehr an finstere alte Zeiten. Meine Briefe wurden in der Ablage begraben ...

Nach dem XXVIII. Parteitag hatte ich ein aufschlussreiches Gespräch mit dem damaligen Ersten Sekretär des ZK Belorusslands Jefrem Sokolow. Er erzählte mir von einer Beratung am Rande des Parteitags, auf der die Kandidaturen für das neu zu wählende Zentralkomitee der KPdSU besprochen wurden. Mein Name tauchte in der verlesenen Liste nicht auf, worauf jemand Gorbatschow fragte: »Wieso ist Ligatschow nicht in der Liste?«

Gorbatschows Antwort lautete: »Er schreibt in letzter Zeit zu viele Briefe.«

Gorbatschow, Jakowlew und Medwedjew lavierten in der Frage des Nationalismus weiter.

Jakowlew und Medwedjew schoben als Hauptgefahr weiterhin den Konservatismus vor. So stand es auch in der Fassung des Rechenschaftsberichts an den XXVIII.

Parteitag, die im Politbüro besprochen wurde. Ich wies darauf hin, dass es wenigstens drei Hauptgefahren gab: den Konservatismus, den National-Separatismus und die Kräfte, die das Land zum Hinüberwachsen in den Kapitalismus drängten. Nach meinem Verständnis war der Konservatismus, ich hatte das schon herausgehoben, keine der Hauptbedrohungen für die Perestroika. Ich war hier aber auf einen politischen Kompromiss eingegangen, damit der Nationalismus als wichtigste Gefahr benannt wird.

Im Bericht an den Parteitag wurde die Gefahr aus der Aktivierung der nationalistischen Kräfte leider nur als »ernsthafte Erschwernis« für die Realisierung der Aufgaben der Perestroika hingestellt. Und nicht einmal einen Monat später war Gorbatschow wieder auf dem alten Gleis. In einer Rede anlässlich von Manövern im Militärbezirk Odessa hob er als Hauptgefahr für die Perestroika erneut nur den Konservatismus hervor. Es musste noch ein halbes Jahr vergehen, bis Gorbatschow auf dem ZK-Plenum in Dezember 1990 in einem Referat eingestand: »Heute ist schon mit bloßen Auge zu erkennen, dass sich die Separatisten nicht für die wahren Hoffnungen der Völker interessieren, sondern nur mit deren geheiligten Gefühlen spekulieren, um ihre Pläne umzusetzen. Man darf nicht die Augen davor verschließen, dass manche nationalistisch ausgerichteten Vertreter, die Losungen von der »Größe« Litauens, der Ukraine, Moldawiens usw. verkünden, auch schon damit beginnen, offen Ansprüche auf die einen oder anderen Territorien zu erheben. Wozu das führen kann und auch schon führt, ist uns allen gut bekannt. Ich sage es offen: Es gibt jetzt im Lande keine ernstere Gefahr als den radikalen, extremistischen Nationalismus und das Schüren von Zwist zwischen den Nationalitäten.«

Wieder hinkte man den Ereignissen hinterher – und diesmal katastrophal! Wie bitter war es für mich, auf diese Weise recht behalten zu haben! Es stellte sich die Frage, warum Gorbatschow und seine nähere Umgebung kein Ohr gehabt hatten für die Warnungen?

Es kommt der Tag, an dem diese Fragen ihre Antwort finden werden. Aus meiner Sicht kann ich sagen, dass Gorbatschow mit Arglist in ein politisches Spiel eingespannt wurde, indem man ihn mit einer »rechten« Gefahr und mit Andeutungen zum Schicksal Chruschtschows schreckte. Dabei wurde ihm statt der realen Gefahr des extremen Nationalismus die scheinbare Gefahr eines Konservatismus vorgegaukelt und mussten Politiker mit sozialistischen Positionen als Konservative herhalten. Aber dass er vielleicht nicht richtig über die Ereignisse im Lande informiert gewesen wäre, dem war nicht so, nein, ganz und gar nicht.

Bis zum II. Kongress der Volksdeputierten der UdSSR im Dezember 1989 verfolgte ich die Entwicklung in Georgien quasi aus dem Abseits. Die nationalistische Welle, die die Anführer des Meetings vor dem Haus der Regierung nach oben geschleudert hatte, begann in einen politischen Tsunami zu verwandeln. Die antisowjetischen Kräfte machten sich die nächtliche Tragödie des 9. April 1989 für die Vorbereitung auf künftige Wahlen zunutze, auf denen sie den Sieg anstrebten. Die Ereignisse entwickelten sich ganz offensichtlich nach einem Szenarium, das schon im Baltikum, speziell in Litauen, erprobt worden war.

Einige Tage vor der Eröffnung des II. Kongresses der Volksdeputierten der UdSSR begannen sich eigenartige Dinge abzuspielen …

Im Leningrader Fernsehen trat der Vorsitzende der Kommission der Volksdeputierten der UdSSR zur Untersuchung des »Tbilissi-Falls« Sobtschak auf. Er legte einige Fakten zur Arbeit seiner Kommission vor und ließ Ausschnitte aus vom KGB Georgiens gedrehten Videoaufnahmen zeigen. An die Stelle einer objektiven Analyse setzte Sobtschak eine offen tendenziöse Stimmungsmache und behauptete, dass bei der Auflösung des Meetings chemische Kampfstoffe und Feldspaten zur Anwendung gekommen seien. Dabei war ihm durchaus bekannt, dass nach Expertengutachten der Tod der Opfer durch Zusammenquetschung, durch Kompressionstraumata, eingetreten war, nicht aber durch Hieb- und Stichwunden oder Erstickung.

Ich kannte den Abschlussbericht der von Sobtschak geleiteten Kommission, er machte auf mich den Eindruck eines ernsthaften Dokuments. Einwände hatte ich nur zu jenem Teil des Berichts, der eine tendenziöse Kritik an der Armee enthielt.

Eben deswegen wunderte ich mich nicht wenig über den Fernsehauftritt Sobtschaks. Der Auftakt der Gdljan-Affäre war mir in deutlicher Erinnerung, und ich begriff, dass das Leningrader Fernsehen Sobtschak nicht ohne Grund eingeladen hatte.

Gegen diese Fernsehsendung erhoben die Mitarbeiter der Militärstaatsanwaltschaft scharfen Einspruch, da sie die Tatsachen verzerrt dargestellt sahen. Das Leningrader Fernsehen lud nun die Militärstaatsanwälte ins Studio, und diese legten ihre Version der Vorfälle dar.

Die Lawine des »Falls Tbilissi« kam ins Rollen …

Forderungen wurden laut, den Bericht der Kommission auf dem Kongress zu verlesen. Und trotz der Einwände von Sobtschak selbst wie auch der Delegation Georgiens und der Interregionalen Abgeordnetengruppe fasste der Kongress den Beschluss, den Bericht des Kommissionsvorsitzenden Sobtschak und die Mitteilung des Militäroberstaatsanwalts Katusew anzuhören.

Und da trat etwas ganz und gar Unerwartetes ein: Der von Sobtschak mündlich vorgetragene Bericht wich in vielem vom schriftlichen Abschlussbericht der Kommission ab. Akzente waren stark verschoben, viele Fakten fanden überhaupt keine Erwähnung, andere waren sorgfältig zurechtgestutzt worden. Der Bericht Sobtschaks war so konstruiert, dass die Hauptschuld an der Tragödie von Tbilissi letzten Endes ... Ligatschow zugeschrieben wurde.

Obwohl es eine geschlossene Sitzung ohne TV-Übertragung und ohne Veröffentlichung in der »Iswestija« gewesen war, hatten die antisowjetischen Massenmedien aus Sobtschaks Bericht im Nu den Namen Ligatschow übernommen und hängten ihn nicht mehr nur wegen der Gdljan-Affäre, sondern nun auch im Zusammenhang mit dem »Tbilissi-Fall« an die große Glocke. Nach Sobtschaks Bericht war ich der einzige Vertreter der Führungsspitze, der etwas mit den Ereignissen in Tbilissi zu tun hatte, sollte mitschuldig sein an der Tragödie.

Ich hatte übrigens erst im Nachhinein erfahren, dass Sobtschak der Kommunistischen Partei erst 1987 beigetreten war. Und 1990 hatte er die Partei schon wieder verlassen. Mich hatte das erstaunt, aber es passt in das Bild eines Mannes, der die Tbilissi-Ereignisse für ganz bestimmte Zwecke verfälscht, zurechtgelogen hat. Für ihn war es nichts Ungewöhnliches, das zu verbrennen, was er angebetet hatte ...

An das, was ich in jenen Tagen durchlebt hatte, will ich mich besser nicht erinnern. Ohne falsche Bescheidenheit muss ich sagen, dass hier wirklich Stehvermögen notwendig war, um das alles auszuhalten und nicht die Waffen zu strecken. Der Kampf musste weitergehen – nicht um mich ging es, sondern gegen die Liquidatoren in der Partei und die Separatisten, die Spaltung und Blut über das Land zu bringen drohten.

Heute, da sich der Schmerz in meinem Innern gelegt hat, da alle falschen Anschuldigungen gegen mich zerstoben sind und ich durch den Gang der Ereignisse rehabilitiert bin, denke ich bisweilen an jenes unvermittelte Manöver Sobtschaks zurück. Sobtschak muss von jemandem sehr intensiv bearbeitet worden sein, daran habe ich keinen Zweifel.

Angesichts der auf der Sitzung vorgetragenen Verfälschungen war es schmerzvoll für mich zu sehen, wie das Präsidium nach Sobtschaks Rede schwieg. In diesem Präsidium saßen Menschen, die sehr gut wussten, wie sich die Ereignisse vollzogen hatten, denn sie waren unmittelbar an ihnen beteiligt gewesen. Und nun saßen sie da und schwiegen …

Nach den Reden des Militäroberstaatsanwalts Katusew und des Ersten Sekretärs des ZK der KP Georgiens Gumbaridse wurde eine Pause eingelegt, und ich ging in den Saal des Präsidiums. Schaut man aus dem Zuschauersaal des Kreml-Kongresspalastes in Richtung Bühne, kann man rechts eine kleine Tür entdecken, die genau so wie die umliegende Wand verkleidet ist. Hinter dieser Tür befindet sich ein recht geräumiger Saal, in dem üblicherweise die Mitglieder des Politbüros zusammenkamen. Zu diesem Saal waren alle notwendigen Nachrichtenverbindungen geschaltet, die Telefonbücher der Regierungszentralen waren hier verfügbar. Auch einen Imbiss konnte man hier zu sich nehmen.

Die Ereignisse auf dem Kongress hatten offensichtlich nicht nur mich aufgewühlt, im Pausenraum hatten sich fast alle Mitglieder des Politbüros versammelt. Es war eine allgemeine Nervosität zu verspüren. Keiner sprach mit einem anderen, keiner fragte etwas, alle fühlten sich irgendwie unwohl. Gorbatschow trank schweigend und konzentriert Tee.

Plötzlich trat Schewardnadse herein, warf einen schnellen Blick über den Saal, warf seine Mappe demonstrativ auf den Tisch und rief erregt: »Schluss! Michail Sergejewitsch, ich trete zurück. Ich bin empört darüber, was hier abläuft. Gehen Sie davon aus, dass das endgültig ist.«

Die westlichen Medien informierten übrigens schon am nächsten Tag alle Welt über die Rücktrittsabsicht Schewardnadses. Es war verwunderlich, dass die ausländischen Journalisten dies so schnell erfahren hatten. Diese Äußerung war im engen Kreis gefallen, hinter geschlossenen Türen. Aber das sei nur nebenbei angemerkt. Ich jedenfalls zweifelte keinen Augenblick daran, dass es nur eine vorgetäuschte Rücktrittsdrohung war, die Schewardnadse nötig hatte, um »sein Gesicht zu wahren« vor den georgischen Deputierten, die während der Ansprache des Militäroberstaatsanwalts den Saal verlassen hatten. Vielleicht aber auch nicht nur vor den georgischen Deputierten, sondern auch vor jenen politischen Kräften, die jetzt in Tbilissi an Stärke gewannen …

Ich will nicht verbergen, dass ich in jenen Minuten im Pausensaal des Präsidiums versucht war, irgendjemanden direkt anzusprechen oder auch alle zugleich und zu fragen: »Genossen! Was ist los? Warum schweigen Sie? Sie wissen doch alle genau, wie es in Wirklichkeit gewesen ist!« Ich hielt mich aber mit solchen Ausrufen zurück. Die Politik ist ein hartes Geschäft, sie gründet sich auf Berechnung und nicht auf Emotionen. Zudem war mir ganz klar, dass neben der Absicht, Ligatschow »abzusägen«, mit Sobtschaks Manöver andere, weiterreichende Absichten verfolgt wurden.

Als die Deputierten durch den Kreml zum Spasski-Turm gingen, um auf dem Roten Platz einen Kranz für Lenin niederzulegen, kam Gorbatschow zu mir, nahm mich am Arm und fragte, wie meine Stimmung sei. Ich stand noch unter dem Eindruck der eben abgelaufenen Debatten zu den Ereignissen in Tbilissi, die mich konsterniert hatten, und antwortete ihm mit einer Gegenfrage: »Warum hat niemand aus der Führung zu den Ereignissen in Tbilissi gesprochen und von unserem Gespräch auf dem Flughafen nach Ihrer Rückkehr aus London berichtet, als Sie Schewardnadse beauftragt hatten, sofort nach Tbilissi zu fliegen? Michail Sergejewitsch, in Ihrer Umgebung befinden sich unredliche Menschen, die Sie noch zugrunde richten werden.«

Wir bewegten uns schnell durch den Kreml, in einer großen Gruppe, und ich sprach absichtlich laut, damit die neben uns Laufenden meine Worte hörten.

»Wie? Meinst du denn, dass etwa Lukjanow so einer ist?«, erwiderte Gorbatschow und zeigte auf den neben uns laufenden Anatoli Iwanowitsch.

»Lukjanow meine ich nicht. Ich spreche vor allem von Jakowlew, Sie wissen das. Eines Tages werden Sie das noch verstehen …«

»Du hast nicht recht.«

»Nein, Sie haben nicht recht, Michail Sergejewitsch«, gab ich zurück. »Eines Tages begreifen Sie das.«

»Du bist erregt«, versuchte Gorbatschow mich zu besänftigen.

»Es ist schwer, gleichgültig zu bleiben, wenn sich im Land ein großes Unheil zusammenbraut«, erklärte ich.

Das Gespräch führte zu nichts, wir kamen auf keinen gemeinsamen Nenner. Als ich das merkte, ging ich demonstrativ zur Seite weg.

Der auf dem I. Kongress der Volksdeputierten der UdSSR in Szene gesetzte »Fall Tbilissi«, der den nationalistischen Anführern zu reicher Dividende verhalf und sie auf ihrem Weg zu den Gipfeln der Macht voranbrachte, entwickelte sich in seiner inneren Logik weiter. Solange diese Gipfel nicht erreicht waren, war es für sie unvorteilhaft, den offenen Konflikt mit der Führung der Sowjetunion zu suchen. So gingen sie den von der litauischen »Sajudis« vorgebahnten Weg – sie schürten Emotionen und bereiteten sich auf den künftigen Umsturz vor. Wenn sie über die Armee herfielen, dämpften sie daher auch ihre Angriffe auf die zentrale Führung, und das Zentrum seinerseits zog es vor – aus Gründen, die ich beschrieben habe –, die stürmische Entwicklung des georgischen Nationalismus nicht zu bemerken.

Anmerken möchte ich, dass ich direkt von Seiten der Georgier keine Feindseligkeiten erfahren hatte; in Tbilissi wusste man ganz gut, dass ich mit den tragischen Vorfällen jener Nacht nichts zu tun hatte. Der Hintersinn des Berichts Sobtschaks war schon nicht mehr Teil des georgischen, sondern eines rein Moskauer Spiels. Aus diesem Grund beließ es Sobtschak nicht bei dieser Rede auf dem Kongress, sondern spielte seine Rolle auch danach weiter. So gab er einem Korrespondenten der Zeitschrift »Ogonjok« ein Interview, in dem er wieder seine private Version des Berichts vortrug.

In dem Interview mit der reißerischen Titelzeile »Die Truppen greifen auf dem Platz ein …« gab er von sich: »Die Beratung unter der Leitung von Ligatschow, auf der die verhängnisvolle Entscheidung angenommen wurde, der Republik Hilfe mit Truppenverbänden zu gewähren, repräsentierte nicht einmal das Politbüro. Es war nur eine Gruppe von Personen (wenn es auch verantwortliche Mitarbeitern waren), die sich zudem in Abwesenheit des Präsidenten versammelt hatte, der zu dieser Zeit in Großbritannien war, und in Abwesenheit des Regierungsoberhauptes, obwohl Nikolai Iwanowitsch Ryshkow in Moskau war. Verstehen Sie, was hier abläuft? Das ist das Allergefährlichste!«

Hier ist nicht nur die Fantasie sehr weit gegangen, sondern vor allem das Kalkül – das vorsätzliche Schüren von Stimmungen.

Im »Ogonjok«-Interview war er aber nun doch zu weit gegangen. Er wollte sich besonders hervortun und hatte mir damit die Möglichkeit gegeben, öffentlich die Wahrheit darzustellen. In meiner Rede auf dem Plenum des ZK der KPdSU im Februar 1990 schnitt ich auch den »Tbilissi-Fall« an und sagte unter anderem (zitiert aus dem Stenogramm des Plenums): »Ich möchte die ZK-Mitglieder auf eine Tatsache hinweisen. Kürzlich gab es speziell in der Zeitschrift ›Ogonjok‹ eine vielsagende Mitteilung, dass eine Gruppe von Mitgliedern des ZK unter der Leitung von Ligatschow auf einer Beratung am 7. April vergangenen Jahres hinter dem Rücken des Generalsekretärs des ZK und des Vorsitzenden des Ministerrats Fragen im Zusammenhang mit der Lage in Georgien behandelt und entsprechende Beschlüsse angenommen habe [...] Viele Genossen wissen, dass die politischen Empfehlungen im Zusammenhang mit der Entwicklung der Ereignisse in Tbilissi am gleichen Tag, also am 7. April, vom gesamten Politbüro – unter Beteiligung von M. S. Gorbatschow und N. I. Ryshkow, der von Auslandsreise zurückgekehrten Genossen A. N. Jakowlew und

E. A. Schewardnadse – einstimmig, ich unterstreiche: einstimmig, bestätigt und angenommen wurden. Es stellt sich die Frage: Wozu werden Verdächtigungen in die Welt gesetzt, was sollen die Andeutungen einer Verschwörung? Ich habe es schon gesagt und sage es erneut: Das Ganze hat das eine Ziel: Die Aufmerksamkeit der Gesellschaft soll von der Hauptgefahr für die Perestroika abgelenkt werden – vom zerstörerischen Wirken, das, ich nenne sie so, politische Demagogen und Intriganten in unserem Land und in der Partei entfalten.«

Dieser Teil meines Beitrags rief eine besonders stürmische Reaktion Schewardnadses hervor, der das Wort bald nach mir ergriff. Ich zitiere weiter aus dem Stenogramm:

»Einige Worte zur Erläuterung im Zusammenhang mit der Rede Jegor Kusmitschs. Ich weiß nicht, warum diese Diskussion erneut angegangen werden muss, nachdem sowohl parlamentarische Untersuchungen, Spezialuntersuchungen und auch verdeckte Ermittlungen durchgeführt worden sind, insbesondere nachdem die Frage auf dem Kongress der Volksdeputierten der UdSSR behandelt wurde.

Um noch einmal die Tatsachen ins Gedächtnis zu rufen, möchte ich sagen, dass es keine Politbüro-Sitzung gegeben hat. Das war eine gewöhnliche Begrüßung auf dem Flughafen. Neben anderen Fragen wurde von den alarmierenden Telegrammen aus Tbilissi berichtet. Gesagt wurde, dass der Bitte der georgischen Genossen um Hilfe zur Gewährleistung der Ordnung entsprochen wurde, unter anderem durch Rückführung jener Einheiten des Innenministeriums, deren Standort Georgien ist und die seinerzeit nach Armenien verlegt worden waren.

[...] Getroffen wurde eine kategorische Festlegung

durch den Generalsekretär und das Politbüro, dass die Frage auf politischem Weg zu lösen ist, auf dem Weg des politischen Dialogs. Solche Festlegungen, solche Empfehlungen wurden gegeben. Das ist alles, was auf dem Flughafen geschehen ist.«

Gorbatschow: »Nein, das ist nicht alles. Wir hatten außerdem Genossen Schewardnadse, trotz all dieser Reisen und so weiter, ja und noch jemanden … (Zwischenruf: Rasumowski …) und Rasumowski beauftragt, nach Tbilissi zu fliegen.«

Schewardnadse: »Ja, das hatten wir auch noch, davon war gesprochen worden, die georgischen Genossen hatten gesagt, dass eine solche Reise nicht notwendig ist. Das ist die ganze Wahrheit.«

Ligatschow: »Eduard Amwrossijewitsch, zwischen uns gibt es keine Widersprüche […]«

Wenn ich sagte, dass es zwischen mir und ihm keine Widersprüche gebe, meinte ich damit, dass die ausgearbeiteten Empfehlungen vom gesamten Kollegium bestätigt worden waren. Keiner hatte Einwände vorgebracht, auch Schewardnadse nicht. Doch gerade er hätte wie kein anderer sagen können: »Genossen, ich bin mit der Lage in Georgien gut vertraut, ich kenne das georgische Volk, seinen Charakter, seine Stimmungen. Ich bin mit den anzunehmenden Beschlüssen nicht einverstanden. Lassen Sie uns doch besser so und so vorgehen.«

Doch Schewardnadse hatte geschwiegen und zudem nicht widersprochen, als ihn Gorbatschow beauftragte, gleich am bevorstehenden Morgen nach Tbilissi zu fliegen. Er widersprach nicht … aber flog auch nicht. Auf dem ZK-Plenum war er dann bemüht, seinen merkwürdigen Ungehorsam vergessen zu lassen und gestand ihn erst nach der Erwiderung Gorbatschows ein.

Das Stenogramm des ZK-Plenums wurde in der

»Prawda« veröffentlicht, und wieder einmal fiel ein Lügengebäude in sich zusammen. Dieses Mal hatte sich die Offenheit durchgesetzt, und von da an versuchte schon niemand mehr, mir die Tragödie von Tbilissi zuzuschreiben.

Ich möchte aber noch einmal auf den Wortwechsel mit Schewardnadse zurückkommen und erklären, was mir das Allerwichtigste war. Ich hatte auf diesem Plenum öffentlich erklärt, was ich als Hauptbedrohung für die Perestroika ansah. Zu jener Zeit waren die Prozesse des Auseinanderdriftens noch in der Entwicklung; es bestand noch die Möglichkeit, sie zu stoppen. Es näherten sich die Wahlen für die Sowjets der Volksdeputierten der Republiken und die örtlichen Sowjets. Hätte die Partei das Volk auf die Gefahr des Nationalismus aufmerksam gemacht, wären die Wahlen anders verlaufen. Im Frühjahr 1990 herrschte in der obersten Parteispitze immer noch die Situation, die sich im Sommer 1988 herausgebildet hatte und von der der Zweite Sekretär des ZK der KP Litauens Wladislaw Schwed auf dem Plenum des ZK der KPdSU sagte: »Nicht selten werden auf höchster Ebene Prozesse gutgeheißen, die keineswegs der Perestroika dienen. So bin ich gebeten worden, den Mitgliedern des Plenums zu übermitteln, dass in unserer Republik viele Kommunisten die theoretische und ideologische Fundierung der Prozesse, die die Republik in die heutige Lage gebracht haben, mit dem Litauen-Besuch von Alexander Nikolajewitsch Jakowlew im August 1988 verbinden, zu einem Zeitpunkt, da sich diese Situation erst entwickelte. Als dann offensichtlich geworden war, dass die Entwicklung in die falsche Richtung ging – warum erfolgte da keine operative Reaktion seitens des ZK der KPdSU?«

Und zehn Monate später war dann auf dem Dezember-Plenum 1990 aus dem Munde Gorbatschows fast wortwörtlich das zu hören, was ich bereits auf dem Februar-Plenum gesagt hatte. Mir schien sogar, dass er bei der Vorbereitung seiner Rede für das Plenum das berücksichtigt hatte, was ich zuvor angemahnt hatte. Allerdings war es nun bereits zu spät. In Georgien war die Macht an jene nationalistischen Kräfte übergegangen, die mit Vehemenz den »Tbilissi-Fall« ins Rollen gebracht hatten. Die Republik hatte ihren Austritt aus der UdSSR erklärt. Antisowjetismus und Bekämpfung des Sozialismus wurden nun zu den Hauptlosungen der neuen Macht.

Meine Warnung sollte sich leider bewahrheiten. Ich wäre nur zu glücklich gewesen, wenn ich mich hier geirrt hätte.

Nachdem Gamsachurdia an die Macht gekommen war, etablierte er eine »demokratische Diktatur« solcherart, dass nicht nur die Georgier die Abscheu überkam, sondern auch viele Menschen im Westen. Der neue Herrscher in Tbilissi machte sich an die Abrechnung mit der Opposition, wobei er erklärte, dass es in Georgien keine Opposition gebe, sondern nur Kriminelle, die in den Gefängnissen sitzen. Statt wie zuvor verkündet für die Demokratie zu kämpfen, stellten die neuen Führer umgehend die Tätigkeit der gesetzlich gewählten Machtorgane des Volkes, der örtlichen Sowjets, ein und liquidierten die Autonomie Südossetiens. Begonnen wurde ein Genozid gegen die ossetische Bevölkerung; angestrebt war, alle Menschen nichtgeorgischer Nationalität aus Georgien zu vertreiben. Alles in allem lief eine ultranationalistische Politik zum Schaden des gesamten georgischen Volkes.

War denn aber diese Wende in der Entwicklung völlig unerwartet eingetreten?

Wie aus den Untersuchungen der Generalstaatsanwaltschaft der UdSSR hervorging war, hatten die späteren georgischen Führer noch vor der nächtlichen Tragödie in Tbilissi vom 9. April 1989 im Dorf Leselidse in der Abchasischen Autonomen Sowjetrepublik eine Demonstration abgehalten, auf der die Forderung erhoben wurde, die Autonomie Abchasiens abzuschaffen und in leitenden Funktionen in Abchasien nur noch ethnische Georgier einzusetzen.

Auf einem Meeting in Tbilissi am 5. April 1989 hatte Gamsachurdia verkündet: »Die abchasische Nation hat historisch nie existiert [...] Sie kämpfen gegen die Georgier und gegen Georgien, um Russen zu werden.«

Das »Memorandum an die Regierung Georgiens« der Separatisten enthielt folgende Ziele:

»1. Die Russifizierung und Armenisierung Adshariens ist zu beenden [...]

2. Die Armenisierung Meßchetien-Dschawachetiens* ist zu beenden [...]

3. Der Besiedlung Georgiens mit Armeniern und Russen ist ein Ende zu bereiten.

4. Die Besiedlung des Rayons Kwareli mit Dagestanern ist zu beenden [...]

5. In den Rayons Telawi, Lagodechi und Sagaredsho, in denen die Aserbaidshanisierung läuft, sind Maßnahmen zu ergreifen [...]

6. Die in die Region Krasnodar migrierten Georgier sind zu repatriieren [...]«

Weiter hieß es in diesem Memorandum: »Alle Organisationen [...] die abchasische, die ossetische, die armenische, die aserbaidshanische Organisation und

---

* auch: Mzcheta-Dschawachetien.

die der muslimischen Meßchetiner werden zu verbrecherischen antigeorgischen Gruppierungen erklärt, gegen die ein unversöhnlicher Kampf geführt werden wird.«

Gamsachurdia musste aber zu jener Zeit eingestehen: »Solange die Sowjetmacht besteht, können wir die Autonomie Abchasiens, Adshariens und Südossetiens nicht aufheben [...]«

In diesem Zusammenhang erscheint die Frage nach der moralischen und politischen Verantwortung Sobtschaks in einem vollkommen neuen Licht. Wie konnte dieser erfahrene Jurist die eben zitierten Äußerungen Gamsachurdias und seiner Komplizen unbeachtet lassen?

Die Geschichte ist ein strenger Richter. Früher oder später erteilt sie den Politikern, die aus konjunkturellen Erwägungen heraus die Tatsachen verdreht haben, ihre Verdikte. In diesem Fall lässt sich sagen, dass die Geschichte sehr schnell zu einem Urteil gekommen ist: Die Ereignisse in Georgien lassen eindeutig Spuren erkennen, die Sobtschak hinterlassen hat.

Nach den Ereignissen in Litauen hatte Sobtschak mehrfach die »ungesetzlichen Komitees der gesellschaftlichen Rettung« angegriffen. Wieso hatte er aber das »Einheitskomitee der Volksbewegung«, das in Georgien für die Durchführung der gesetzwidrigen Aktionen noch vor dem 9. April 1989 gegründet worden war, links liegengelassen? Wieso hatte er es nicht näher unter die Lupe genommen? Wieso hatte er angesichts der Pläne zur Bildung einer »provisorischen Übergangsregierung«, die die Staatsanwaltschaft in ihren Untersuchungsergebnissen offengelegt hat, keinen Alarm geschlagen?

Beschäftigt man sich mit der Französischen Revolution oder der Oktoberrevolution in Russland, so kann man aus der Distanz der Jahre gut erkennen, wie sich die einzelnen Politiker verhalten haben. Einige von ihnen sind aus den Ereignissen als renommierte Persönlichkeiten hervorgegangen, andere haben sich in die Geschichte als abstoßende Gestalten eingeschrieben, als Personifizierung bestimmter politischer Missstände. Es besteht kein Zweifel, dass auch viele aktive Teilnehmer der Perestroika-Prozesse den ihnen gebührenden historischen Platz erhalten werden.

Die Anti-Alkohol-Kampagne

Auf die 1985 eingeleiteten Anti-Alkohol-Kampagne zurückzublicken, halte ich für ausgesprochen wichtig, nicht deswegen, weil die Kampagne in der Öffentlichkeit mit meinem Namen verknüpft wird, sondern weil sich das heutige Russland mehr und mehr von einer heraufziehenden Katastrophe bedroht sieht – der demografischen Krise und der Alkoholisierung der Gesellschaft. Um diese Gefahr zu bewältigen, ist es hilfreich, die Lehren aus der Anti-Alkohol-Politik jener Jahre zu ziehen, deren Ziel die Bewahrung des Volkes gewesen war.

War denn zu jener Zeit eine Anti-Alkohol-Politik notwendig? Doch, sie war nicht nur notwendig, sondern vordringlich geworden. Initiiert wurde sie durch zwei Tatsachen. Zum einen wuchs der Strom von Briefen und Telegrammen an das ZK, die Regierung, die Presse und das Fernsehen, in denen gefordert wurde, die weit ausgeuferte Alkoholsucht einzudämmen und strenge Maßnahmen gegen Alkoholiker zu ergreifen. Aus diesen Schreiben klang vor allem die Furcht der Frauen, Mütter und Kinder heraus, ihre Kinder, Söhne oder Väter zu verlieren.

Zum anderen hatten in den Jahren 1964 bis 1984 die Erzeugung und der Konsum von Wodka und billigen Weinen (vor allem von Surrogat-Weinen aus Obst und Beeren mit Alkoholzusatz) beträchtlich zugenommen. Die Einnahmen des Staats aus ihrem Verkauf hatten sich vervierfacht. Durch den unmäßigen Alkoholverbrauch hatten die Ausfallzeiten in den Betrieben, die Kriminalität und die alkoholismusbedingte Krankheitshäufigkeit stark zugenommen.

Es war an der Zeit zu handeln. Eine Kommission des Politbüros unter Vorsitz von Michail Solomenzew bereitete die erforderlichen Dokumente – die Entwürfe für die Beschlüsse des ZK der KPdSU und des Ministerrats der UdSSR sowie für den Erlass des Obersten Sowjets der UdSSR – vor. Im Mai 1985 wurden sie auf einer Sitzung des Politbüros einstimmig angenommen und in der Presse veröffentlicht.

Auf dem XXVII. Parteitag 1986 hat Regierungschef Ryshkow sich zu diesem Thema geäußert: »Die Partei führt einen kompromisslosen Kampf gegen Trinkerei und Alkoholismus. Die Ausrichtung auf eine starke Verringerung von Herstellung und Verkauf alkoholischer Getränke wird auch weiterhin strikt beibehalten.«

Es ging um den Schutz unseres Volkes, die Stärkung seiner physischen Gesundheit, die Verbesserung seiner moralischen Verfassung, die Erhöhung der Leistungsfähigkeit der Menschen, die Sicherheit des Landes, darum, dass Kinder und Erwachsenen Qualen und Leid erspart bleiben.

Gleich nachdem die Dokumente angenommen worden waren, begann die Verwirklichung der Beschlüsse mit Unterstützung der Mehrheit der Bevölkerung. Ein ganzer Komplex von Maßnahmen zur Überwindung des Alkoholismus wurde ergriffen, unter anderem:

– Die Stärkung der materiellen Basis der sozialen Sphäre mit dem Ziel, die sozialen und kulturellen Bedürfnisse der Bevölkerung der Sowjetunion zu befriedigen und weiterzuentwickeln. Obwohl die Sowjetmacht der sozialen und kulturellen Sphäre immer schon eine besondere Bedeutung beigemessen hatte, übertraf der zwölfte Fünfjahrplan (1986 bis 1990) alles Vorherige.

– Propagierung und Förderung der gesunden Lebensweise.

– Verringerung von Produktion und Verbrauch alkoholischer Getränke.

– Erhöhung der Verantwortlichkeit der Partei-, Komsomol- und Gewerkschaftsorganisationen und der Leiter auf allen Ebenen für die Ausmerzung des Alkoholmissbrauchs im Arbeitsbereich, im Alltag und in der Familie.

Wie man ein Volk vor dem Alkohol bewahren kann, das hängt bekanntlich in vielem von den Bedingungen ab, unter denen es lebt und die Freizeit verbringt. In den achtziger Jahren hatten in der Sowjetunion über 80% der Bevölkerung Wohnungen oder Häuser. 1985 war ein Wohnungsbauprogramm für den Zeitraum von 15 Jahren ausgearbeitet und zur Realisierung gebracht worden. In den Jahren 1985 bis 1990 wurde 20% mehr Wohnraum errichtet als im vorausgegangenen Fünfjahrplan. Anzumerken ist, dass die sowjetische Bevölkerung die Wohnungen kostenlos erhielt.

In den Jahren 1986 bis 1990 wurden im Vergleich zum vorangehenden Fünfjahrplan 15–35% mehr Schulen, Krankenhäuser, Polikliniken, Kulturhäuser, Kinos und Sportanlagen errichtet. Die Machthaber von heute haben die Bautätigkeit auf einen Bruchteil reduziert, tausende Kultur- und Gesundheitseinrichtungen geschlossen und zehntausende Ortschaften dem Verfall preisgegeben.

In die Anti-Alkohol-Kampagne wurden die künstlerische Intelligenz, Organisationen des medizinischen Bereichs und des Sports und die Massenmedien einbezogen. Auf diesem Feld wirkten die Parteiorganisationen und die anderen gesellschaftlichen Organisationen sowie die Kameradschaftsgerichte*. Eine aktive Position im Kampf für eine abstinente Lebensweise der Gesellschaft nahm zu jener Zeit (im Unterschied zu heute) die russische orthodoxe Kirche ein. Die Beteiligung am Breitensport nahm zu.

Aus der Zeit meiner Tätigkeit als Erster Sekretär des Gebietsparteikomitees in Tomsk – einer Stadt mit einer halben Million Einwohner – kann ich berichten, dass sich an den Wochenenden über einhundertfünfzigtausend sportbegeisterte Tomsker die Bretter unterschnallten. Dafür wurden Skiausleihstationen geschaffen und Loipen angelegt. Als sich zeigte, dass das Angebot an Skiern nicht ausreichte, wurde die Produktion von Skiern in unserem Gebiet organisiert. An den Skitouren und Wettkämpfen nahm auch ein großer Teil der Leiter der verschiedenen Ebenen teil. Das persönliche Beispiel spielte eine wichtige Rolle. Die kalte Winterluft, die Bewegung und die lebhafte Unterhaltung – das alles hob die Stimmung der Menschen, tat ihrer Gesundheit gut und förderte ihr Leistungsvermögen.

Im Verlauf der Anti-Alkohol-Kampagne wurde die Wodkaerzeugung um 40% reduziert, während die Sektproduktion um 50% erhöht wurde. Die Herstellung von minderwertigen Obst- und Beerenweinen wurde eingestellt.

In der Partei und in der Gesellschaft wurde eine Atmosphäre hohen Verantwortungsgefühls der Lei-

---

* Kameradschaftsgericht (russ. товарищеский суд): Gesellschaftliches Organ der Rechtspflege in Betrieben und Wohngebieten, in dem gewählte ehrenamtliche Richter über kleine Vergehen im Rahmen des jeweiligen Kollektivs außergerichtlich Recht sprachen (vergleichbar mit den gesellschaftlichen Gerichten in der DDR – Schieds- und Konfliktkommissionen).

ter aller Stufen und der Parteiorganisationen für eine gesunde Lebensweise ohne Alkohol herausgebildet. Schluss gemacht wurde mit der Praxis der aus staatlichen Mitteln finanzierten Gratisgelage. Die Leiter und Parteimitglieder, die es zu Alkoholmissbrauch hatten kommen lassen, wurden aus der Partei ausgeschlossen und ihres Amtes enthoben (mitunter auch sehr hoher Ämter).

Der Organisator des Gesundheitswesens Nikolai Gerassimenko, Mitglied der Akademie der Medizinischen Wissenschaften, ist der Ansicht, dass »nur die Spezialisten von den zweifellos positiven Ergebnissen der Anti-Alkohol-Kampagne wissen«! Das kommt nicht von ungefähr. Für die Machthaber heute, die Wein- und Wodka-Magnaten und die diesen zuarbeitenden Politiker und Massenmedien ist es abträglich, wenn die Gesellschaft darüber Bescheid weiß. So suggerieren sie, dass ohne Alkoholorgien keine Stimmung aufkomme und man sowieso nichts ändern könne – in Russland wurde immer getrunken, und das werde auch so bleiben.

Durch die Anstrengungen von Partei und Staat zur Bekämpfung des Alkoholismus wurde nach Einschätzung des Präsidenten der Internationalen Akademie für Abstinenz (International Academy of Sobriety) Alexander Majurow erreicht, dass »nach den allervorsichtigsten Angaben wenigstens einer halben Million Menschen« das Leben gerettet wurde. Seiner Meinung nach wurde »Großes vollbracht für das Vaterland […] Sie (die Kommunisten) haben ein derart globales Problem in Angriff genommen, das die Führer vieler Länder der Welt über Jahrhunderte nicht lösen konnten.« Nach statistischen Angaben ging die Sterblichkeit zurück und stieg die Geburtenzahl. 1986/1987 wurden fünfhunderttausend Kinder mehr geboren als in den

Jahren zuvor. Die Lebenserwartung erreichte 70 Jahre. (Heute liegt die Lebenserwartung der Männer nur noch bei 60 Jahren.) Die Fehlzeiten in den Betrieben sanken um 35%, die Kriminalität um 25% und die Zahl der Arbeitsunfälle um 20%. Wesentlich verringert hatte sich die Zahl der Herz- und Kreislauferkrankungen. Der jährliche Zuwachs der Arbeitsproduktivität betrug 1%, wodurch dem Staatshaushalt 10 Milliarden Rubel zusätzlich zuflossen. Diese Bilanz konnte sich sehen lassen, auch wenn manche meinten, diesen Kampf verunglimpfen zu müssen mit Worten wie »die Kampagne ist zu einer Farce geworden« oder »eine notwendige Sache wurde zugrunde gerichtet«. Genauso wenig kann man die Behauptungen gelten lassen, die Pro-Abstinenz-Politik habe dem Staat geschadet, da Alkohol im Wert von 37 Milliarden Rubel nicht getrunken worden sei, was den Staatshaushalt in den Ruin getrieben habe. Solche Argumente wirken wie eine Fürsprache für Massenbesäufnisse. Die Aufrechnung aller Positionen ergibt, dass die Förderung der abstinenten Lebensweise dem Staat schon im Verlauf der Kampagne (und erst recht in ihren langfristigen Auswirkungen) mehr einbrachte als der Wodkaverkauf. Im Übrigen erbrachte die Alkoholsteuer lediglich 10–12% der Steuergesamteinnahmen des sowjetischen Staatshaushalts.

Von denjenigen, die an einem hohen Alkoholkonsum der Bevölkerung Interesse hatten, wurde Empörung darüber vorgetragen, dass man zu jener Zeit Schlange stehen musste, um Alkohol zu bekommen. Eine Erniedrigung sei das gewesen, eine Beleidigung der Menschen! ... Ist denn aber der Alkohol etwa ein Lebensmittel, ohne das man nicht leben kann? Und muss nicht zuallererst an die Erniedrigung der Familien gedacht werden, wenn Ehemänner und Familienväter den Familienunterhalt vertrinken und Kinder und Frauen so um das Geld für den Kauf von Lebensmitteln und Bekleidung gebracht werden, ein Dasein in Hunger und Elend fristen müssen und zudem auch noch Schläge und Willkür der Betrunkenen hinzunehmen haben? Das ist mehr noch als eine Erniedrigung – das sind Abscheulichkeiten, ja Verbrechen. Und: Wenn auch nur ein einziges Menschenleben vor dem alkoholischen Verfall gerettet werden kann, wiegt das die »Unbequemlichkeit« des Schlangestehens tausendmal auf.

Leider wurden während des Kampfes gegen den Alkoholismus Fehler gemacht. Planloser Aktionismus und reine Verbotspolitik nahmen überhand. Die Schwarzbrennerei belebte sich. Berechnungen haben allerdings gezeigt, dass das heimliche, illegale Brennen nicht das ersetzen konnte, was durch den Abbau der legalen Produktion weggefallen war. Unter Einberechnung der Schwarzbrennerei ergab sich letzten Endes ein Rückgang des Pro-Kopf-Verbrauchs von 10 auf 6 Liter reinen Alkohols pro Jahr.

Bei unseren Maßnahmen für eine Gesundung der Gesellschaft gingen wir davon aus, dass wir das jahrhundertealte Übel der Trinkerei in wenigen Jahren überwinden könnten. Das war ein Irrtum.

Wir machten uns an die Korrektur der begangenen Fehler und taten mehr für die Freizeitgestaltung. Dafür leisteten die Parteikomitees und die Arbeitskollektive vor Ort einen großen Beitrag. Dem ZK ging ein beständiger Strom von Briefen einzelner Bürger, von Familien und Arbeitskollektiven zu, in denen sie dafür dankten, dass begonnen worden ist, das Volk vom Alkoholmissbrauch abzubringen. Dabei baten und forderten sie auch, diese Arbeit fortzusetzen.

Jeder, der sich zu jener Zeit aktiv dafür eingesetzt

hatte, dass unser Volk ein Leben ohne Alkohol führt, kann stolz darauf sein. Ich persönlich empfinde Befriedigung darüber, dass ich einer der Organisatoren dieses für das Schicksal unseres Volkes und unseres Vaterlandes so bedeutenden Vorhabens war.

Als im Verlauf der Perestroika über unserem Land die Katastrophe der Zerstörung der sozialistischen Gesellschaft und des Unionsstaates aufzuziehen begann, war diese Bedrohung der Hauptgrund für die Einstellung der Anti-Alkohol-Kampagne. Die Kräfte der Gesellschaft, die an der Bewahrung des Sozialismus interessiert waren, mussten sich anderen Problemen widmen. Die Gegner des Sozialismus belegten die Abstinenzbewegung und die Sowjetmacht mit einem Dauerfeuer diskreditierender Desinformationen. Eine davon sprach von der Rodung von Weinbergen. Eine böswillige Lüge!

Wie sah es in der Realität aus? 1985 betrug die Fläche unter Reben 1,26 Millionen Hektar, 1988 waren es 1,21 Millionen Hektar. Der Ertrag der Weinlese in diesen Jahren lag bei 5,8 bzw. 5,9 Millionen Tonnen. Kommentar überflüssig. Warum unter der heutigen Macht die Erträge der Weinlese auf die Hälfte abgefallen sind – diese Frage ist den regierenden »Einheitsrussen«[*] zu stellen.

Zur Weinrodung ist von folgendem Zwischenfall auf dem Kongress der Volksdeputierten der UdSSR zu berichten. Sobtschak verkündete von der Bühne des Kongresses, dass in der Region Krasnodar die Rodung von Weinbergen laufe. Die Abgeordneten schlugen dem Antisowjet-Frontmann vor, doch einmal in diese Region zu fahren und zu zeigen, wo denn tatsächlich

---

[*] Einheitsrusse: Mitglied der derzeit regierungsnahen Partei »Einheitliches Russland«.

Weinberge gerodet werden, die Reisekosten würden sie für ihn übernehmen. Worauf sich der saubere Herr ganz schnell davonstahl.

Russland ist gegenwärtig eines der am schnellsten aussterbenden Länder. Der Bevölkerungsrückgang beträgt 0,5 % pro Jahr. Im heutigen Russland hat die Alkoholsucht den Charakter einer Landplage, einer Epidemie angenommen. Wenn es in der Sowjetunion hunderttausende Alkoholiker gab, so sind es mittlerweile Millionen. Für die Staatsmacht und die regierende Partei »Einheitliches Russland«* bedeutet das Trinken eine Verringerung des Protestpotenzials der Bevölkerung und zudem enorme Gewinne aus dem Alkoholmarkt (die Rentabilität der Wodkaerzeugung liegt über 1000 %). Der Alkoholmarkt ist ein Sumpf der Korruption, aus dem käufliche Amtsträger und Politiker genährt werden. Die Produktion von Alkohol und der Verkauf in- und ausländischer alkoholischer Getränke hat einen nie dagewesenen Umfang angenommen. Wurden zu Beginn der Offensive gegen den Alkohol in der Sowjetunion im Jahr etwa 10 Liter reiner Alkohol pro Kopf getrunken (was das kritische Niveau ist) und in ihrem Ergebnis 6 Liter, so sind es heute sogar 18 Liter. In Japan und den USA liegt der Verbrauch bei 7 Litern, in Schweden bei 5 Litern, in der Türkei unter 2 Litern. Alkoholische Getränke werden allerorten angeboten. Getrunken wird überall – auf der Arbeit, auf der Straße, auf öffentlichen Plätzen. Mit einem Wort: Der Suff grassiert in Russland, die Menschen verelenden geistig und werden körperlich zugrunde gerichtet.

Ausgehend von den positiven und negativen Seiten der sowjetischen Anti-Alkohol-Kampagne müssen

---

* Ins Deutsche auch übersetzt als »Einiges Russland«, »Geeinigtes Russland« u. a.

grundlegende Maßnahmen ausgearbeitet werden, um dem Genozid – der Auslöschung des Volkes – durch den Alkohol und dem körperlichen und geistigen Verfall der Menschen ein Ende zu setzen. Insbesondere ist in Russland das staatliche Monopol der Herstellung und des Verkaufs von Alkohol wiedereinzuführen. Jede Form von Trinkerei am Arbeitsplatz ist zu untersagen. Die Werbung für Alkohol ist einzustellen. Der ungeregelte Handel mit Alkohol bedarf der Regulierung.

Zudem muss ein Komplex von Maßnahmen zur moralischen Erziehung und zur Entwicklung der körperlichen Leistungsfähigkeit der Bevölkerung realisiert werden. Eine Anti-Alkohol-Politik können Menschen durchführen, die einen nüchternen, klaren Kopf haben, die ihr Leben dem Volk widmen und die ihre große Aufgabe darin sehen, die physische Gesundheit und die moralische Integrität der Menschen zu fördern.

Eine Regierung aus Ministern, die selbst Kapitalisten und deren Familien Millionäre oder Milliardäre sind, ist nicht daran interessiert, mit der Alkoholisierung der Gesellschaft Schluss zu machen. Die Machthaber nutzen heute zudem den Alkohol, um das Volk vom Widerstand gegen ihre volksfeindliche Politik abzubringen. Die Verantwortungsträger, die aus rein politischen Absichten die Bekämpfung des Alkoholismus fallen ließen, haben sich vor dem Volk schuldig gemacht.

Das Scheitern der Perestroika

Trotz der subversiven Tätigkeit feindlicher Kräfte im Innern und von außen her hatte sich die Sowjetunion vorwärtsbewegt. Die Perestroika ist meiner Ansicht nach in zwei Etappen verlaufen.

Die erste Etappe dauerte von 1985 bis 1988, die Erneuerung der Gesellschaft und der Wirtschaft verlief im Rahmen des Sozialismus. In dieser Etappe war es gelungen, das Entwicklungstempo der Produktion des vorangehenden Fünfjahrplans zu übertreffen.

In der Industrie betrug die jährliche Zuwachsrate der Produktion 4% (gegenüber 3% im 11. Fünfjahrplan), in der Landwirtschaft lag die Zuwachsrate bei 3% (gegenüber 1% im vorangehenden Fünfjahrplan). Erstmals wurde der Zuwachs des Nationaleinkommens (neu geschaffene Produktion) erzielt ohne Erhöhung der Arbeitskräftezahl – allein durch die Erhöhung der Arbeitsproduktivität in der materiellen Produktion.

Der Maschinenbau als die Hauptkomponente des Wirtschaftsplans der Perestroika erbrachte einen Zuwachs von 19%, gemessen am Stand von 1985 bei einem Gesamtzuwachs der Industrie von 13%. Die Produktion von progressiven Ausrüstungen wie computergesteuerten Werkzeugmaschinen, Bearbeitungszentren und Bearbeitungslinien nach dem Karussellprinzip nahm um 20 bis 40% zu. Die Getreideerzeugung konnte im 12. Fünfjahrplan (1986–1990) um 17% gesteigert werden. 1990 konnte die größte Getreideernte in der gesamten Geschichte der UdSSR eingefahren werden.

In der Wirtschaft vollzog sich der breite Übergang der Betriebe in Stadt und Land zur vollständigen wirtschaftlichen Rechnungsführung und Eigenfinanzierung auf Basis der selbsterwirtschafteten Mittel.

In der sozialen Sphäre wuchsen die Einkünfte der Bürger. Für einen durchschnittlichen Arbeitslohn konnte man doppelt so viele Lebensmittel wie heute kaufen, obwohl seit damals zwei Jahrzehnte vergangen sind. Wohnraum wurde 20% mehr gebaut als im vorangehenden Fünfjahrplan (über 600 Millionen Quadratmeter). Der gesamte Wohnraum wurde den sowjetischen Menschen kostenlos bereitgestellt. Heute liegt der Kaufpreis für einen Quadratmeter Wohnraum erheblich über der durchschnittlichen Jahresrente. Die Bevölkerung Sowjetrusslands wuchs jährlich um eine Million Menschen. Dies alles war möglich unter den sozialen Bedingungen der Sowjetmacht.

Im bourgeoisen Russland sterben im Durchschnitt jährlich fast 800 000 Menschen. Wenn man bei einer Massenarmut und fehlendem materiellen Auskommen von der Entwicklung einer echten Demokratie spricht, so ist das nichts als leeres Getöne, Betrug. Die bürgerliche Demokratie in Russland sieht so aus, dass der eine die Brezel bekommt, der andere die Löcher.

Trotz der genannten sozialen Leistungen hat die Perestroika letzten Endes eine Niederlage erlitten. Sie verlor ihre demokratische Ausrichtung und fand ihr Ende in einem konterrevolutionären Staatsstreich, der Zerstörung der Sowjetmacht und der Zerstückelung der Sowjetunion.

Nach 1991 begann dann schon ein anderer Abschnitt der Geschichte Russlands – die Restaurierung des Kapitalismus.

Warum kam es zu diesem Ende der Perestroika? Woran lag es – an der Krise des sozialistischen Systems oder an den Führungskräften der Perestroika?

Ich gehöre nicht zu denen, die die Perestroika als Büchse der Pandora ansehen, aus der alles Übel und Unheil kam. Aber auch mit denen bin nicht einverstanden, die behaupten, dass das über unser Land gekommene Unglück eine unvermeidliche Begleiterscheinung der Erneuerung gewesen sei. Die letzte Behauptung könnte mir als früherem Angehörigen der Führungsspitze des Landes vielleicht gelegen kommen, aber die Wahrheit ist mir mehr wert.

Mit Freude erinnere ich mich daran, welchen geistigen Aufschwung unser Land in den ersten Jahren der Perestroika erlebte. Zugleich empfinde ich dabei auch Trauer darüber, dass das nun alles vorüber und vergangen ist. Die sowjetischen Menschen erhielten größere wirtschaftliche und politische Freiheiten. In der Gesellschaft vollzog sich ein Prozess der Schaffung von Garantien, die Rückfälle in Gesetzlosigkeit und Repression verhindern sollten. Die Erneuerung aller Sphären des Lebens, die Demokratisierung und die Offenheit – diese wichtigen Merkmale des gesellschaftlichen Fortschritt – wurden durch eine schnelle wirtschaftliche Stabilisierung und durch eine stürmische Entwicklung des sozialen und kulturellen Komplexes ergänzt. Die Gesellschaft bewahrte Ruhe, soziale Stabilität und Geschlossenheit. Wenn es auch bis zu einer vollen Befriedigung der Bedürfnisse noch weit war, lebten die Menschen doch voller Glauben an eine bessere Zukunft.

Die Perestroika erfuhr diese Niederlage, weil die Grundfesten der sozialistischen Ordnung zerstört wurden: das gesellschaftliche Eigentum und die Planwirtschaft.

Aus der sowjetischen Geschichte ist gut bekannt, dass das System der Planwirtschaft über große Vorzüge verfügt – es erlaubt, gewaltige Kräfte und Mittel konzentriert für die Lösung der wichtigsten gesamtnationalen Schlüsselfragen einzusetzen. So war es in der Zeit der Industrialisierung in den dreißiger Jahren. Weitere Beispiele sind der Aufbruch ins Weltall in den fünfziger und sechziger Jahren und die Schaffung des Erdöl-Erdgas-Petrochemie-Komplexes in Westsibirien, der eine führende internationale Stellung erlangte. Vernünftigerweise kann der große Nutzen, den die Einwirkung der Planung auf die Wirtschaft hat, nicht verleugnet werden. Die Versuche, das Plansystem zu monieren, tragen ein gehöriges Maß an Böswilligkeit in sich. Ich möchte dick unterstreichen: Die Planwirtschaft, die im großen Maßstab zum ersten Mal in der UdSSR erprobt wurde, ist eine Errungenschaft von großer Bedeutung für die gesamte Menschheit und wird daher als Instrument für die Steuerung von Entwicklungsprozessen mittlerweile weltweit eingesetzt. Genauso wie übrigens auch das bei uns geschaffene staatliche System der sozialen Absicherung der Berufstätigen.

Andererseits muss auch gesagt werden, dass die Planwirtschaft im Laufe der Zeit Verzerrungen erfuhr. Man war schließlich dahin gekommen, dass von oben nicht nur die Zielprogramme, nicht nur die Hauptrichtungen der Entwicklung ausgearbeitet wurden, sondern buchstäblich alles – bis hin zur hundertprozentigen Verteilung der Ressourcen und der Lohnfonds. Die Wirtschaft sah sich eingezwängt von ungezählten Anweisungen und begann, in Lähmung zu verfallen.

Nach 1985 wurde uns dies sehr schnell bewusst, und wir machten uns an die Korrektur der entstandenen Lage, um die Volkswirtschaft von der kleinlichen Bevormundung durch das Zentrum zu befreien, den

Anteil der staatlichen Planung allmählich auf ein vernünftiges Maß zu reduzieren und der Planung selbst ihr ursprüngliches Wesen zurückgegeben, das in der flexiblen großmaßstäblichen Steuerung des Einsatzes der materiellen und finanziellen Ressourcen und des Arbeitskräftepotenzials im Interesse der gesamten Gesellschaft besteht. Bildlich gesprochen kann das wahre Wesen der zentralen Planung mit dem Wirken eines Architekten gleichgesetzt werden. Der Architekt arbeitet den Plan eines Bauwerks aus, welche Methoden und welche Technik aber zu dessen Errichtung im Einzelnen eingesetzt werden, das überlässt er den Bauleuten.

Wenn die Dinge so angegangen werden, gestaltet sich die zentrale Planung nicht als eingeengte technische Frage, sondern steht im engen Zusammenhang mit den politischen Entscheidungen, die von der Führung des Landes getroffen werden, im Auftrag des Kongresses der Sowjets oder der regierenden Partei.

Die Gegner des Sozialismus stellten die beschriebenen Verzerrungen des Plansystems allerdings als unabänderliches Merkmal der sozialistischen Ordnung hin und machten es sich zum Ziel, das Plansystem von Grund auf zu zerstören, gewillt, eine absolute wirtschaftliche Freiheit herzustellen, die freilich so nirgends in der Welt zu haben ist.

Wie entwickelten sich die ökonomischen Gegebenheiten unseres Landes? Die Regierung der UdSSR bereitete Ende 1987 den Entwurf des Staatsplans der sozialen und ökonomischen Entwicklung des Landes für das Jahr 1988 vor und legte ihn dem Politbüro vor. Dieser Plan wies Neuerungen auf. Insbesondere wurde eine neue Ordnung für den Verkauf der produzierten Erzeugnisse eingeführt. 5 bis 10 % der Produktion sollten nun nach Ermessen des Betriebes zu frei vereinbarten Preisen abgesetzt werden können, der Rest sollte wie bisher über Staatsaufträge realisiert werden. Es bestand die Ansicht, dass sich dieser Prozess allmählich, entsprechend der gesammelten Erfahrung entwickeln sollte. Gorbatschow und Jakowlew bestanden aber auf einer massiven Reduzierung der Staatsaufträge, sofort innerhalb eines Jahres sollte ein wesentlich größerer Teil der Produktion auf Vertragsbeziehungen umgestellt werden. Aufrufe zur Umsicht und zum allmählichen Vorgehen wurden abgewiesen. Ich werfe mir vor, dass ich damals keine entschiedenere Position eingenommen hatte. Eine goldene Regel wurde hier außer Acht gelassen: »Erst bedacht, dann gemacht.«

Was waren die Folgen? Die denkbar fatalsten. Monopolstellungen, die in der Planwirtschaft keine Gefahr dargestellt hatten, eröffneten bestimmten Herstellern die Möglichkeit, für ihre Produkte exorbitante Preise zu fordern. Diese Betriebe kamen so zu immensen Einnahmen, ohne dass sie dafür intelligenzintensive Technologien hätten einführen müssen. Die frei vereinbarten Preise stimulierten also nicht den wissenschaftlich-technischen Fortschritt, sondern bremsten ihn aus. Der Einnahmenzuwachs floss im Wesentlichen in die Arbeitslöhne. Die Geldeinnahmen wuchsen 1990 gegenüber dem Vorjahr um fast 90 %, die Erzeugung von Konsumgütern um 19 %.

Somit war das überaus wichtige Gleichgewicht zwischen dem Tempo des Wachstums der Arbeitsproduktivität und dem Tempo des Lohnzuwachses, zwischen den Geldmengen und den Warenmengen verletzt worden, was in eine drastische Zunahme des Defizits an Versorgungsgütern für die Bevölkerung mündete. Die Folge waren gähnend leere Warenregale in den Läden, die Desorganisation des Verbrauchermarktes und Frustration unter der Bevölkerung. Der Finanzüberhang überstieg 100 Milliarden Rubel.

Die KPdSU hatte in voller Übereinstimmung mit der Grundidee der Perestroika die Losung der Vervollkommnung der sozialistischen Produktionsverhältnisse und der Vielfalt der Realisierungsformen des sozialistischen Eigentums verkündet. Vorgesehen war die breite Entwicklung des kooperativen, des Pacht-, des Aktien- und anderer Formen des kollektiven Eigentums. Diese Losung blieb nicht nur auf dem Papier, sondern wurde schnell mit Leben erfüllt. So wurde schon im Frühjahr 1988 das Gesetz über die Kooperation angenommen, ein, gelinde gesagt, ungenügend durchdachtes Gesetz, das schwerwiegende Folgen nach sich zog.

Und auch ganz generell in der Frage der verschiedenartigen Formen des sozialistischen Eigentums kam es im Verlaufe der Entwicklung zu seltsamen und rätselhaften Wandlungen. Ich habe bereits davon geschrieben, dass dieses von Gorbatschow offiziell verkündete Prinzip der »Vielfalt der Formen des sozialistischen Eigentums« in einen Aufruf zur »Vielfalt der Eigentumsformen« transformiert wurde – was eine Wandlung der Politik von Grund auf darstellte. Das Erstaunliche dabei war, dass der Generalsekretär des ZK der KPdSU, der zu jener Zeit die wichtigsten Fäden der Ideologie in seinen Händen hielt, kein einziges Mal auf die allmähliche Entstellung der von der Partei aufgestellten Losung der Entstaatlichung reagierte. Das war ja nichts weniger als ein Wechsel in der generellen Ausrichtung der gesellschaftlichen Entwicklung. Die Entstaatlichung wurde in vielen Fällen in eine verbrecherische Privatisierung verwandelt, in den massenhaften Ausverkauf der Produktionsmittel zum Spottpreis, zur Verschleuderung in private Hand.

Erst später wurde klar, dass die Proklamierung des »heiligen Prinzips des Privateigentums« eine vorbereitete Aktion war. Dazu musste zuvor erst die Planwirtschaft zerrüttet und zerstört werden. Und diese

Aufgabe wiederum wurde mit einer Propagandaattacke auf die Stäbe eingeleitet – auf die Verwaltungszentralen, wobei der Hauptschlag dem »administrativen Kommandosystem« galt. Ich kann dafür bürgen, dass niemand klar sagen kann – auch nicht die Schöpfer dieser Propagandaschablone –, was das »administrative Kommandosystem« eigentlich sein sollte.

Aber worauf man abzielte, das zeigte sich bald. Es ging um Angriffe gegen alles Zentrale – von der Staatlichen Plankommission bis hin zu den Streitkräften. Gegen alles, was der Großmacht Sowjetunion den Zusammenhalt eines einheitlichen Staates gab. Unter der Losung der »Absage an die Kommandomethoden« wurde in Wirklichkeit die Demontage der staatlichen Strukturen eingeleitet, machte man sich an die Zerstörung der wirtschaftlichen Verflechtungen des einheitlichen Volkswirtschaftskomplexes. Die radikalen rechten Ökonomen suggerierten darüber hinaus die Idee der Aufsplittung der großen Wirtschaftseinheiten und Agrarbetriebe in kleine Strukturen, angeblich mit dem Ziel, bessere Bedingungen für die wirtschaftliche Selbständigkeit zu schaffen.

In diesem Zusammenhang erinnere ich mich an ein Gespräch mit dem amerikanischen Banker John Crystal aus Iowa, der früher Farmer war und seinen Weg in Coon Rapids bei dem seinerzeit berühmten Roswell Garst* begonnen hatte. Ich traf Crystal in Moskau 1989, nachdem er das Gebiet Moskau und in der Uk-

---

* Roswell Garst: Farmer und Hybridmais-Züchter aus Coon Rapids/ Iowa, der während der Regierungszeit Chruschtschows mehrfach die UdSSR besuchte und seine Erfahrungen im Maisanbau vermittelte. Er galt als ein Botschafter des guten Willens in der Zeit des Kalten Krieges. Chruschtschow suchte ihn während seines USA-Aufenthalts 1959 in Coon Rapids auf.

raine das Gebiet Poltawa besucht hatte. Der Gast aus Iowa fragte mich ganz direkt: »Mister Ligatschow, Sie beschäftigen sich mit Agrarpolitik. Sagen Sie, hat man in der UdSSR wirklich beschlossen, von den Kolchosen und Sowchosen abzugehen und sich mit der Schaffung kleiner Betriebe zu befassen?«

Ich beantwortete seine Frage mit einer Gegenfrage: »Wie sehen Sie denn dieses Problem?«

»Diejenigen, die die großen Wirtschaften in kleine zerstückeln wollen, sind wohl nicht ganz richtig ...«, erwiderte Crystal, wozu er ausdrucksvoll den Zeigefinger in Schläfennähe brachte. »Weltweit und auch bei uns in Amerika läuft ein stürmischer Prozess der Konzentration und des Zusammenlegens von Farmwirtschaften. Nur große Wirtschaften können die neuen kostenintensiven Entwicklungen der Agrarwissenschaften und -technik richtig einsetzen.«

Mit der Beseitigung der Sowjetmacht und der Restauration des Kapitalismus in Russland erfuhr die Landwirtschaft einen tiefen Niedergang. Die Großbetriebe – die Kolchosen und Sowchosen – sind liquidiert, zehntausende Dörfer gerieten in die völlige Verwahrlosung. In einer Reihe von Kennziffern liegt die Landwirtschaft Russlands derzeit nicht nur unter dem Stand der Sowjetzeit, sondern sogar unter dem des zaristischen Russlands. Fast die Hälfte der im Land verbrauchten Lebensmittel wird aus dem Ausland eingeführt. Der Pro-Kopf-Verbrauch an Fleisch und Molkereiprodukten liegt gegenwärtig 30 bis 40% unter dem der Sowjetzeit.

Es ist angebracht, dass wir vieles, sehr vieles übernehmen – solche Entwicklungen des Kapitalismus wie die Hochtechnologien, die Organisation der Produktion oder auch die Infrastruktur des Marktes. Nur eines nicht: das Prinzip der uneingeschränkten Herrschaft des privatkapitalistischen Eigentums! Dieses grundlegende, systembestimmende Prinzip ist entscheidend für das Wesen dieser gesellschaftlichen Ordnung. Es geht hierbei ganz und gar nicht um Dogmen. Durch das Umschwenken auf den Weg des Kapitalismus wurde unser Land zurückgeworfen. Den qualvollen Weg, den viele heute entwickelte kapitalistische Länder lange durchlaufen mussten und auf dem sich die Entwicklungsländer noch immer befinden, muss unser Land noch einmal zurücklegen! Das Privateigentum bringt die Menschen nicht zueinander, sondern trennt sie, und es entfremdet auch den Produzenten von den Produktionsmitteln.

Es gibt aber einen anderen Weg zum Fortschritt – über das gesellschaftliche Eigentum an den Produktionsmitteln. Diesen Weg haben wir nach der Oktoberrevolution eingeschlagen. Argumentationen aller Art, dass das ein Fehler gewesen sei, sind ungerechtfertigt. Es gibt eine unanfechtbare Tatsache: Die UdSSR war zur zweiten Macht in der Welt geworden! Es ist wahr, dass das Volk immense Schwierigkeiten zu durchstehen hatte, aber es gelang, im Land ein gewaltiges industrielles und wissenschaftlich-technisches Potenzial zu schaffen. Und war es denn nicht so, dass Generationen von Werktätigen in den kapitalistischen Ländern auf ihrem Weg zum Fortschritt keine geringeren Entbehrungen hatten tragen müssen? Dabei kamen ihnen übrigens, was heute weltweit anerkannt wird, solche Errungenschaften des Sozialismus wie die sozialen Garantien oder die Planung im großen Maßstab nicht zugute. Lenin hat als Vermächtnis hinterlassen, dass »man nicht vorwärts schreiten kann, ohne zum Sozialismus zu schreiten«[*].

Was ist der Sozialismus in meinem Verständnis?

---

[*] Aus W. I. Lenin: »Die drohende Katastrophe und wie man sie bekämpfen soll«. Zitiert aus: Ausgewählte Werke Bd. II. Berlin: Dietz 1955.

Die gesellschaftliche Grundlage des Sozialismus ist das gesellschaftliche Eigentum an den Produktionsmitteln in den verschiedenen Formen, bei denen der Mensch zum Miteigentümer wird und bei denen Plan und Markt kombiniert werden. Die politische Grundlage sind demokratische Sowjets aller Ebenen. In moralischer Hinsicht lässt sich diese Gesellschaft außer von den sozialistischen Werten auch von den allgemein menschlichen Werten leiten. In sozialer Hinsicht ist das eine Gesellschaft der Gerechtigkeit, die frei ist von Ausbeutung, nationaler Unterdrückung, eine Gesellschaft, die keine Arbeitslosigkeit kennt und in der jeder das Recht auf Arbeit hat.

Auf dem Parteitag der Kommunistischen Partei Frankreichs im Dezember 1987, an dem ich als Leiter der Delegation der KPdSU teilnehmen durfte, berichtete ich in meiner Rede davon, dass die Beamten, die im Verlauf der Perestroika aus dem Verwaltungsapparat freigesetzt werden, in den Betrieben bestimmte Vergünstigungen und Ausgleichszahlungen erhalten. Emotional besonders stark aufgenommen wurde meine Mitteilung, dass ihnen das verfassungsmäßige Recht auf Arbeit garantiert sei. Die Anwesenden erhoben sich nach diesen Worten und applaudierten. Später erkundigte ich mich bei Georges Marchais, warum die Delegierten diese Passage meiner Rede so enthusiastisch aufgenommen hatten. Er erklärte mir, dass viele der Delegierten aus eigener Erfahrung wüssten, was Arbeitslosigkeit heißt. Noch mehr leben in ständiger Angst, ihren Arbeitsplatz zu verlieren. Mittlerweile haben Millionen Menschen, die in der Sowjetunion reale Garantien auf Arbeit hatten, die Herrlichkeiten des »kapitalistischen Paradieses« auskosten können.

Zum Thema Erfolge und Fehlkalkulationen der Perestroika möchte ich zum Abschluss noch auf einige
wichtige Fragen eingehen, die den Verlauf der Umgestaltungen wesentlich beeinflusst hatten.

Die erste Frage betrifft die Konversion der Rüstungsindustrie.

Nach dem April 1985 stellte sich uns die Aufgabe der
Reduzierung der Rüstungsausgaben. Ohne dem wäre
es nicht möglich gewesen, große Sozialprogramme zu
realisieren. Die Wirtschaft kann nicht über Jahrzehnte
hinweg normal laufen, wenn die Aufwendungen für
das Militär 20% des Nationaleinkommens betragen.
Dabei war das Anwachsen der Rüstungsaufwendungen
in den vorangegangenen Jahren kein voluntaristischer
Akt gewesen, sondern von der Notwendigkeit diktiert,
dass die UdSSR das militärstrategische Gleichgewicht
zu den USA durchsetzte. Diese Aufgabe war erfolgreich gelöst worden, was einen wesentlichen Einfluss
auf das Schicksal unseres Planeten hatte.

Nachdem aber die Gefahr eines nuklearen Zusam-
menstoßes wesentlich zurückgegangen war, begann
die Konversion der Rüstungsindustrie. Zur Mitte der
achtziger Jahre wurden etwa 40% der Kapazitäten
des militärisch-industriellen Komplexes (MIK) für die
Herstellung von Agrartechnik, Rundfunk- und Fern-
sehgeräten und anderen zivilen Gütern genutzt. In
der zweiten Hälfte der achtziger Jahre, während der
Perestroika, wurden für den MIK zwei Konversionspro-
gramme besonders großen Ausmaßes ausgearbeitet
und ihre Realisierung eingeleitet: die Herstellung von
modernen Ausrüstungen für die Lebensmittel- und
die Leichtindustrie. Dafür stellte der Staat Dutzende
Milliarden Rubel bereit.

Zur Lösung der Aufgaben wurden wissenschaftliche
und Projektierungs- und Konstruktionseinrichtungen

sowie große Werke des MIK herangezogen. In den Ministerien der Rüstungsindustrie wurden neue Struktureinheiten gebildet. Es erfolgte eine Spezialisierung der Betriebe nach den Arten der erzeugten Maschinen und technologischen Linien. Im ZK der KPdSU, im Ministerrat und in den Ministerien waren Abteilungen und konkrete Verantwortliche festgelegt worden, die die Erfüllung dieser Programme kontrollierten.

Leitende Mitarbeiter der Ministerien und verantwortliche Konstrukteure für Militärtechnik machten sich in einer Reihe westlicher Länder mit der Produktion der renommiertesten Hersteller von Ausrüstungen für die Lebensmittel- und Leichtindustrie bekannt. Um die Kontrolle über diesen Prozess zu sichern, führte das ZK der KPdSU Beratungen im Unionsmaßstab und in einzelnen Regionen durch.

In Moskau und in den Landesregionen wurden jährlich Ausstellungen der Technik für die Lebensmittelindustrie, die aus den Werkhallen der Rüstungsindustrie kam, abgehalten. Auf den Treffen mit Konstrukteuren aus der Rüstungsindustrie (von denen ich viele hatte) hoben die Konstrukteure immer wieder hervor, dass die Herstellung moderner Technik für die Leicht- und die Lebensmittelindustrie nicht weniger kompliziert ist als die der Militärtechnik. Diese Erkenntnis war für sie eine regelrechte Offenbarung.

Es lief also eine echte Konversion. Die zerstörerischen antisozialistischen Kräfte behinderten leider die Verwirklichung der ersten Pläne der Konversion des MIK.

Mit der Machtergreifung der Pseudodemokraten setzte der Niedergang des militärisch-industriellen Komplexes ein. (Auch wenn Russland heute ein großer Waffenexporteur ist, war das ein Niedergang, denn die Waffenproduktion war ja nur ein Teil der Möglichkeiten dieses Komplexes.)

Die zweite Frage betrifft den Einfluss der KPdSU auf die Wirtschaft. Im Verlauf der Perestroika wurden die Kommunistische Partei und ihr Zentralkomitee aus der Wirtschaft herausgedrängt. Heute weiß man, dass das einer der Schritte war, mit denen die Partei zunächst in ihren Einflussmöglichkeiten beschnitten werden sollte, um sie dann zu verbieten.

Historisch war es Jahrzehnte lang so gewesen, dass sich viele Parteigremien in die operative Produktionstätigkeit einmischten, bis hin zu kleinlicher Bevormundung. Und so war es dann kein Zufall, dass gleich nach dem Großen Vaterländischen Krieg die Frage nach der Trennung der Funktionen der Partei und der operativen Leitung der Wirtschaft aufkam. Die operative Einmischung der Parteigremien in die Produktion wurde schließlich im Wesentlichen eingestellt.

In einer bestimmten Etappe der Perestroika wurde dieses richtige Herangehen merklich verzerrt. Es ging nun darum, die Partei überhaupt aus der Ausarbeitung des Wirtschaftskurses auszuschalten. Die Wirtschaft sollte im Grunde »entpolitisiert« werden. Das kann aber nicht sein! Lenin hatte einst den Ausspruch »Die Politik ist der konzentrierte Ausdruck der Ökonomik«* geprägt, und die Richtigkeit dieser Worte ist durch den Lauf der Entwicklung bestätigt worden. In allen Ländern weltweit erarbeiten die politischen Parteien, und nicht nur die gerade regierenden Parteien, ihre Wirtschaftsstrategie. Bei uns aber war die Trennung der Aufgaben der Wirtschaft und der Partei schließlich bis zum Absurden getrieben worden. Die Partei musste gegenüber dem Volk Rechenschaft ablegen für die Beschlüsse des Generalsekretärs Gorbatschow, während sich dieser mit den Vertretern der Partei über seine Beschlüsse schon nicht

---

* Zitiert nach Lenin, W. I.: Werke, Bd. 32. Berlin: Dietz 1967, S. 73.

mehr beriet! Die KPdSU war de facto von der Ausarbeitung und Erörterung des Programms zum Übergang des Landes in die Marktwirtschaft ausgeschlossen. Erst im Oktober 1990 fand ein ZK-Plenum statt, auf dem die Frage des Übergangs der Volkswirtschaft auf Marktbedingungen im Nachtrab behandelt wurde. Das gleiche Schicksal ereilte auch das Antikrisenprogramm.

Dahinter stand offensichtlich die Absicht, die Partei von der Wirtschaftspolitik fernzuhalten und sie zu einer Geisel der Fehlentscheidungen des Präsidenten zu machen.

Die Natur lässt aber bekanntlich keine Leere zu, und eine fette Pfründe ist schnell besetzt. Die »Demokraten« hatten die Sache in ihre Hand genommen und das Programm der »500 Tage« zur Etablierung des Kapitalismus in der UdSSR vorgelegt.* Es war mehr oder

---

* Das »Programm der 500 Tage« wurde im August 1990 als Reaktion auf die damalige Wirtschaftskrise in der UdSSR auf Initiative von Gorbatschow und Jelzin von einer Arbeitsgruppe unter Jawlinski und Schatalin ausgearbeitet und sah den Übergang zur Marktwirtschaft innerhalb von 500 Tagen vor als Schocktherapie mit Dezentralisierung der Wirtschaftsleitung, Privatisierung des Staatseigentums, Förderung des privaten Unternehmertums, Marktpreisen, Integration in das Weltwirtschaftssystem, Dezentralisierung mit Übergang von Vollmachten von der Moskauer Zentralmacht an die Republiken. Die Ausarbeitung des »500-Tage-Programms« stand im Gegensatz zu dem von der Regierung Ryshkow parallel ausgearbeiteten Programm »Hauptrichtungen der Entwicklung« des allmählichen Übergangs zur Marktwirtschaft über 6 Jahre. Angesichts der komplizierter gewordenen wirtschaftlichen und politischen Situation (Krise, Konfrontation zwischen KPdSU und Radikalreformern bei schwächer werdender Position der KPdSU) war die Realisierung des Ryshkow-Programms schließlich nicht mehr möglich. Aufgrund der Ablehnung seines Programms (Gorbatschow schlug die Erarbeitung eines Kompromissprogramms aus beiden Programmen vor) trat Ryshkow von seinem Amt zurück. Auch das »500-Tage-Programm« wurde als solches nicht umgesetzt, die meisten seiner Grundthesen bildeten aber die Grundlage der politischen und ökonomischen »Schocktherapie« der Jelzin-Regierung.

weniger dasselbe geschehen wie in der schon beschriebenen Situation im Wahlkampf, da der Kommunistischen Partei die Hände gebunden wurden, während ihre Opponenten volle Handlungsfreiheit hatten.

Es kam schließlich zu einer »Flucht« der Parteigremien vor den Wirtschaftsfragen – anders kann man es nicht nennen. Notwendig gewesen wäre eine Übergangszeit, um den Sowjets alle Fäden zur Lenkung der Wirtschaft in die Hände zu geben, aber auf lokaler Ebene hatte sich alles ganz anders abgespielt: Auf ein Kommando aus dem ZK hin trat man einfach ab und ließ die noch schwachen Sowjets mit der gewaltigen Vielzahl komplizierter Wirtschaftsprobleme allein stehen.

In den sechziger Jahren besuchte ich den Schiffsbaubetrieb »Krasnoje Sormowo« in Gorki. Die Werft wurde damals rekonstruiert, da die alten Werkhallen aus vorrevolutionärer Zeit zu eng geworden waren. Das lief durchdacht ab und hatte etwas Symbolisches an sich. Das alte Gebäude blieb zunächst stehen, die neuen weiträumigeren und höheren Hallenkonstruktionen wurden um dieses herum und darüber gebaut. Erst nachdem das Dach der neuen Halle geschlossen war, begann man mit dem Abriss des alten Baus im Innern. Hier hatte man mit Verstand geplant!

Bei der Übergabe der Machtfunktionen von den Parteigremien an die Sowjets hätte man analog vorgehen sollen.

Ja, und das pseudodemokratische Prinzip der Wählbarkeit der Betriebsleiter – wie viel Schaden hatte es angerichtet! In keinem Land der Welt werden Manager gewählt – überall werden sie ernannt. Viele hervorragende Leiterpersönlichkeiten verloren damals ungerechtfertigterweise ihre Funktion. Diese Kampagne fand ihr Ende damit, dass das Gesetz über den sozialistischen Betrieb abgeändert wurde.

Eine wichtige Rolle spielte in der Perestroika auch die Agrarfrage.

Über Jahrzehnte hinweg wurden die Arbeitskräfte aus dem Dorf weggeholt, wurde das Dorf bei den Mitteln für die soziale, kulturelle und technische Entwicklung übergangen. So war das in der Zeit der Industrialisierung. In den Jahren des Großen Vaterländischen Krieges hatte das Dorf alles auf dem Altar des Vaterlandes geopfert. Und auch in den folgenden Jahren lief die industrielle Entwicklung der UdSSR im Wesentlichen zu Lasten des Dorfes. Ausländische Anleihen erhielten wir keine, wir schufen alles mit eigener Arbeit. Kolonien und abhängige Länder raubten wir nicht aus. Die Fehler lagen in der Agrarpolitik selbst.

Als ich 1988 beauftragt worden war, mich mit der Agrarpolitik zu befassen, versuchte ich gemeinsam mit anderen Genossen alles nur Mögliche, um Schluss zu machen mit der falschen Praxis, das Dorf ohne Mittel und Ressourcen stehen zu lassen. Der Bauer sollte in den Mittelpunkt des Lebensmittelproblems gerückt werden. Ich ging davon aus, dass die Agrarpolitik keine Vorschrift zu sein hat, wie der Bauer pflügen und säen muss und wie er die Kühe melkt. Darum hat sich die Partei nicht zu kümmern. Zur Lösung des Lebensmittelproblems ist es notwendig, dass die Interessen der Bauernschaft und aller Beschäftigten des agrarindustriellen Komplexes wahrgenommen und die wirtschaftlichen Beziehungen zwischen Stadt und Land gestärkt werden, um die Lebensmittelversorgung des Staates zu sichern – so hatte die Agrarpolitik der KPdSU zu sein. Der Agrarsektor machte mehr als ein Viertel des Nationaleinkommens und ein Viertel der Produktionsgrundfonds* aus. Beim

---

* Produktionsgrundfonds: entspricht dem Begriff »Anlagevermögen« der kapitalistischen Betriebswirtschaft.

Agrarsektor darf nicht nur die Landwirtschaft gesehen werden. Ins Blickfeld gehören auch der landwirtschaftliche Maschinenbau, das Bauwesen, die Lagerung und Verarbeitung der landwirtschaftlichen Erzeugnisse, die Wissenschaft, die Umgestaltung des Dorfes, aber auch die Beschäftigten dieses Bereiches und überhaupt die Menschen. Der Agrarindustriekomplex sicherte 70 Prozent des Warenumsatzes der gesamten Sowjetunion. Alles in allem war das der größte Sektor der Volkswirtschaft.

Gleich nachdem ich als Vorsitzender der Agrarkommission des ZK bestätigt worden war, machte ich mich zusammen mit dem Sekretär des ZK und Politbüro-Mitglied Viktor Nikonow und dem Leiter der Landwirtschaftsabteilung des ZK Iwan Skiba an die Vorbereitung des für den März 1989 anberaumten ZK-Plenums. Viktor Nikonow und Iwan Skiba kannten sich in den Problemen der Agrarindustrie übrigens bestens aus, denn sie hatten auf diesem Gebiet viele Funktionen in der Wirtschaft und in der Parteiarbeit ausgeübt. (Das war anders als heute, da der Landwirtschaftsminister seiner Ausbildung und Erfahrung nach Arzt ist und der Verteidigungsminister noch nicht einmal die kleinste militärische Einheit kommandiert hat.*) Das Referat auf dem Plenum trug Gorbatschow vor. Auf diesem Plenum wurden die Agrarpolitik der KPdSU der Perestroika-Periode, ihre Ziele, Hauptrichtungen und Prinzipien festgelegt. Dazu gehörten die Vervollkommnung der ökonomischen Verhältnisse in der Landwirtschaft, der wissenschaftlich-technische Fortschritt, die Rekonstruktion der Lebensmittelindustrie und der Lagerkapazitäten sowie die soziale Umgestal-

---

* Der Autor bezieht sich hier auf die Situation zum Zeitpunkt des Erscheinens der russischen Ausgabe seines Buches – 2010.

tung des Dorfes. Der Bauer wurde ins Zentrum der Politik gestellt.

Dabei liefen heftige Debatten, insbesondere zum Problem der materiell-technischen Ausstattung des Dorfes. An ihnen beteiligten sich unter anderem Gorbatschow, Ryshkow, Nikonow, Worotnikow und schließlich auch ich selbst. Wir gingen davon aus, dass in der Landwirtschaft die Steigerung der Investitionen um ein Prozent einen Zuwachs an Produktion von höchstens 0,4–0,6 Prozent erbringt, was von der Praxis im eigenen Land und weltweit belegt wurde. Wenn wir die Produktion auf dem Lande um 25–30 Prozent steigern wollten, mussten wir dem Dorf also 50–60 Prozent mehr Ressourcen geben.

In den achtziger Jahren war unser Bauer technisch etwa so ausgestattet wie der amerikanische Farmer in den fünfziger Jahren. (Im heutigen Russland sieht es viel schlechter aus.) Aus der Geschichte der Landwirtschaft der USA ist bekannt, dass die Farmer zu jener Zeit Getreideernten von 18–20 Dezitonnen einbrachten und die Milchleistung je Kuh 2800 Kilogramm betrug. Das waren die Werte, die bei uns Ende der achtziger Jahre erreicht wurden. Die Energieausstattung unserer Bauern betrug nur ein Viertel der der amerikanischen Farmer. Dazu muss man wissen, dass das natürliche biologische Potenzial unserer Felder lediglich 40% von dem beträgt, das die Felder in den USA aufweisen.

Will man Ernten auf dem Niveau der USA erzielen, benötigt man hier eine noch höhere Energieausstattung. Daran musste ich immer wieder erinnern – auf dem ZK-Plenum, im Politbüro und auf dem II. Kongress der Volksdeputierten. Nicht umsonst heißt es: Wenn es dem Bauern schlecht geht, kann es der gesamten Gesellschaft nicht gut gehen.

Der Aufruf der zerstörerischen Demokraten, die Kolchosen und Sowchosen aufzulösen und den Boden in private Hand zu geben – nach zwei, drei Jahren wäre die Lebensmittelversorgung gesichert –, folgte einer gefährlichen Illusion, war politisches Abenteurertum. Die Zerstörung der Kolchosen und Sowchosen ist der direkte Weg zum Verfall der Landwirtschaft (und darüber hinaus). Mit der Restaurierung des Kapitalismus ist es auch soweit gekommen. Der Anteil der kleinen privatwirtschaftlichen Betriebe* an der landwirtschaftlichen Produktion der Russischen Föderation liegt heute lediglich bei einer Größenordnung von 5 %.

Von solchen irrealen Plänen hörte ich bereits 1987 aus dem Munde von Swetlana Allilujewa, der Tochter Stalins. Sie hatte damals um ein Gespräch nachgesucht, und das Politbüro hatte mich beauftragt, mit ihr zu sprechen. Es ging ihr um eine erneute Ausreise ins Ausland gemeinsam mit ihrer Tochter.** Ich teilte ihr mit, dass dem nichts im Wege stand, worüber sie überaus verwundert war. Offensichtlich hatte sie von der Parteiführung irgendwelche Ränkespiele erwartet. Zum Abschluss unseres Gesprächs fragte ich sie, ob sie Wünsche habe. »Lösen Sie die Kolchosen auf!«, antwortete sie. Allerdings war sie in ihrem ganzen Leben kein einziges Mal in einem Kolchos gewesen.

Das März-Plenum 1989 hatte wichtige Beschlüsse angenommen. Die verschiedenen Formen des Wirtschaftens auf dem Lande wurden festgeschrieben und

---

* Die kleinen privatwirtschaftlichen Betriebe in der Russischen Föderation, die sogenannten »Farmerbauernwirtschaften« (russ. крестьянско-фермерские хозяйства), können von einem Einzelbauern allein oder mit seiner Familie oder aber von mehreren Bürgern betrieben werden, wobei nach dem Gesetz in jedem Fall der Betriebsleiter als Einzelbauer gilt.
** S. Allilujewa war zuvor 1984 auf eigenen Wunsch in die Sowjetunion zurückgekehrt.

gleichgestellt, die Selbständigkeit von Kolchosen und Sowchosen wurde wesentlich erweitert. 1990 waren nach dem Agrar-Plenum nicht einmal zwei Jahre vergangen, für die Lösung von Agrarproblemen eine geringe Zeitspanne. Und trotzdem brachten Kolchosen und Sowchosen nun die größte Getreideernte ein und erzielten das größte Milchaufkommen. Zum ersten Mal verblieb das gesamte über den Staatsauftrag hinaus geerntete Getreide in der Verfügung der Erzeuger.

In der Zeit der Restaurierung des Kapitalismus kam über die Bauern aber ein anderes Unheil: die Schere zwischen den Preisen für landwirtschaftliche Produkte und Industrieerzeugnisse, der nichtäquivalente Austausch zwischen Stadt und Land. Während die Machtorgane mit der Ausarbeitung von Programmen unterschiedlichster Art für die »Wiedergeburt des Dorfes« befasst waren, sank die Produktion. Den Worten nach hatte der Agrar-Industrie-Komplex die Priorität, in der Realität beobachteten wir eine Reduzierung der Ressourcen für das Dorf.

Zudem hatten die Pseudodemokraten die Tore des Binnenmarktes Russlands weit für den Westen aufgetan, womit sie die Landwirtschaft in den Ruin getrieben haben.

Insgesamt zeigt sich, dass der Zusammenbruch des Sozialismus in der Sowjetunion und der Zusammenbruch der Sowjetunion selbst nicht hervorgerufen wurden durch das System, das über alle Jahre der Geschichte der UdSSR eine Lebensfähigkeit und Schöpferkraft ohnegleichen bewiesen hat, und dies selbst in den Jahren, in denen es Deformationen ausgesetzt war.

Die Gründe für das Scheitern der Perestroika und den Zerfall der UdSSR liegen darin, dass es unter den Mitgliedern der Führung der Partei, des Staates und der Unionsrepubliken Karrieristen, nationalistische Separatisten und politische Wendehälse gab. Wir hatten es zu tun mit einer ganzen Reihe von Kommunisten in leitenden Stellungen, die ihre politischen Überzeugungen abgelegt hatten. Sie alle hatten nun großen Besitz, persönlichen Reichtum und unbeschränkte Macht über das Volk zu ihren ersehnten Zielen und ihrem Lebenssinn gemacht. Die Kommunistische Partei und die Sowjetmacht hatten solche Ziele nicht zugelassen. Die Lebenspläne dieser Personen gleichen sehr den Träumen des Barons aus Puschkins »Geizigem Ritter«. Ihn beherrscht die Wunschfantasie, dass er sein den Menschen abgepresstes Gold zum Berg aufhäuft, von dem er ausrufen kann: »Ich kenne keinen Herrscher über mir, nein, mir ist alles untertan.«*

Ich werde immer wieder gefragt: Wer aber war denn der Hauptakteur bei der Zerrüttung der Sowjetunion? Wer trägt die Schuld an all dem Übel, das mit schrecklicher Gewalt über das Volk hereingebrochen ist? Diese Frage ist nicht leicht zu beantworten. Doch mit der Zeit hat sich die Antwort herauskristallisiert: Gorbatschow. In meinem Buch habe ich versucht, anhand wesentlicher Episoden aus meinem persönlichen Erleben und anhand von Schlussfolgerungen zu begründen, warum ich Gorbatschows Rolle eben so sehe.

Zum hundertsten Geburtstag von Andrej Gromyko im Jahre 2009 hat sein Enkelsohn Alexej Erinnerungen über seinen berühmten Großvater veröffentlicht. In einem Interview anlässlich des Jubiläums erinnerte er sich: »Er unterstützte die Perestroika mit ganzem Herzen. Aber nach einer bestimmten Zeit überkam

---

* Übertragung ins Deutsche: F.[riedrich bzw. Fjodor] Fiedler. In: Puschkin, A. S.: Dramen – Märchen – Aufsätze. Berlin und Leipzig: SWA-Verlag o. J. [1945–1949].

ihn Enttäuschung.« Im Jahr 1989 hatte er über Gorbatschow gesagt: »Die Generalsmütze passt nicht für den Mischka.« Erinnern wir uns: Es war eben Andrej Gromyko gewesen, der Gorbatschow für den Posten des Generalsekretärs empfohlen hatte. Wie bitter für ihn, sich in der Person Gorbatschows so getäuscht zu haben.

Es fand sich aber auch ein Akteur, der das Werk Gorbatschows fortgeführt hat: Boris Jelzin. Er hat es dahin gebracht, die Bürger eines mit Naturreichtümern ungemein gesegneten Landes in die Verarmung zu führen. Diese Rolle hat er bis zu Ende ausgespielt. Auf der XIX. Parteikonferenz 1988 hatte ich ausgerufen: »Boris, du hast nicht recht! [...] Du verfügst über Energie, aber deine Energie ist nicht schöpferisch, sondern zerstörerisch.« Diese Worte erwiesen sich als zutreffende Voraussage. Ich wäre sehr froh, wenn ich mich hier geirrt hätte.

Epilog.
Die Pseudodemokraten an der Macht

Die Pseudodemokraten wiederholen gebetsmühlenartig: Das, was in der UdSSR war – das ist der Kommunismus. Das ist ein gängiges Verfahren der Prediger politischer Infamie: Dem Opponenten (oder seiner Sache) wird das zugeschrieben, was ihm (oder ihr) nicht zu eigen ist, auf dieser Basis wird er verrissen, und die Öffentlichkeit soll für dumm verkauft werden. Aber es war nicht der Kommunismus, den das sowjetische Volk errichtet hat, sondern am Sozialismus hat es gebaut – an der Vorstufe zum Kommunismus. Das macht aber die Größe der Tat des Sowjetvolkes nicht geringer, denn es hatte zum allerersten Mal den Durchbruch zur sozialistischen Zivilisation vollbracht. Bis zum völligen Aufbau einer kommunistischen Gesellschaft wäre noch ein langer Weg des Kampfes und der Arbeit zurückzulegen gewesen. Der Kommunismus – das ist die Gesellschafts- und Wirtschaftsformation, in der die Entfaltung der menschlichen Persönlichkeit erreicht und das Glück für jeden Menschen zugänglich wird.

Infolge der zerstörerischen Politik der volksfeindlichen Regimes, die heute in den früheren Sowjetrepubliken an der Macht sind, sind diese Länder nun aber schon sehr weit – hinter die kritische Grenzlinie – zurückgeworfen worden.

Wer vorurteilsfrei an die Dinge herangeht, kann die

heutige Lage leicht bewerten, wenn er das, was früher war, mit dem vergleicht, was nun eingetreten ist. An die Stelle des unter der Sowjetmacht prägenden schöpferischen Aufbaus, der Entwicklung der Wirtschaft, ist ein drastischer Abfall der Produktion in Stadt und Land getreten. Die Wirtschaft wird mehr und mehr zu einem primitiven, rohstoffgewinnenden Sektor reduziert und verwandelt sich in ein Anhängsel des Westens. Ganze Wirtschaftszweige sind liquidiert: der Maschinenbau, die Elektronik, die Werkzeugindustrie, der Gerätebau, die Bodenmelioration und andere. Die Landwirtschaft steht kurz vor dem Ruin. Die Unabhängigkeit in der Lebensmittelbereitstellung geht verloren. Wurden 1990 noch über 85 Prozent des Lebensmittelbedarfs der Bevölkerung aus eigener Erzeugung gesichert, so kommen heute 40–50 Prozent der Lebensmittel aus dem Import. Die ökonomische Krise, deren Wurzeln im Lande selbst liegen, nämlich im privatkapitalistischen Eigentum, in der Militarisierung der Industrie und in der planlosen Wirtschaftsführung, hat den ohnehin schon kläglichen Zustand der Wirtschaft und die schwere Lage vieler Millionen Menschen weiter verschärft.

So sieht die »Leistungsbilanz« der Pseudodemokraten aus. Da kann man die Herren »Demokraten« nur fragen, wo denn das geblieben ist, was sie dem Volk laut tönend versprachen, als sie sich seinerzeit nach der Macht drängten?

An die Stelle der schrittweisen Verbesserung des materiellen und geistigen Lebens zur Sowjetzeit ist eine Verarmung der arbeitenden Menschen getreten. Die Bevölkerung hat in den Jahren 2008 bis 2010 jährlich um 800 000 Menschen abgenommen. Millionen sind ohne Arbeit. Die Gesellschaft befindet sich im moralischen Verfall. Die Hungernden, Obdachlosen und

Arbeitslosen zählen jetzt nach Millionen. In der Sowjetunion erhielten die Menschen Wertschätzung nicht nach der Menge des Zusammengeraubten, sondern nach ihrer Leistung, ihrer Arbeit. Hohe moralische Prinzipien waren das Leitbild: Patriotismus, Internationalismus, Kollektivgeist, Arbeitsliebe, Ehre und Gerechtigkeit. Dies will man heute aus dem Bewusstsein der Menschen auslöschen, wie man auch das die Zeiten und Generationen verknüpfende Band zerreißen will. Die Machthaber und die Massenmedien propagieren heute den Kult der Bereicherung, die Vergötterung des Reichtums und die Verachtung der Armut, sie begünstigen Spekulation, Alkoholismus, Prostitution und extremen Individualismus, während die Anstrengungen der Arbeiter, Bauern und der Intelligenz mit Geringschätzung behandelt werden.

Die gesellschaftliche Atmosphäre des Friedens und Einvernehmens zur Sowjetzeit ist nun abgelöst worden durch ein beispielloses Anwachsen der Kriminalität und Korruption. Nach dem Verfall der UdSSR kamen durch Gewalt hunderttausende Menschen ums Leben oder wurden verletzt, Millionen Menschen sind zu Flüchtlingen geworden. Für die neunziger Jahre wiesen alle Diagramme der Entwicklung einen dramatischen Abfall aus, während die Kurven der Sterblichkeit und Kriminalität nach oben strebten. Das war die logische Folge des einsetzenden Raubs des Eigentums, das von den Werktätigen geschaffen worden war und ihnen gehörte, war das Resultat der allgemeinen Alkoholisierung der Gesellschaft und des Anwachsens der Zahl der Menschen ohne Arbeit und Wohnung. Die Machthabenden können nicht gegen die vorgehen, auf die sie sich stützen – die Spekulanten, den korrumpierten Apparat.

In eine schwierige Lage ist die Jugend geraten, insbesondere die Jugendlichen, die eine produktive Tätigkeit anstreben, die es in die Wissenschaft oder die Kultur zieht. Früher konnten die jungen Menschen überall kostenlos lernen und studieren, hatten Zugang zu jeder Bildungseinrichtung, sie erhielten ein Stipendium und konnten sich eine Arbeit nach ihren Interessen aussuchen. Heute müssen viele von ihnen ihre Ausbildung selbst finanzieren. Eine Arbeit entsprechend ihrem Ausbildungsprofil zu finden, ist für junge Absolventen schwer, wenn nicht überhaupt unmöglich. Somit können sie keine Familie gründen und bleiben ohne eigene Wohnung. In der Sowjetunion war ein vorbildliches Bildungssystem geschaffen worden. Alle Kinder erhielten eine abgeschlossene Mittelschulausbildung, es bestand Schulpflicht. – Ja, so sah das im »kommunistischen Zwangssystem« aus.

Vor einigen Jahren sind zum ersten Mal nach langen Jahren junge Männer zum Wehrdienst angetreten, die nur eine Grundschulbildung haben – vier Klassen. Viele Kinder laufen aus der Schule weg und nehmen irgendeine Arbeit an, um einen Lebensunterhalt für sich und ihre Familie zu finden.

Viele bürgerliche Freiheiten und Menschenrechte sind nur verkündet, aber nicht mit Garantien untermauert. Bei den Massenmedien entscheidet Geld alles. Dieses steckt in den Taschen der Magnaten, die das Volk ausgeraubt haben. Und eben diese Magnaten bestimmen auch den Inhalt der Medien. Sprüche aller Art über unabhängige Medien sind nichts als leeres, demagogisches Gerede.

Das Kernproblem ist, dass es Freiheit ohne materielle Sicherheit, ohne Frieden und ohne Zukunftsgewissheit nicht geben kann. Die Menschen heute sind bedrückt von der Angst, die Arbeit zu verlieren, der Unsicherheit, wie sie ihre Familie ernähren können, der Besorgnis um die Zukunft ihrer Kinder und der Furcht um die eigene Sicherheit.

Es stellt sich natürlich die Frage: Warum hat das Volk den Sozialismus und dessen Errungenschaften nicht verteidigt? Warum haben die Werktätigen der Konterrevolution keinen Widerstand entgegengebracht?

Aber war es denn wirklich so gewesen? Hatten die Partei und die Gesellschaft den antisozialistischen Kräften und deren Politik der Zerstörung des Landes und der gesellschaftlichen Umorientierung hin zum Kapitalismus keinen Widerstand entgegengebracht?

Das Volk hatte der Perestroika vertraut, weil sie die Losung »Mehr Sozialismus – mehr Demokratie« verkündet hatte. Die Menschen waren überzeugt davon, dass Veränderungen im Rahmen des Sozialismus notwendig sind, ohne ihn jedoch zu zerstören. Die ersten Jahre der Perestroika hatten dem Land eine Verbesserung gebracht, den Menschen das Gefühl des Aufschwungs. Dann setzte aber ein Prozess des Verfalls ein, der die Unzufriedenheit der Bevölkerung hervorrief und von den antisozialistischen Kräften zunächst zur Diskreditierung und im Weiteren auch zur Untergrabung der sozialistischen Gesellschaft ausgenutzt wurde.

Hätten die Pseudodemokraten im Vorhinein ihren Handlungsplan, der auf die Zerstörung der UdSSR und die Restauration des Kapitalismus abzielte, bekanntgegeben, hätten sie keine Unterstützung im Volk gefunden, sondern wären auf Ablehnung gestoßen.

Es herrscht die Ansicht, dass dem Volk all das, was im Land ablief, gleichgültig gewesen sei. Das Volk habe geschwiegen und dem herrschenden Regime keinen Widerstand entgegengebracht. Dem ist aber nicht so.

Man braucht nur daran zu erinnern, welcher erbitterte Widerstand im September/Oktober 1993 dem vom Präsidenten Russlands unternommenen Staatsstreich entgegengebracht wurde.

Zum Widerstand gegen die Feinde des Sozialismus wurde Ende der achtziger Jahre innerhalb der KPdSU die Kommunistische Partei der Russischen Föderation (KPRF) gegründet und auch der Bauernbund der UdSSR (später Agrarindustrieller Bund Russlands) geschaffen. An deren Gründung war ich unmittelbar beteiligt. Ich suchte die Mitglieder der Führungsgremien aus und trat auf den Gründungskongressen auf. Im Unterschied zu vielen anderen einst führenden KPdSU-Funktionären haben die Führer der KPRF und auch die des Bundes die Sache des Sozialismus nicht verraten und stehen auch heute noch an der Spitze der kommunistischen Bewegung Russlands.

Die herrschenden Kreise des Westens, die sich für die »Väter der Demokratie« halten, haben die gewaltsame Auflösung des legitim gewählten Parlaments Russlands durch Jelzin stillschweigend geschehen lassen, einige haben diese blutige Aktion auch offen unterstützt.

In den siebziger und achtziger Jahren war der Hauptpunkt der Angriffe vieler Regierender des Westens gegen die UdSSR die angebliche massenhafte Verletzung der Menschenrechte. Zu jener Zeit waren die Bürger der Sowjetunion mit allem Notwendigen versorgt, waren gebildet, genossen das Recht auf Arbeit, Wohnraum, kostenlose Bildung und medizinische Versorgung, im Alter waren sie abgesichert, jeder lebte in persönlicher Sicherheit. Man konnte damals nachts in jeder Stadt unterwegs sein, ohne um sein Leben fürchten zu müssen, während man heute mit Mord und Raub auch tagsüber konfrontiert wird. Wenn heute aber Menschen an Unterernährung sterben, Millionen ihrer bürgerlichen Rechte beraubt werden oder Hunderttausende in militärischen Konflikten ihr Leben verlieren, werden im Westen keine Proteste erhoben. Hier zeigt sich die Falschheit vieler westlicher Politiker – bei der Bewertung gesellschaftlicher Ereignisse gehen sie von ihren Klasseninteressen aus und nicht von den Menschenrechten. Für sie steht im Vordergrund, Russland weiter zu schwächen, es wirtschaftlich und politisch zu kontrollieren und ein Wiedererstehen des sowjetischen Unionsstaates nicht zuzulassen.

Wieso aber ist es den Pseudodemokraten möglich, an der Macht zu bleiben, wenn sich die Lebenslage des Volkes Jahr um Jahr verschlechtert?

Diese Situation erklärt sich aus einer Reihe von Umständen. Dazu gehören auch die Reserven der Lebenssicherung (die sogenannten »Reserven des Sozialismus«), die die Bevölkerung angelegt hatte, die nun allerdings zur Neige gehen. Angesichts der Wirtschaftsdepression arbeiten viele Betriebe nur noch an drei, vier Tagen in der Woche, um ein Mindestlohnniveau zu sichern; sämtliche Finanzabführungen für die Entwicklung der Produktion und für soziale Zwecke sind aber eingestellt.

Die einheitliche Front des Kampfes für die gemeinsamen Interessen ist geschwächt durch bestimmte Zugeständnisse der Regierung an einzelne Gruppen von Beschäftigten, was Uneinigkeit in den Reihen der Werktätigen schafft.

Der wichtigste Hinderungsgrund dürfte aber letzten Endes sein, dass sich in der Gesellschaft noch kein starker Block der Linkskräfte und Volksmassen zum Kampf für einen wahrhaft demokratischen und sozialistischen Entwicklungsweg herausgebildet hat. Andererseits hat das herrschende Regime seine Möglichkeiten zum politischen Manövrieren und zum Betrug an den Massen noch nicht ausgeschöpft. Die Werktätigen beginnen zwar, ihre Lage zu begreifen, aber bestimmte Gruppen stehen immer noch unter der Einwirkung der antikommunistischen und antisowjetischen Propaganda.

Wenn ich die gegenwärtige Lage in unserem Land sehe, drängen sich mir immer wieder neue Fragen auf. Aus welchem Grund wuchs das Nationaleinkommen unter den Kommunisten jährlich um 3 %, während es bei den »Demokraten« auf ein Drittel abgesunken ist? Wieso ist die Erzeugung in der Industrie und in der Landwirtschaft auf die Hälfte abgefallen? Wieso sind die Einkünfte der Bevölkerung und die Durchschnittsrente auf ein Drittel zurückgegangen? Wieso haben sich die Zuwendungen für die Wissenschaft auf ein Zehntel reduziert, die Zuwendungen für soziale Zwecke auf ein Achtel?* Wieso ist in der Regierungszeit der Kommunisten die Bevölkerung der Russischen Sowjetrepublik jährlich um 1 Million gewachsen, wogegen jetzt wesentlich mehr Menschen sterben als geboren werden? Wie kann man erklären, dass unter der Sowjetmacht jedes Kind im Sommer in ein Ferienlager fahren konnte und sich die Erwachsenen in Ferienheimen und Sanatorien erholten, auf touristische Exkursionen fuhren oder Verwandte besuchten? Heute gibt es dies nur noch für Auserwählte, die sich das leisten können – und basta!

Erfolge in der Entwicklung des Landes werden dem Volk heute unter Verdrehung der Tatsachen »verkauft«,

---

* Angaben in vergleichbaren Preisen von 1984.

wie das folgende Beispiel zeigen soll. Es handelt sich um die Erfolgsstory, dass Russland sich erstmals mit eigenem Getreide selbst ernähren könne, in der Getreideversorgung die Unabhängigkeit erreicht habe und nun den Sieg über den Getreideimport eingefahren habe.

Statt in das Triumphgeschrei einzustimmen, muss man die Augen öffnen, um sich keinen Bären aufbinden zu lassen. Die Dinge liegen einfacher, als man denkt: Von den einst 57 Millionen Rindern wurden mittlerweile 35 Millionen geschlachtet, die Fleisch- und Milcherzeugung ist bis heute um 40% zurückgegangen. Dementsprechend ist der Getreidebedarf stark reduziert. Russland produziert heute wesentlich weniger Fleisch und Milch, preisgünstige und hochwertige Milch- und Fleischprodukte aus eigener Erzeugung stehen nun für die Einwohner Russlands in einem deutlich geringeren Umfang bereit.

Die Realität soll hinter Potjomkinschen Dörfern verborgen werden, mit Desinformationen will man das Volk für die Regierungspolitik einnehmen, um selbst das Ruder weiter in der Hand zu behalten.

Die derzeitigen Machthaber appellieren an das Volk, es nicht zu einer Revolution kommen zu lassen, und drohen dazu mit dem Schreckgespenst eines Bürgerkrieges. Während sie für »Frieden und Eintracht« werben, plündern sie die arbeitenden Menschen aus und bereichern sich. Um die herrschende Diktatur ihrer eigenen Macht zu sichern, jagen sie den Menschen Angst ein mit einer Diktatur, die die Kommunisten angeblich errichten würden, wenn sie an die Macht kämen. Die Kommunisten sind aber keine Anhänger einer bedingungslosen Diktatur. Ob man auf sie zurückgreifen muss oder nicht, hängt von der Situation, den historischen Bedingungen ab. Lenin sagte hierzu: »Diktatur – das ist ein grausames, schwerwiegendes, blutiges und qualvolles Wort, und mit derartigen Worten wirft man nicht unbedacht um sich.«

Es besteht die Möglichkeit, die Macht der Werktätigen auf friedlichem Weg wiederherzustellen. Sollten aber diejenigen, die auf Kosten des Volkes im Luxus schwelgen, gewaltsamen Widerstand leisten, sind die Werktätigen gezwungen, adäquat zu reagieren. Und auch dafür ist eine Diktatur des Proletariats nicht unbedingt erforderlich.

Da wir es gegenwärtig damit zu tun haben, dass die Proletarisierung nicht nur die Arbeiterklasse betrifft, sondern auch die verarmende technische Intelligenz, und die Bauernschaft in ihrem Kern ihr Schicksal mit dem kollektiven Eigentum am Boden verknüpft hat, so ist eine Macht der Werktätigen mit einer breiten sozialen Basis auch in einer anderen Form als der Diktatur des Proletariats möglich. Eine Macht der Werktätigen – die Macht einer gewaltigen Mehrheit der Bevölkerung – hat das Recht, entsprechend dem Gesetz, den Widerstand derjenigen niederzuhalten, die die arbeitenden Menschen in den Abgrund der Armut und Rechtlosigkeit gedrängt haben. Es hängt also von diesen Herrschaften ab, dass es nicht zu »Erschütterungen und Revolutionen« kommt. Mit der Politik der Verarmung der Bevölkerung haben sie selbst die Massen revolutioniert.

Die Millionen Bürger, deren Leben unter der Macht der antikommunistischen »Demokraten« unerträglich und sinnentleert geworden ist, sind die soziale Basis neuer gesellschaftlicher Erschütterungen, von Massenaktionen der Bürger gegen das herrschende antikommunistische Regime. Ein Volk, das die sowjetische Lebenswirklichkeit erfahren hat, in der die Interessen der arbeitenden Menschen bestimmend waren, kann man nicht auf Dauer in den Kapitalismus zurückverbannen.

Lenins Aufruf an die Werktätigen von 1917, den Jessenin poetisch gestaltet hat, ist heute noch so aktuell wie damals:

Er sagte: »Damit das Leid nun ende,
Das Steuer nehmt in Arbeiterhände.
Von selbst euch keine Rettung naht –
Ergreift die Macht, schafft euren Rat!«

Einige Politiker behaupten, dass es in der Gesellschaft keine gesamtnationale Idee gäbe, die die Menschen zusammenschließen könnte. Andere meinen, dass der Patriotismus und die Treue zum Staat eine gesamtnationale Idee sein könnten.

Es stellt sich die Frage: die Treue zu welchem Staat? Ein Staat auf welcher Grundlage? Ein Staat, der wem dient? Sind diese Fragen offen, erscheint die Idee der Staatstreue als zu abstrakt, als dass sie eine Mehrheit des Volkes bewegen und zusammenschließen könnte.

Die Kommunisten schlagen eine gesamtnationale Idee vor, die Millionen von Menschen zusammenzubringen vermag: Das Volk muss das zurückerlangen, was ihm geraubt wurde – die Macht der Werktätigen, die sozialistische Gesellschaftsordnung, der einheitliche Unionsstaat der Sowjetvölker.

Um im Kampf dafür den Sieg zu erringen, muss eine breite patriotische Bewegung des Volkes geschaffen, müssen die kommunistische und die patriotische Bewegung zu einem Verbund gebracht werden. Dabei stört der heute weitverbreitete Antikommunismus. Es gibt Politiker, die sich für Patrioten halten und auf den Positionen des Antikommunismus und des Antisowjetismus stehen. Das schwächt und untergräbt freilich eine patriotische Volksbewegung. Kommunisten und Patrioten sind aber durchaus keine Antipoden. Ein

Kommunist ist auch ein Patriot. Kommunisten und Patrioten verbindet die Liebe zum Vaterland, die Bereitschaft, dem eigenen Volk zu dienen und sich zur Verteidigung des Volkes und des Vaterlands zu erheben. Der eine wie der andere setzt sich für die Freiheit und die Brüderlichkeit der Völker und die Ehre und Unabhängigkeit seines Landes ein.

Es lassen sich zahlreiche Beispiele aus der Geschichte aufzeigen, wo der Antikommunismus zu Tragödien für ganze Völker geführt hat. In Deutschland war der unter den Sozialdemokraten verbreitete Antikommunismus eine der wesentlichen Ursachen, die verhinderten, dass eine einheitliche Front des Kampfes gegen den Faschismus geschaffen und dieser Ideologie der Weg versperrt werden konnte.

Wohin blinder Hass gegen den Kommunismus unter unseren Bedingungen führt, zeigten die Ereignisse im September/Oktober 1993.* In jenen Tagen wurde ich im Haus der Sowjets bei Zusammenkünften mit Deputierten des Obersten Sowjets Russlands immer wieder gefragt: »Warum sind so wenige Menschen am Weißen Haus? Wo sind die kommunistischen Verteidiger?«

Diese Frage musste ich mit Gegenfragen beantworten: »Wer hat die Tätigkeit der KPdSU verboten, hat die Verfolgung der Kommunisten organisiert? Wer hat die Sowjetunion zerstört? Wer hat dem Präsidenten diktatorische Vollmachten gegeben?«

Dies alles war mit Zustimmung der überwältigen-

---

* Im September/Oktober 1993 mündeten die Auseindersetzungen zwischen dem Präsidenten Jelzin und dem Parlament, dem Obersten Sowjet Russlands, in einen verfassungsfeindlichen Putsch Jelzins. Dieser rief Truppen herbei, die das »Haus der Sowjets«, den Sitz des Obersten Sowjets Russlands, aus Panzern beschossen; das Parlament wurde gewaltsam aufgelöst. Das seitdem als Weißes Haus bekannte Gebäude wurde anschließend wiederhergestellt und ist seit 1994 Sitz der Regierung der Russischen Föderation.

den Mehrheit der Deputierten des Obersten Sowjets geschehen.

»Was erwarten Sie nach alldem von den Kommunisten?«, fragte ich. »Wie könnten sie sich mit ganzer Kraft zur Verteidigung eines Obersten Sowjets erheben, dem der Antikommunismus bis ins Mark geht? Sie ernten die Früchte Ihres antisowjetischen Handelns, Sie sind Opfer Ihres eigenen Antikommunismus.«

Das Parlament wurde zusammengeschossen, die Deputierten auseinandergejagt, das Parlamentsgebäude geriet in Brand – das Feuer hatte der überlebte, rückwärtsgewandte Antikommunismus gelegt.

Die Geschichte entwickelt sich nicht geradlinig, sie verläuft im Zickzack, über Umwege und auch im Rückwärtsgang. Diese Rückschläge bleiben auch der sozialistischen Entwicklungsstufe der Zivilisation nicht erspart. Aber trotz der zeitweiligen Niederlage des Sozialismus in der UdSSR und des einschneidenden Rückgangs der Verbreitungs- und Einflusssphäre des Sozialismus in der Welt hat sich das 20. Jahrhundert mit solchen Ereignissen in die Geschichte eingeschrieben, wie es die Oktoberrevolution, der Zusammenbruch des Kolonialsystems, die Zerschlagung der faschistischen Tyrannei und die historische Erfahrung der Errichtung der sozialistischen Gesellschaft sind. Mit dieser Erfahrung wird die Menschheit schließlich den Durchbruch zu einer sozial gerechten Gesellschaft bewältigen, in der die menschliche Persönlichkeit sich voll entfaltet. Um siegen zu können, muss aber ein Verbund von Millionen und Abermillionen Menschen geschaffen werden. Zuversicht in den letztlichen Sieg des Sozialismus auf dem Planeten Erde verleiht das erfolgreiche Vorankommen Chinas, Vietnams und Kubas auf dem sozialistischen Entwicklungsweg.

Mein Leben, das ich eng mit der Kommunistischen Partei, dem Volk und meiner Heimat verbunden hatte, war angefüllt mit herausragenden Ereignissen und Umbruchssituationen. Da ich noch weiter aktiv arbeite, will ich keine endgültige Bilanz aufstellen. Von meinen Überzeugungen lasse ich nicht ab – ich war und bleibe Kommunist. Viele Jahre habe ich an verantwortlicher Stelle in den Gebieten Nowosibirsk und Tomsk und in Moskau gearbeitet, gehörte der politischen Führung unserer Heimat, der Union der Sozialistischen Sowjetrepubliken an. Ich habe gelebt und gewirkt unter Stalin, Chruschtschow und Breshnew und mit Andropow zusammengearbeitet. Ich bin mit vielen Staatsmännern und Politikern zusammengetroffen, die seinerzeit den Gang der Geschichte wesentlich beeinflussten. Es gab also in meinem Leben einiges, auf das ich zurückschauen kann, und so vermag ich Vergleiche anzustellen.

Das gibt mir das Recht, Urteile über Vergangenes und Heutiges auszusprechen und vor den möglichen Folgen von Fehlern zu warnen, die von anderen begangen werden. Ich gehöre den leitenden Gremien der Union der Kommunistischen Parteien – KPdSU (UKP-KPdSU), dem ZK der Kommunistischen Partei der Russischen Föderation (KPRF) und der Moskauer Abteilung der Kommunistischen Partei der Russischen Föderation an. An der Schaffung der Union der Kommunistischen Parteien und der KPRF war ich direkt und aktiv beteiligt.

Ich habe kein Vermögen angehäuft, und ich bin auch nicht im Besitz von Immobilien, sieht man von meiner Dreizimmerwohnung in Moskau ab. Ich habe mir aber das Vertrauen der Kommunisten und vieler Menschen erworben und habe viele Freunde, was mir mehr wert ist als alles andere. Dies hält mich, neben anderem, aktiv und fit. Mein ganzes Leben über habe ich mich von einem Kriterium leiten lassen – den Interessen und Nöten der arbeitenden Menschen. Heute muss ich sehen, dass die Menschen immer schlechter und schlechter leben. Nach meinem Verständnis bedeutet das, dass die Politik der gegenwärtigen Machthaber verfehlt ist. Das Wesen einer aufrichtigen Politik besteht darin, dem Menschen und seinem Wohlergehen zu dienen – hier kann der Politiker in höchster Weise seinen Humanismus, seine Sittlichkeit und seine Seelentiefe unter Beweis stellen. Politiker, die die Schicksale der Völker mit Füßen treten, enden letztlich als Bankrotteure. Als jahrhundertealte Wahrheit gilt: Kein Politiker entgeht dem Urteil der Geschichte, dem Urteil des Volkes.

Biografische Daten

29.11.1920 Jegor Kusmitsch Ligatschow wird in einer Bauern-
familie im Dorf Dubinkino (ca. 150 km westlich von Nowosibirsk) geboren.

1937 Nach dem Schulabschluss Beginn eines Studiums am Flug-
technischen Institut Moskau (»MAI«).

1942 Beginnt als Ingenieur im Flugzeugwerk Nowosibirsk zu
arbeiten.

1943 Abschluss des Studiums am MAI als Ingenieur für Flug-
zeugbau.

1944 Wird Mitglied der KPdSU (B).

ab 1945 Jegor Kusmitsch arbeitet als Komsomolfunktionär, erst
als Sekretär des Komsomol-Rayonkomitees des Dzierżyński-
Rayons in Nowosibirsk, später als Sekretär und schließlich
als Erster Sekretär des Komsomol-Gebietskomitees Nowosibirsk.

1949 Auf einer Sitzung des Büros des ZK des Komsomol wird
Jegor Ligatschow des »Trotzkismus« angeklagt.

1951 Studium an der Parteihochschule des ZK der KPdSU (B).

1953–1955 Leiter der Verwaltung für Kultur des Oblast-Exeku-
tivkomitees Nowosibirsk.

1955–1958 Stellvertretender Vorsitzender des Oblast-Exekutiv-
komitees Nowosibirsk.

1958 Erster Sekretär des Rayonparteikomitees des »Sowjetski«-
Rayons von Nowosibirsk. In dieser Funktion ist Jegor Ligatschow am Aufbau von Akademgorodok (»Akademiestädtchen«) und der Sibirischen Abteilung der Akademie der
Wissenschaften der UdSSR beteiligt.

1959–1961 Sekretär für Ideologie der Gebietsleitung Nowosibirsk der KPdSU.

1961–1965 Jegor Ligatschow arbeitet im Apparat des ZK der
KPdSU – als stellvertretender Abteilungsleiter für Agitation
und Propaganda für die RSFSR im Büro des ZK der KPdSU,
dann als Stellvertreter des Leiters der Parteiorgane des ZK

der KPdSU für die Industrie der RSFSR und schließlich als stellvertretender Leiter der Orgabteilung des Büros des ZK der KPdSU.

26.11.1965–29.4.1983 Jegor Ligatschow arbeitet als Erster Sekretär des Gebietskomitees Tomsk der KPdSU. In dieser Zeit entstehen in der Region ein Kombinat zur Erdöl- und Erdgasverarbeitung, Ferngasleitungen, die Lebensmittelversorgung der Region wird durch die Errichtung eines Netzes von Geflügelzuchtbetrieben, eines Schweinezuchtkomplexes, eines Mischfutterwerkes, eines Gewächshauskomplexes u. a. gesichert, zur sicheren Trinkwasserversorgung von Tomsk wird ein System artesischer Trinkwasserbrunnen angelegt. Errichtet werden das Obusnetz, der Busbahnhof, der Passagierhafen am Fluss Tom, das Hotel »Tomsk«, der Flughafen Bogaschowo, das Fernwärmenetz, der Veranstaltungs- und Sportpalast, die erste Brücke über den Fluss Tom, das Schauspielhaus, der Flusshafen wird zu einem Logistikzentrum ausgebaut.

1983–1985 Leiter der Orgabteilung des ZK der KPdSU.

26.12.1983 Zum Sekretär des ZK der KPdSU gewählt. In dieser Funktion bis zum 14.7.1990.

1985–1988 Sekretär des ZK der KPdSU für Ideologie.

1989–1991 Volksdeputierter der UdSSR.

1993–2003 Deputierter und Alterspräsident der Staatsduma der Russischen Föderation.

seit 1993 Stellvertretender Vorsitzender und Sekretär des Rates der Union der Kommunistischen Parteien – KPdSU (UKP-KPdSU); Mitglied des ZK der Kommunistischen Partei der Russischen Föderation (KPRF) und der Moskauer Abteilung der Kommunistischen Partei der Russischen Föderation.

Jegor Ligatschows ist Witwer, seine Frau Sinaida Iwanowna ist 1997 gestorben. Sein Sohn Alexander ist habilitierter Doktor der physikalisch-mathematischen Wissenschaften und Professor am Zentrum für naturwissenschaftliche Forschungen des Instituts für Physik »A. M. Prochorow« der Russischen Akademie der Wissenschaften. Sein Enkel Alexej ist Englisch-Übersetzer. Der Urenkel Jegor besucht die Grundschule. Jegor Ligatschow ist Ehrenbürger des Oblast Tomsk.

Kurzchronik der Ereignisse der Perestroika

Die Kurzchronik beinhaltet eine chronologische Aufstellung vor allem derjenigen Ereignisse und biografischen Fakten, die von Ligatschow in seinen vorliegenden Erinnerungen angesprochen werden. Sie stellt keine vollständige Chronik der Ereignisse jener Zeit dar. Da Ligatschow in seiner Analyse im Wesentlichen die inneren Prozesse der Perestroika reflektiert, fehlen weitgehend die Auslandsreisen und außenpolitischen Aktivitäten. Zweck dieser Chronik ist, dem Leser bei der Orientierung im zeitlichen Ablauf der im Buch geschilderten Ereignissen zu helfen.

12.11.1982 Juri Andropow wird Generalsekretär des ZK der KPdSU.

18.4.1983 Beratung des ZK der KPdSU zu den Fragen der Entwicklung der Landwirtschaft und der Realisierung des Lebensmittelprogramms im ZK der KPdSU in Moskau.

Ende April 1983 Ernennung Ligatschows zum Leiter der Organisationsabteilung des ZK der KPdSU auf Vorschlag Andropows.

26.12.1983 Wahl Ligatschows zum Sekretär des ZK der KPdSU (in dieser Funktion bis zum 14.7.1990).

9.2.1984 Andropow gestorben.

13.2.1984 Konstantin Tschernenko wird Generalsekretär des ZK der KPdSU.

10.3.1985 Tschernenko gestorben.

11.3.1985 Außerordentliches Plenum des ZK der KPdSU. Michail Gorbatschow wird zum Generalsekretär des ZK der KPdSU gewählt.

23.4.1985 April-Plenum des ZK der KPdSU, das den Kurs der Umgestaltungen der Gesellschaft einleitet, der später den Namen »Perestroika« erhält. Ligatschow wird zum Mitglied des Politbüros des ZK der KPdSU gewählt (in dieser Funktion bis zum 14.7.1990). Des weiteren werden zu Politbüro-Mitgliedern Nikolai Ryshkow und Viktor Tschebrikow gewählt sowie Sergej Sokolow zum Kandidaten des Politbüros.

7.5.1985 Erlass des Präsidiums des Obersten Sowjets der UdSSR »Über die Verstärkung des Kampfes gegen die Trunksucht und den Alkoholismus«.

5.7.1985 Alexander Jakowlew wird Leiter der Abteilung für Propaganda des ZK der KPdSU.

11.6.1985 Parteikonferenz zu den Problemen von Wissenschaft, Technik und Produktion.

25.2.-6.3.1986 XXVII. Parteitag der KPdSU. Erstmals spricht Gorbatschow von Glasnost mit dem Ziel, eine öffentliche Diskussion der Wirtschaftsreformen zu fördern.

6.3.1986 Jakowlew wird Sekretär des ZK der KPdSU.

27./28.1.1987 Auf dem Januar-Plenum des ZK der KPdSU wird ein Gesetzentwurf zur Wirtschaftsreform vorgelegt.

22.-30.1.1987 Erste Betriebsdirektorenwahl in der UdSSR in den »RAF«-Automobilwerken Jelgawa/Lettische SSR.

25./26.6.1987 Auf dem Juni-Plenum stellt Gorbatschow Grundthesen zur politischen Grundlage der Wirtschaftsreformen vor.

Juli 1987 Der Oberste Sowjet verabschiedet das »Gesetz über Staatsunternehmen«, um eine Ausrichtung am tatsächlichen Bedarf und die finanzielle Eigenverantwortung der Unternehmen zu erreichen.

28.7.1987 Jakowlew wird Mitglied des Politbüros des ZK der KPdSU.

26.8.1987 Rede Ligatschows in Elektrostal.

22.2.1988 Erster direkter armenisch-aserbaidshanischer Zusammenstoß in der Stadt Agdam im Rahmen der Auseinandersetzung um Nagorny Karabach.

13.3.1988 Veröffentlichung des Briefes Nina Andrejewas »Ich kann meine Prinzipien nicht preisgeben« in der Zeitung »Sowjetskaja Rossija«.

17.-18.3.1988 Februar-Plenum des ZK der KPdSU zur Reform des Schulwesens, auf dem Ligatschow den Bericht zu Fragen der Bildung und zum Umgang mit der Geschichte hält.

23.-24.3.1988 Politbüro-Sitzung zum Brief Nina Andrejewas.

26. Mai 1988 Mit dem »Gesetz über die Kooperation in der UdSSR« werden erstmals in der Sowjetunion Privatunternehmen möglich.

21.5.1988 Auswechslung der Führungsspitzen der KP Aserbaidshans und der KP Armeniens. Rede Ligatschows auf dem Plenum des ZK der KP Aserbaidshans in Baku. Rede Jakowlews auf dem Plenum des ZK der KP Armeniens in Jerewan.

28.7.-1.7.1988 XIX. Parteikonferenz der KPdSU.

8.-12.8.1988 Reise Jakowlews nach Litauen und Lettland.

Anfang September 1988 Tagung des Politbüros des ZK der KPdSU, auf der Jakowlew die Lage in Litauen als »normal« bezeichnet.

8.9.1988 Annahme des Vorschlags Gorbatschows zur Reorganisierung des Parteiapparats durch das Politbüro. Mit der Einführung von Fachkommissionen im ZK der KPdSU wird die Arbeit des Sekretariats des ZK der KPdSU für etwa ein Jahr unterbunden.

19.10.1988 Verhaftung des Ersten Sekretärs des ZK der KP Usbekistans aufgrund falscher Anschuldigungen seitens der Untersuchungsrichter Gdljan und Iwanow.

25.10.1988 Bei seinem Finnlandbesuch erklären Gorbatschow und der finnische Präsident Koivisto den Verzicht auf Ersteinsatz von bewaffneter Gewalt gegen ein gegnerisches Bündnis, neutrale Staaten oder Staaten des eigenen Bündnisses, womit die Sowjetunion die Breshnew-Doktrin aufgibt.

November 1988 In Georgien und den baltischen Republiken finden Protestkundgebungen gegen geplante Änderungen der Verfassung der UdSSR statt. In Georgien kann eine Eskalation der Ereignisse nur durch das Auftreten Schewardnadses vor Ort verhindert werden.

1.12.1988 Annahme des Gesetzes über Wahlen der Volksdeputierten der UdSSR.

27.–29.2.1989 Pogrom von Sumgait.

15.–16.3.1989 Plenum des ZK der KPdSU u.a. zur Agrarpolitik.

26.3.–21.5.1989 Wahlen für den Kongress der Volksdeputierten der UdSSR. (Die Wahlen liefen in zwei Wahlgängen, es gab Nachwahlen in zwei Wahlgängen sowie mit Abstimmungen in gesellschaftlichen Organisationen, diese teilweise auch mit Nachwahlen.)

Anfang April 1989 Reise Ligatschows nach Brest zu einer Zusammenkunft der Vertreter der Landwirtschaft.

5.–7.4.1989 Staatsbesuch Gorbatschows in Großbritannien.

7.4.1989 Arbeitsberatung einiger Mitglieder des Politbüros zur Lage in Tbilissi, am späten Abend Rückkehr Gorbatschows und Schewardnadses aus London, Zusammenkunft des Politbüros im Moskauer Flughafen Wnukowo-1.

9.4.1989 Auflösung der antisowjetischen Protestkundgebung vor dem Haus der Regierung Georgiens in Tbilissi.

12.5.1989 Wahlauftritt Iwanows im Leningrader Fernsehen, in dem er gegen die Politbüro-Mitglieder Jegor Ligatschow und Michail Solomenzew und den früheren KPdSU-Funktionär Grigori Romanow Anschuldigungen der Bestechlichkeit vorbringt.

15.–18.5.1989 Staatsbesuch Gorbatschows in der VR China.

18.5.1989 Beschluss des Obersten Sowjets Litauens über die Ungültigkeit von Gesetzen, die nicht von ihm selbst angenommen oder ratifiziert wurden.

22.5.1989 Plenum des ZK der KPdSU.

24.5.1989 Artikel von Olga Tschaikowskaja in der »Literaturnaja Gaseta« über die Methoden der Untersuchungsrichter Gdljan und Iwanow bei der Untersuchung der sogenannten »Baumwoll-Affäre«.

Anfang Juni 1989 Ethnische Zusammenstöße zwischen Usbeken und Turk-Meßcheten im Ferganatal.

25.5.–9.6.1989 I. Kongress der Volksdeputierten der UdSSR.

1.7.1989 Gorbatschow verliest im Zentralen Fernsehen eine Erklärung des ZK der KPdSU zu den Beziehungen zwischen den Nationalitäten.

10.7.1989 Streiks für höhere Löhne und bessere Arbeitsbedingungen in den Kohlerevieren.

11.7.1989 Besuch Gorbatschows im Ishora-Werk in Kolpino bei Leningrad.

27.7.1989 Der Oberste Sowjet gewährt den baltischen Republiken zum 1.1.90 wirtschaftliche Unabhängigkeit. Estland erklärt seine Unabhängigkeit von der Sowjetunion am 13.11.1989, Litauen folgt am 11.3.1990 und Lettland am 3.5.1990.

Ende August 1989 Erklärung des ZK der KPdSU zur Lage in den baltischen Republiken.

19.–20.9.1989 Plenum des ZK der KPdSU mit dem Auftritt des Generalstaatsanwalts zu den Ergebnissen der Untersuchung der Tätigkeit der Untersuchungsrichter Gdljan und Iwanow.

Dezember 1989 Spaltung der KP Litauens.

12.–24.12.1989 II. Kongress der Volksdeputierten der UdSSR.

4.–7.2.1990 Das Februar-Plenum des ZK der KPdSU beschließt, auf den Artikel 6 der Verfassung der UdSSR, der die führende Rolle der KPdSU festschreibt, zu verzichten und das Präsidentenamt einzuführen.

11.3.1990 Unabhängigkeitserklärung Litauens.

12.–15.3.1990 III. außerordentlicher Kongress der Volksdeputierten der UdSSR. Am 15.3. leistet Gorbatschow den Amtseid und wird der erste (und letzte) Präsident der UdSSR.

21.3.1990 Litauen-Reise Gorbatschows, Treffen mit Präsident Vytautas Landsbergis und Premierministerin Kazimiera Prunskiene.

28.3.1990 Gorbatschow kündigt den Übergang zur »regulierten Marktwirtschaft« an.

18.4.1990 Beschluss des Obersten Sowjets der UdSSR zur Verurteilung der Handlungen Gdljans und Iwanows.

17.5.1990 Erneute Litauen-Reise Gorbatschows.

29.5.1990 Boris Jelzin setzt sich bei der Wahl zum Parlamentspräsidenten Russlands gegen den von Gorbatschow vorgeschlagenen Alexander Wlassow durch.

2.–13.6.1990 Der XXVIII. Parteitag der KPdSU spricht sich für die Fortsetzung der Reformen aus.

4.–6.7.1990 Ethnischer Konflikt in Osch und den angrenzenden Regionen Kirgisiens und des benachbarten Usbekistan, der sich zu einem Blutbad entwickelt.

14.7.1990 Infolge des Beschlusses zur vollkommenen Neubesetzung des Politbüros verlieren die meisten Politbüromitglieder und alle Sekretäre des ZK ihre Ämter, unter ihnen Ligatschow.

August/September 1990 Ausarbeitung und Bekanntgabe der Programme des Übergangs zur Marktwirtschaft – »500-Tage-Programm« (Schatalin/Jawlinski) und »Hauptrichtungen der Entwicklung« (erarbeitet im Auftrag von N. Ryshkow; beide Programme sind unrealisiert geblieben).

16.9.1990 Demonstrationen in Moskau mit Forderungen nach Rücktritt der Regierung und raschem Übergang zur Marktwirtschaft.

28.9.1990 Wahlen für den neuen Obersten Sowjets Georgiens. Es siegt der »Runde Tisch« unter Führung Gamsachurdias.

10./11.12.1990 Der neue Oberste Sowjet Georgiens hebt die Autonomie Abchasiens und Südossetiens auf und beschließt die Verhängung des Ausnahmezustands in Abchasien.

10./11.12.1990 Plenum des ZK der KPdSU. Behandelt wird u.a. die Konzeption des Unionsvertrages.

17.–26.12.1990 Der IV. Kongress der Volksdeputierten der UdSSR billigt Verfassungsänderungen und erweitert die Macht des Präsidenten. Außenminister Eduard Schewardnadse erklärt seinen Rücktritt.

26.2.1991 Jakowlew und Wadim Medwedjew werden zu Chefberatern des Präsidenten der UdSSR ernannt.

März 1991 Belorussland-Reise Gorbatschows.

17.3.1991 Referendum über die Erhaltung der UdSSR in allen Unionsrepubliken (außer in Georgien, Litauen, Moldowa, Lettland, Armenien und Estland). 112 Mio. Wähler (76%) sprechen sich für den Erhalt der UdSSR aus.

24.4.1991 Gorbatschow einigt sich mit den Vertretern von neun Unionsrepubliken auf einen Plan zur Schaffung eines neuen Unionsvertrages.

12.6.1991 Jelzin wird Präsident der russischen Teilrepublik.

19.8.1991 Einen Tag vor Unterzeichnung des Unionsvertrages versucht eine Gruppe von Regierungsmitgliedern und hohen Funktionsträgern die Macht zu übernehmen.

24.8.1991 Der Präsident der UdSSR Gorbatschow erklärt seinen Rücktritt vom Posten des Generalsekretärs des ZK der KPdSU und ruft das ZK der KPdSU zur Selbstauflösung der Partei auf, die Parteiorganisationen in den Republiken und die lokalen Parteiorganisationen sollen selbst über ihr Schicksal entscheiden.

5.11.1991 Der leitende Mitarbeiter der Generalstaatsanwaltschaft der UdSSR W. Iljuchin eröffnet im Zusammenhang mit dem Austritt der baltischen Republiken aus der UdSSR ein Strafverfahren gegen Gorbatschow.

6.11.1991 Der Präsident der Russischen Föderation Jelzin erlässt das Verbot der Tätigkeit der KPdSU und der KP der RSFSR.

8.12.1991 Die Führer Russlands, der Ukraine und von Belarus erklären einseitig die Auflösung der UdSSR.

8.12.1991 Auflösung der Sowjetunion und Umwandlung in die Gemeinschaft Unabhängiger Staaten.

25.12.1991 Rücktritt Gorbatschows.

Personenregister

Abdullin, Asat Chammatowitsch 222
Afanasjew, Juri Nikolajewitsch 157
Afanasjew, Viktor Grigorjewitsch 107, 178, 241
Agapow, Viktor Gawrilowitsch 210
Alijew, Gaidar Alijewitsch 63
Allilujewa, Swetlana Iossifowna 290
Andrejewa, Nina Alexandrowna 168 f., 171–178, 312
Andropow, Juri Wladimirowitsch 7 ff., 11 f., 17, 19 f., 22–25, 28–35,
   38, 44 f., 50, 59, 66, 71, 92, 100, 199, 209, 307, 311
Arbatow, Georgi Arkadjewitsch 52
Bakatin, Wadim Viktorowitsch 233
Bessarabow, Wladimir Iwanowitsch 205
Birjukowa, Alexandra Pawlowna 119, 194
Bogoljubow, Klawdi Michailowitsch 44–47, 49
Boldin, Valeri Iwanowitsch 221 f.
Burokevičius, Mykolas 219, 221
Brazauskas, Algirdas Mykolas 217, 219 ff., 240
Breshnew, Leonid Iljitsch 13 ff., 17 ff., 23, 26 f., 38, 40–43, 51, 53,
   71, 79 f., 92, 129, 162, 209, 236, 307, 313
Budker, Gersch Izkowitsch 13
Bulganin, Nikolai Alexandrowitsch 14
Burlazki, Fjodor Michailowitsch 181
Christianowitsch, Sergej Alexejewitsch 13
Chruschtschow, Nikita Sergejewitsch 14, 129, 136 f., 141 ff., 246,
   278, 307
Cohen, Stephen Frand 130
Crystal, John 278 f.
Demitschew, Pjotr Nilowitsch 69
Dolgich, Wladimir Iwanowitsch 63, 69, 239
Dumas, Roland 76
Fjodorow, Weniamin Fjodorowitsch 231
Frolow, Iwan Timofejewitsch 105
Gamkrelidse, Tamas 229

Gamsachurdia, Swiad 257 ff., 315, 229

Gdljan, Telman Chorenowitsch 123, 180–183, 186, 190 ff., 194–197, 199–206, 247 f., 313 ff.,

Gerassimenko, Nikolai Fjodorowitsch 265

Giscard d'Estaing, Valéry 42 f

Gorbatschow, Michail Sergejewitsch 7, 9–12, 16 f., 19 f., 23, 25, 28 ff., 35–40, 45, 48 ff., 53 ff., 57–62, 64, 66–73, 75 f., 78–84, 87 f., 91 ff., 97 f., 100 f., 103, 105–109, 111–122, 124, 128 ff., 132 f., 135–138, 140–152, 159, 161–167, 169, 173 ff., 177 ff., 184, 188–197, 199, 206, 209, 211 ff., 215–218, 220–223, 226 ff., 232 f., 235, 237, 239, 241, 244 ff., 250 f., 253, 255 f., 276 f., 284 f., 288 f., 292 f., 311–316

Gorki, Maxim 69, 218

Grischin, Viktor Wassiljewitsch 39 f., 60 f., 68 f., 79

Gromyko, Andrej Andrejewitsch 25, 27, 36, 74 ff., 78–82, 292 f.

Gumbaridse, Giwi Grigorjewitsch 249

Iivonen J. 29

Iwanow, Nikolai Weniaminowitsch 123, 180–184, 186 ff., 190 ff., 194 f., 197, 200–204, 206, 313 ff.

Jakowlew, Alexander Nikolajewitsch 89 f., 99 ff., 103, 105–108, 110–118, 121 f., 130–135, 137 ff., 150, 152, 156, 166 f., 169, 171–174, 177 f., 194 f., 209, 215–219, 221 ff., 227, 239 ff., 244, 251, 253, 256, 276, 312 f., 315

Jasow, Dmitri Timofejewitsch 194, 227

Jelzin, Boris Nikolajewitsch 38, 40, 83, 285, 293, 299, 305, 315 f.

Jessenin, Sergej Alexandrowitsch 304

Kaganowitsch, Lasar Moissejewitsch 14

Kapitonow, Iwan Wassiljewitsch 11–14, 16 f., 23, 26, 69

Karakasow, German Petrowitsch 200

Kardamavičius, Vytautas 219, 223

Karpow, Wladimir Wassiljewitsch 130, 178

Katusew, Alexander Filippowitsch 248 f.

Konarjew, Nikolai Semjonowitsch 65 f.

Korjagina, Tatjana Iwanowna 190

Korotitsch, Vitali Alexejewitsch 102 f.

Kortunow, Alexej Kirillowitsch 46

Kossolapow, Richard Iwanowitsch 104 f.

Krjutschkow, Wladimir Alexandrowitsch 108, 194

Lacis, Otto Rudolfowitsch 104

Landsbergis, Vytautas 218, 314

Laptew, Pawel Pawlowitsch 30, 35

Lawrentjew, Michail Alexejewitsch 13

Lenin, Wladimir Iljitsch 11, 36, 98, 101, 128, 169, 194, 251, 280, 284, 302, 304

Ligatschowa, Sinaida Iwanowna 13, 310

Logunow, Anatoli Alexejewitsch 104, 220

Lukjanow, Anatoli Iwanowitsch 108, 209, 221, 224, 251

Majurow, Alexander Nikolajewitsch 265

Malenkow, Georgi Maximilianowitsch 14

Martschenko, Iwan Tichonowitsch 14 f.

Martschuk, Gurij Iwanowitsch 13

Medunow, Sergej Fjodorowitsch 92 f., 192

Medwedjew, Wadim Andrejewitsch 108, 121, 133, 171, 175, 178, 188 f., 194, 209, 215, 225, 227, 244, 315

Mogilnitschenko, Konstantin Nikolajewitsch 205

Molotow, Wjatschweslaw Michailowitsch 14, 201, 240

Newsorow, Alexander Glebowitsch 205

Nikonow, Viktor Petrowitsch 288 f.

Pamfilowa, Ella Alexandrowna 201

Patiaschwili, Dshumber Iljitsch 212, 224 f., 227 f., 233 ff.

Pawlow, Georgi Sergejewitsch 46

Poloskow, Iwan Kusmitsch 93

Ponomarjow, Boris Nikolajewitsch 69

Ponomarjow, Igor Jewgenjewitsch 205

Puschkin, Alexander Sergejewitsch 73, 292

Radshapow, A. 180

Rasputin, Valentin Grigorjewitsch 138, 193 f.

Rasumowski, Georgi Petrowitsch 92 f., 99, 150, 225, 228, 239, 255

Rodionow, Igor Nikolajewitsch 229 f.

Romanow, Grigori Wassiljewitsch 60, 183 f., 313

Romanow, Roman Michailowitsch 88

Russakow, Konstantin Viktorowitsch 25

Ryshkow, Nikolai Iwanowitsch 54, 84, 108, 179, 194, 227, 253, 262, 285, 289, 311, 315

Saluzki, Anatoli Samuilowitsch 130

Scharkow, Valeri Nikolajewitsch 88

Schengelaja, Eldar Nikolajewitsch 223, 229

Schewardnadse, Eduard Amwrossijewitsch 140, 209, 212, 222, 227 f., 232 f., 235 f., 250 f., 254 ff., 313, 315

Scholochow, Michail Alexandrowitsch 115

Schtscherbizki, Wladimir Wassiljewitsch 71, 82

Schwed, Wladislaw Nikolajewitsch 256

Semjonow, Julian 16

Simjanin, Michail Wassiljewitsch 25, 35

Skiba, Iwan Iwanowitsch 288

Sljunkow, Nikolai Nikitowitsch 133 f., 224

Sobtschak, Anatoli Alexandrowitsch 229, 231, 247 ff., 251 f., 259, 268

Sokolow, Jefrem Jewsejewitsch 244

Sokolow, Sergej Leonidowitsch 69, 311

Solomenzew, Michail Sergejewitsch 183 f., 188, 262, 313

Stalin, Jossif Wissarionowitsch 12 f., 72, 94, 129, 161, 164, 168, 307

Starzew, Anatoli Wsewolodowitsch 210

Sucharew, Alexander Jakowlewitsch 195 f., 200

Suslow, Michail Andrejewitsch 25 f., 115, 210

Terebilow, Wladimir Iwanowitsch 185

Tichonow, Nikolai Alexandrowitsch 24, 36, 60, 63 f., 81

Tolstoi, Lew 18

Tschaikowskaja, Olga Georgijewna 180 f., 314

Tschanturia, Georgi 229

Tschebrikow, Viktor Michailowitsch 72, 194, 211–217, 224 f., 227 f., 232, 311

Tschernenko, Anna Dmitrijewna 59

Tschernenko, Konstantin Ustinowitsch 9, 12, 26, 34, 36 ff., 40 ff., 44 f., 53 f., 57–62, 64, 66–69, 71, 79–82, 105, 199, 311

Tschernitschenko, Juri Dmitrijewitsch 192

Tschikin, Valentin Wassiljewitsch 175, 177 f

Usmanchodshajew, Inamshon Busrukowitsch 190, 199 f., 203, 205

Ustinow, Dmitri Fjodorowitsch 36, 80 f.

Wlassow, Alexander Wladimirowitsch 315

Worotnikow, Witali Iwanowitsch 92, 194, 289

Zereteli, Irakli 229

Die Quellen für Zitate und Übersetzungen von Zitaten werden im Text als Fußnoten angeführt. Sämtliche nicht gekennzeichneten Zitatübersetzungen stammen vom Übersetzer dieses Buches.